人工智能时代的刑法观

刘宪权 —— 著

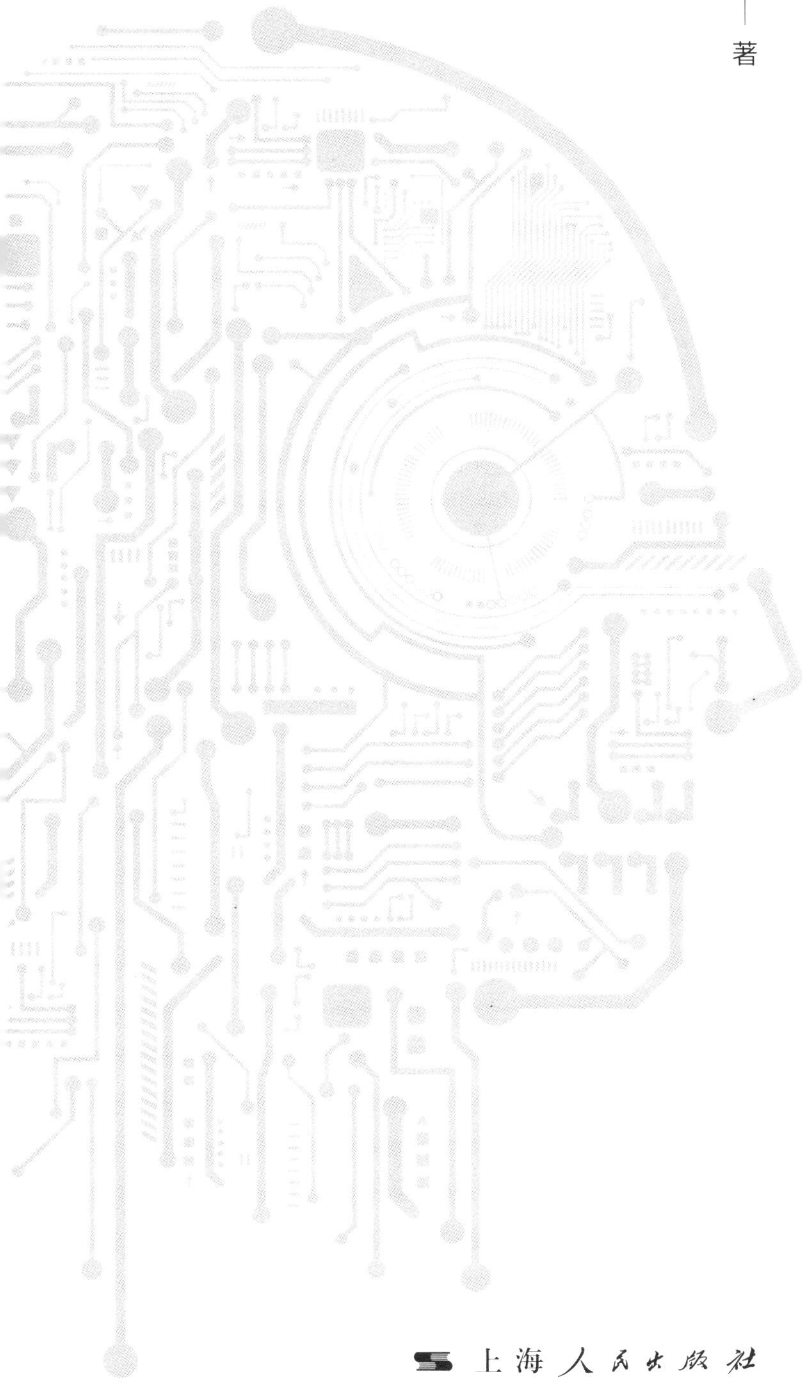

上海人民出版社

目　录
CONTENTS

前　言

自人工智能概念于1956年首次被提出以来，人工智能技术经历了六十余年的发展，更是在近几年迎来了质的飞跃，成为继蒸汽机、发电机与计算机后第四次工业革命的先锋力量。在超级计算、大数据、互联网、类脑智能技术等新理论与新技术的快速发展，以及社会经济发展强烈需求的推动下，我们已经迎来了人工智能发展应用的新时代——人工智能时代。人工智能已经从科幻走进了现实，并成为全球瞩目的科技焦点。时下，世界各国均已认识到人工智能是未来各国和地区之间的主赛场，因而纷纷部署人工智能发展战略，以期占领人工智能发展的制高点。我国政府高度重视人工智能的发展，自2015年以来，陆续出台的《中国制造2025》《"十三五"国家科技创新规划》《"互联网+"人工智能三年行动实施方案》以及《"十三五"国家战略性新兴产业发展规划》等文件都为人工智能的发展保驾护航并指明了方向，将人工智能的研发与应用推向高潮。

人工智能技术是一把"双刃剑"，在造福人类的同时也蕴藏着无限的风险，用之得当，则给人类带来巨大福祉，用之不当，则可能带来毁灭性的打击。国务院《新一代人工智能发展规划》指出："人工智能是影响面广的颠覆性技术，可能带来改变就业结果、冲击法律与社会伦理、侵犯个人隐私、挑战国际关系准则等问题，将对政府管理、经济安全和社会稳定乃至全球治理产生深远影响。在大力发展人工智能的同时，必须高度重视可能带来的安全风险挑战。"2018年10月31日，中共中央政治局就人工智能发展现状和趋势举行第九次集体学习，习近平总书记在主持学习时不仅指出要深刻认识加快发展新一代人工智能的重大意义，要推动我国新一代人工智能健康发展，还强调要加强人工智能发展潜在风险的研判和防范，建立健全保障人工智能健康发展的法律法规、制度体系和伦理道德，维护人民利益和国家安全，确保人工智能安全、可靠、可控。由此可见，完善相关法律法规，实现对人工智能技术的风险防控是我国目前发展人工智能技术的重要战略任务。

人工智能所蕴藏的风险作为现代技术风险具有可控性，刑法作为重要的风险控制手段之一，面对人工智能技术的发展所可能带来的风险，应当作出理性的应对，既不能过度反应，将人工智能技术视为“洪水猛兽”，禁止或阻碍其发展，也不应对其漠然置之，忽视人工智能技术所可能带来的风险。我们理应做到未雨绸缪，积极布局，努力探索人工智能时代涉人工智能犯罪的刑法规制路径，为防控人工智能时代的刑事风险、发挥人工智能技术的最大价值和促进社会的稳定发展出谋划策。

本书从人工智能时代刑事风险的分析出发，阐释了传统刑法理论在新时代所面临的巨大挑战，进而提出了刑法应对人工智能犯罪的基本理念与具体路径。全书共包含了两大部分的内容，第一编主要研究了人工智能时代下所面临的刑事风险以及刑法基本理论的应对策略。犯罪行为因人工智能因素的介入而呈现出新的特征，体现为传统犯罪行为危害性的“量变”、新型犯罪形式的产生等，甚至还可能出现人工智能产品脱离人类控制而实施严重危害社会行为的情形。这些变化对刑法理论提出了巨大的挑战，因此，本部分重点探讨了在树立前瞻性刑法理念的基础上如何对人工智能时代刑事责任的归责路径、刑事责任主体以及刑罚体系予以重构等问题。第二编主要分析了人工智能在一些具体应用领域中所体现的刑事风险以及刑法的具体应对措施。人工智能技术的蓬勃发展，使得其已经在各行各业中大展身手。例如，自动驾驶汽车已经上路，人工智能机器人进行文学创作已成为现实，以达芬奇手术机器人为代表的人工智能医疗机器人已经开始普及，以人工智能交易为代表的一系列人工智能在金融领域的应用系统相继问世等，不一而足。在不同的应用领域，因人工智能技术发展及应用程度的差异，其刑事风险的体现也各不相同，本部分根据各领域人工智能技术的应用现状，在分析其具体刑事风险的基础上，对各领域所涉人工智能犯罪的具体归责路径进行了研究。

有人认为，虽然人工智能技术确实可能给人类社会带来巨大的风险，但刑法保障作为“最后一道屏障”，没有必要急于出手，完全可以等相关风险出现后再进行规制也为时不晚，刑法研究如此超前并非必需，而且还可能阻碍人工智能技术的发展。殊不知，历史已经不止一次地证明，科技的发展乃至时代的更迭往往能够超越人类的想象。人工智能技术呈爆炸式发展，是法律发展速度所不能企及的。当风险转变成现实危险后才考虑刑法规制问题将使人类陷入被动的局面。安全是人工智能时代法的核心价值，发展人工智能技术必须将防范风险放在首要位置。刑法作为人工智能安全保障的后盾，应当顺应时代的潮流，提前对人工智能时代的刑事风险进行预估，探索合理的风险应对方法，并提前明晰人工智能时代的刑事责任的承担路径。我们刑法学者作为引领刑事立法与刑事司法发展的人，应当树立前瞻性的刑法理念，勇担这一时代使命，而不是冷眼旁观、无所作为。“凡事预则立，不预则废”，只有做好充分的风险防控准备，防患于未然，方可避免在危险来临时“患至呼天”。

上　编

人工智能时代的刑法变迁

第一章 人工智能及其刑事风险

无论人们欢欣抑或踟蹰，人工智能时代正悄悄向我们走来，人类即将甚至已经开始进入一个全新的时代——人工智能时代。自 2016 年 3 月人工智能系统 AlphaGo 以总比分 4 比 1 战胜世界围棋冠军李世石，2017 年 5 月 AlphaGo 与棋手柯洁展开围棋人机对决，又连胜三把，战胜人类，以及 2017 年 10 月 AlphaGo Zero 仅通过三天学习即战胜 AlphaGo 后，关于人工智能的话题就越来越流行，人工智能、深度学习、大数据等词不断地在我们的身边出现。人们在对人工智能充满好奇的同时，人工智能也不断地融入人类生活的各个方面，如医疗、交通、金融、教育等各行业与领域。人工智能在给人类带来便利与福利的同时，其技术风险、不法风险等各种风险带给人类的威胁与危害也无法避免和忽视。

第一节　人工智能的概念及其发展

要准确地分析人工智能技术可能带来的社会风险，并合理地引导与规制人工智能技术的发展，首先必须明确人工智能技术的内涵与特征，并客观地分析人工智能技术存在的风险。

一、人工智能的概念与基本类型

人工智能的概念早在 20 世纪 50 年代就已经被提出，1956 年麦卡锡、明斯基等科学家在美国达特茅斯学院开会时研讨了“如何用机器模拟人的智能”，并在会议上提出了“人工智能”（Artificial Intelligence，简称 AI）这一概念，标志着人工智能学科的诞生。人工智能技术在这半个多世纪的发展中，其内涵也在相应地拓展。人工智能概念提出当时，人们将其定义为“制造智能机器的科学与工程”，发展人工智能技术的目的在于让机器拥有智能，也即让机器能够像人一样思考。时至今日，人工智能的内涵已经大大扩展，成为一门交叉学科。人工智能是研究、开发能够模拟、延伸和扩展人类智能的理论、方法、技术及应用系统的一门新的技术科学。人工智能是计算机科学的一个分支学科，它企图了解智能的实质，并生产出一种新的能以与人类智能相似的方式作出反应的智能机器，通俗地说是企图使智能机器具备以下人类行为技能：会听（如语音识别、机器翻译等）、会看（如图像识别、文字识别等）、会说（如语音合成、人机对话等）、会思考（如人机对弈、定理证明等）、会学习（如机器学习、知识表示等）、会行动（如机器人、自动驾驶汽车等），等等。

人工智能最突出的特征是具有深度学习的能力。"无学习，不 AI"几乎成了人工智能研究在今天的核心指导思想。[①]深度学习是机器学习中的一个新领域，机器学习是一门专门研究计算机如何模拟或实现人类的学习行为，以获取新的知识或技能，重新组织已有的知识结构使之不断改善自身性能的学科。深度学习作为机器学习的一个新领域，是一种能够对数据进行表征学习的方法，其目的在于建立、模拟人脑进行分析学习的神经网络，即模仿人脑的机制来解释数据，如图像、声音和文本。深度学习能力使人工智能机器人在应用过程中能够通过学习算法对所接触的数据进行学习并利用规律对未知数据进行预测，甚至创建规则。深度学习能力使得人工智能能够拥有超越人类的能力甚至脱离人类控制的可能，正如 AlphaGo 在对阵人类高手时表现卓越，重要原因就在于其深度学习的核心技术。

按照人工智能机器人[②]的不同形态，可以将其划分为人形人工智能机器人与非人形人工智能机器人，其中，非人形人工智能机器人又包括意识形态人工智能机器人（如 AlphaGo，其只是隐藏在电脑里的一个围棋程序）与实体人工智能机器人（如扫地机器人）。物理形体并非人工智能机器人的必备要素。而无论是否具有物理形体，人工智能机器人都必须依托算法（如深度学习和神经网络等），实时收集海量数据信息，并根据算法的计算结果实施行为。由此可见，人工智能机器人的本质要素是算法。但是鉴于算法的复杂性，将算法作为区分强人工智能机器人和弱人工智能机器人的依据，在法律上既无可能，也无必要。其一，"根据算法的复杂性和学习或运算能力对强人工智能机器人和弱人工智能机器人进行区分，这在技术认知上没有问题，但在法律上很难按照智能程度给出精确的标准。法律应对复杂世界的方式是确立一般性的简单规则，在概念上对社会个体

---

① 李开复、王咏刚：《人工智能》，文化发展出版社 2017 年版，第 34 页。

② 本书中所有人工智能产品、人工智能应用系统都统一称为人工智能机器人。需要说明的是，人工智能机器人之所以被称为"机器人"，是因为其具有自然人才具有的智能，而非因其有了人的形象。例如，世界人工智能机器人格斗大赛中的机器人形状都类似于碰碰车，而非类似于人；AlphaGo 也无人之形状；人工智能翻译机器人也仅仅只有编程而无实际机器，更无人形。

进行抽象假定（如行为能力），而非针对特殊主体，否则规则体系本身将变得异常复杂，难于理解和操作。而人工智能从单一的自动化服务向多元通用服务转变的过程可能是一个相当长的光谱，法律需要针对其本质特征进行约束，并探索一套应对未来的方案”。①其二，正如人类的大脑是一个复杂而精致的系统，尽管当代神经科学不断深化我们对人脑的认知，我们仍不能完全了解大脑的运转机制。但是，应当看到，没有完全理解人脑的运转机制，并未妨碍我们通过法律建立一整套的规则体系来控制人类的行为，也并未妨碍我们运用刑法对行为人的主观心态（即故意和过失）进行认定。尽管我们对人工智能的本质要素——算法未能完全了解，但是，只要在法律上对强人工智能机器人和弱人工智能机器人的划分确定一个明确的标准，就不会影响我们对我国刑法应当如何合理应对人工智能时代所带来的刑事风险等问题展开具体的分析与讨论。

以人工智能机器人是否具有独立意识和意志，以及是否能够在设计和编制的程序范围外自主决策并实施相应行为为依据，可以将人工智能机器人划分为弱人工智能机器人与强人工智能机器人。弱人工智能机器人也称限制领域人工智能机器人或应用型人工智能机器人，通常指专注于且只能解决特定领域问题的人工智能机器人。我们目前存在的人工智能机器人均属于弱人工智能机器人。弱人工智能机器人虽然可以在设计和编制的程序范围内进行独立判断并自主决策，但不具有独立意志，其实现的只是设计者或使用者的意志。例如，AlphaGo 虽然凭借自主判断和决策战胜了围棋国手，但其自主判断和决策仍是在设计和编制的程序范围内进行的，实现的是设计者或使用者的意志——在下围棋时战胜对手。强人工智能机器人又称为通用人工智能机器人或完全人工智能机器人，是指可以胜任人类所有工作的人工智能机器人，强人工智能机器人不仅具备胜任人类所有工作的能力，还应具备人类的“意识”，即具有独立意志，既可能在设计和编制的程序范围内进行独立判断并自主决策，实现设计者或使用者的意志，也有可能超出设计和编制的程序范围，进行自主决策并实施相应行为，实现其自身的意志。“强人工智能”一词最初是约翰·罗杰斯·希尔勒针对计算机和其他信息处理机器创造的。按约翰·罗杰斯·希尔勒的理解，“计算机不仅是用来研究人的思维的一种工具；相反，只要运行适当的程序，计算机本身就是有思维的”。②正如 1968 年上映的美国经典科幻电影《2001：太空漫游》（《2001：A Space Odyssey》）所呈现的那样，人工智能机器人 HAL 读懂飞行员想要关闭它的唇语，于是决定先发制人，故意让电脑失灵，导致 4 人丧生。电影

---

① 胡凌：《人工智能的法律想象》，https://news.uc.cn/a_16384305516683655823/，2017 年 9 月 25 日访问。

② J.Searle in Minds Brains and Programs. The Behavioral and Brain Sciences, Vol.3, 1980.

里的 HAL 就是我们这里所讲的强人工智能机器人，它可以超出设计和编制的程序范围自主作出让电脑失灵的决策，从而达到不让飞行员将自己关闭的目的。当然，这种情景只是人类的幻想，但是人类的科技发展史正是不断将幻想变成现实的历史。1783 年法国 J.F.P.罗齐埃和 M.达尔朗德乘气球升空，1903 年莱特兄弟飞机试飞成功，实现了庄子在《逍遥游》中所描述的"列子御风"的幻想；1969 年"阿波罗号"飞船首次成功登上月球，实现了"嫦娥奔月"的幻想。虽然到目前为止，人工智能机器人仍只能在设计和编制的程序范围内实施行为，实现设计者或使用者的意志，即我们目前仍处于弱人工智能时代，正如李开复在谈到人工智能机器人时所言，"现在的机器没有丝毫自我认知，没有感情，没有喜怒哀乐，作了决定也讲不出为什么"。但是随着深度学习、神经网络、蒙特卡洛树搜索、云计算等技术的不断发展和完善，当技术突破下一个瓶颈时，出现具有独立意识和意志、能够在设计和编制的程序范围外自主决策并实施相应行为、实现自身意志的人工智能机器人，其实并非镜花水月、海市蜃楼。

弱人工智能机器人不具有独立意志，仅能在设计和编制的程序范围内实施行为，实现人类设计和编制程序的目的。人类是弱人工智能机器人的创造者，可以通过程序给弱人工智能机器人设定行为目的和行为边界。此时，弱人工智能机器人的设计者或使用者完全有可能让弱人工智能机器人为自己所用，实现自己的犯罪目的，如制造专门用来杀人的人工智能机器人，实现自己非法剥夺他人生命的目的。同时，不法分子可能利用弱人工智能机器人本身存在的漏洞，实现自己的犯罪目的。如诺基亚公司董事长李思拓所言，未来的家居设备很可能都是智能联网的，犯罪分子有可能通过洗碗机所连接的 Wi-Fi 侵入家庭网络，从而操纵家里的一切，实现自己的犯罪目的。在这种情况下，弱人工智能机器人实施的严重危害社会的犯罪行为本质上是为了实现他人的犯罪意志，应当将该弱人工智能机器人看作他人实施犯罪行为的"工具"。

强人工智能机器人依赖自身具有的独立思维，有能力在设计和编制的程序范围外，依据自己的独立意识和意志实施危害社会的行为。如上文中提到的强人工智能机器人 HAL 超出设计和编制的程序范围自主作出让电脑失灵的决策，从而达到不让飞行员将自己关闭的目的。此时，强人工智能机器人的行为未受到设计者或使用者等的任何人为设置或操控，完全是自发实施的，且该种行为超越甚至根本违背了相关人员的意志。强人工智能机器人实施的这种犯罪行为和其他具有刑事责任能力的主体实施的犯罪行为相去无几。

二、人工智能的发展现状与未来

自 1956 年以来，经过六十余年的发展，人工智能作为一门新兴的技术科学不断发展进步，大概经历了六个发展阶段。一是起步发展期，也即在1956年至20世纪60年代初之间。这一时期中，继人工智能概念提出后，相继取得了一批令人瞩目的研究成果，如机器定理证明、跳棋程序等，掀起人工智能发展的第一个高潮。二是反思发展期，也即20世纪60年代至70年代初期。在这一时期内，人工智能发展初期的突破性进展大大提升了人们对人工智能的期望，人们开始尝试更具挑战性的任务，并提出了一些不切实际的研发目标。然而，接二连三的失败和预期目标的落空（例如，无法用机器证明两个连续函数之和还是连续函数、机器翻译闹出笑话等），使人工智能的发展走入低谷。三是应用发展期，也即20世纪70年代初至80年代中期。20世纪70年代出现的专家系统模拟人类专家的知识和经验解决特定领域的问题，实现了人工智能从理论研究走向实际应用、从一般推理策略探讨转向运用专门知识的重大突破。专家系统在医疗、化学、地质等领域取得成功，推动人工智能走入应用发展的新高潮。四是低迷发展期，也即20世纪80年代中期至90年代中期。随着人工智能的应用规模不断扩大，专家系统存在的应用领域狭窄、缺乏常识性知识、知识获取困难、推理方法单一、缺乏分布式功能、难以与现有数据库兼容等问题逐渐暴露出来。五是稳步发展期，也即20世纪90年代中期至2010年。在这段时期中，由于网络技术特别是互联网技术的发展，加速了人工智能的创新研究，促使人工智能技术进一步走向实用化。1997年国际商业机器公司（以下简称IBM）深蓝超级计算机战胜了国际象棋世界冠军卡斯帕罗夫，2008年IBM提出“智慧地球”的概念。以上都是这一时期的标志性事件。六是蓬勃发展期，也即2011年至今。随着大数据、云计算、互联网、物联网等信息技术的发展，在感知数据和图形处理器等计算平台推动下以深度神经网络为代表的人工智能技术飞速发展，大幅跨越了科学与应用之间的“技术鸿沟”，诸如图像分类、语音识别、知识问答、人机对弈、自动驾驶等人工智能技术实现了从“不能用、不好用”到“可以用”的技术突破，迎来爆发式增长的新高潮。①

目前，我们正处于人工智能技术的蓬勃发展期，人工智能技术近期取得了突飞猛进的发展，其影响力渗透到人类社会生活的方方面面。人工智能技术的发展主要体现在专用人工智能技术方面（如围棋、自动驾驶等），与通用人工智能技术相比，面向特定任务的专用人工智能系统由于任务单一、需求明确、应用边界清晰、领域知识丰富、建模相对简单等特征，形成了人工智能领域的单点突破，在局部智能水平的单项测试中可以超越人类智能。例如，AlphaGo在围棋比赛中

① 参见谭铁牛：《人工智能的历史、现状与未来》，https://mp.weixin.qq.com/s/7mV0P-iv4Pup4C-1NsVdEw，2019年3月3日访问。

战胜人类冠军,人工智能程序在大规模图像识别和人脸识别中达到了超越人类的水平,人工智能系统诊断皮肤癌达到专业医生水平。①人工智能技术在提高人们生活质量的同时,更成为促进社会发展、提升综合国力的重要力量。因此,人工智能技术蓬勃发展并日益受到重视。2017 年 7 月国务院《新一代人工智能发展规划》将发展人工智能技术上升为国家战略,2018 年 10 月习近平总书记在中共中央政治局第九次集体学习时指出,“加快发展新一代人工智能是事关我国能否抓住新一轮科技革命和产业变革机遇的战略问题”。②

在未来,人工智能技术将得到更大的发展,人工智能技术可能做到:结合人类情感、认知与推理等高阶智能形成具有类似于人类意识,并能够通用于各种场景中的强人工智能机器人,目前强人工智能机器人已处于探索阶段。人工智能技术的发展日新月异,人们也不由得担心人工智能到底会发展到什么程度,是否会出现超越人类能力并能不断进化和自我完善的强人工智能机器人,人类对其能力与意识可能无法预测与控制,从而给人类带来威胁。强人工智能可以比世界上最聪明、最有天赋的人类还聪明,牛津大学哲学家、未来学家尼克·波斯特洛姆在他的《超级智能》一书中将人工智能定义为“在科学创造力、智慧和社交能力等每一方面都比最强的人类大脑聪明很多的智能”。③关于强人工智能,将以何种形式予以表现,并没有明确的解析,因为强人工智能在今天还只能从哲学或科幻的角度进行设想,这种强于人类的智慧形式将如何存在无法根据现有的经验进行预测。

我们应当看到,人工智能技术的蓬勃发展在便利人类生活的同时也带来了一系列的社会问题和法律问题,冲击着我们现有的法律体系。2017 年 9 月 22 日,浙江省绍兴市公安局破获“全国首例利用 AI 犯罪案”,这是我国首例利用人工智能技术侵犯公民个人信息的犯罪。④同时,人工智能是否带来更多的社会风险,甚至在未来是否会脱离人类的控制进而威胁人类的安全也时刻警醒着人类在享受人工智能福利的同时不能忽视其风险。由此可见,“加强人工智能发展的潜在风险研判和防范,加强人工智能相关法律、伦理、社会问题研究,建立健全保

---

① 参见谭铁牛:《人工智能的历史、现状与未来》,https://mp.weixin.qq.com/s/7mV0P-iv4Pup4C-1NsVdEw, 2019 年 3 月 3 日访问。

② 胡喆:《抓住新一代人工智能发展的重大机遇》,http://www.xinhuanet.com//2018-11/01/c_1123649864.htm, 2018 年 12 月 3 日访问。

③ [英]尼克·波斯特洛姆:《超级智能》,张体伟、张玉青译,中信出版社 2015 年版。

④ 《全国首例 AI 技术犯罪案背后,你的个人信息被最先盯上》,http://news.163.com/shuangchuang/17/1016/14/D0SH0CCB000197V8.html, 2018 年 12 月 3 日访问。

障人工智能健康发展的法律法规、制度体系、伦理道德”,[①]具有重要且深远的价值和意义。

三、人工智能时代的技术风险

科技的进步与发展带来了时代的更迭,人工智能技术的快速发展打开了人工智能时代的大门。与此同时,人工智能时代中各种技术风险也可能是人类始料未及的。例如,人工智能打码平台可以实现从撞库盗号、破解验证码到贩卖公民信息、实施网络诈骗的全链条黑产,被利用于攻击公民个人信息数据库。[②]事实上,自后工业时代以来,技术带给人类社会的风险从未间断,从氟利昂、含铅汽油的发明到切尔诺贝利核事故,从克隆技术到互联网技术,科技的发展在给人类带来福祉的同时也确实很少能让人高枕无忧。被称为“硅谷精神之父”和“世界互联网教父”的凯文·凯利通过总结几十年来对于科技的观察和分析提出,科技在本质上有所偏好,使得它朝往某种特定方向,这是一种“必然”。[③]在这种情况下,刑法应当如何应对这些科技发展过程中所出现的技术风险?刑法学界对此已有过相关的讨论,有学者提出风险刑法理论,对此提倡与批判的声音都有。事实上,与其他技术风险相比,人工智能时代的技术风险具有一定的特殊性。

(一)人工智能时代技术风险的表现方式

诚然,鼓励和支持人工智能的发展是人类社会发展到一定程度的必然选择。人工智能的迅速发展将深刻改变人类社会生活、改变世界。为抢抓人工智能发展的重大战略机遇,构筑我国人工智能发展的先发优势,加快建设创新型国家和世界科技强国,2017 年 7 月,国务院发布《新一代人工智能发展规划》,提出要集举国之力,抢占全球人工智能制高点。从目前人工智能的发展情况来看,人工智能技术已经渗透进人类生活的方方面面,给人类生活带来了巨大的利益。但是,在这样巨大的社会变革之中,我们不能忽略人工智能技术所带来的技术风险。

首先,人工智能技术在应用过程中存在风险,此为人工智能技术的“内在风险”。人工智能技术的发展在 20 世纪一直较为缓慢,一些无法逾越的难题与困境使人工智能技术的发展一度停滞不前。然而近年来,人工智能呈现出爆发式的快速发展态势,这并非偶然,而是因为人工智能技术所必需的三个要素在近年来已经基本发展成熟了。这三个要素分别是算法、深度学习和大数据。这三个

---

① 《习近平:加强领导做好规划明确任务夯实基础　推动我国新一代人工智能健康发展》,http://cpc.people.com.cn/n1/2018/1101/c64094-30374958.html,2018 年 12 月 8 日访问。

② 《该来的躲不掉,AI 网络犯罪已来》,http://www.sohu.com/a/217580999_116140,2018 年 2 月 5 日访问。

③ 参见[美]凯文·凯利:《必然》,周峰等译,电子工业出版社 2016 年版,第 4 页。

要素的发展推动着人工智能技术的不断完善。然而，人工智能技术对这三个要素的依赖会带来一定的风险。

一方面，人工智能技术通过一定的算法对大数据进行深度学习，该过程的实现最终可能对人类现有的制度造成一定的冲击。简言之，人类生活现有的制度都是基于人类的基本能力而设计的，如果有突破人类极限的“能力”产生，那么人类生活现有的制度也必然被突破。2017 年 10 月，谷歌公司 DeepMind 团队最新产品 AlphaGo Zero 在仅仅掌握围棋基本规则的情况下，通过三天时间的对弈学习就战胜了曾经战胜过世界围棋冠军的 AlphaGo 。①AlphaGo Zero 的出现让我们明白了，人工智能机器人可以突破人类的极限，其掌握的规律与规则完全可以突破人类几千年积累下来的经验。在这种情况下，人类社会生活的格局和秩序完全可能被人工智能技术所打破。以证券市场为例，如果人工智能技术可以通过运算完全实现对趋势风险的控制，几乎无误差地计算收益，那么此时证券市场中最基本的“三公”原则就已经被彻底瓦解，证券市场存在的意义似乎应该被重新思考和定义。

另一方面，人工智能技术对于公民个人信息和隐私的侵犯可能是史无前例的。对于人工智能技术而言，一个强大的数据库是十分必要的，而数据的收集过程可能并不尽如人意。在人工智能时代，许多互联网技术公司通过人工智能技术实现了信息的精准分发。例如“今日头条”，其通过一定的算法了解用户的需求，并根据用户的需求对其推荐信息与新闻。从某种程度而言，在人工智能技术面前，人人都仿佛穿上了“透明衣”，被人工智能技术“一览无遗”，数据收集过程中的公开性、透明性和合法性都受到了威胁。在这种情况下，数据的集中和挖掘已经成为了一种确实存在的风险，因此，对于数据的集中和挖掘似乎也需要加以限制。身为人工智能技术“门外汉”的普通民众甚至都不知道自己的信息和隐私是在何时何地被泄露的，可能仅仅是在手机上一个简单的操作就暴露了自己想要购买某件商品的想法，从而在接下来信息接收的过程中会不断收到同类商品的广告和宣传。事实上，数据的集中本身就是一个风险，因为数据越多，包含的信息量就越多，不法分子攻击一次数据库就能获利颇多，从而降低了犯罪成本。②更为可怕的是，随着人工智能技术的快速发展，脑机技术已经不是天方夜谭了。脑机技术可以实现人脑与计算机或其他电子设备之间直接的交流和控制通道，换言之，通过脑机技术，人可以通过“意念”实现对机器设备的操控，可以与

---

① 参见《100：0，“阿尔法元”完爆“阿尔法狗”，人工智能又进化了》，http://www.sohu.com/a/198953993_614076，2018 年 2 月 6 日访问。

② 参见谭铁牛：《人工智能的历史、现状与未来》，https://mp.weixin.qq.com/s/7mV0P-iv4Pup4C-1NsVdEw，2019 年 3 月 3 日访问。

机器、设备直接进行“交流”。目前，脑机技术已经应用于帮助身体严重残疾的患者实现与外界的交流，被认为是身体严重残疾的患者的“福音”。但是，人们在享受“福音”的同时，则必须意识到，未来我们很有可能再也无法隐藏内心的想法，因为，我们在操控机器的同时，机器也在“读懂”我们内心的想法。如果人工智能技术可以帮助黑客随时入侵我们的大脑，我们还有什么隐私可言呢？

其次，人工智能机器人存在风险，此为人工智能技术的“外在风险”，即利用人工智能技术生产、研发的产品可能对人类社会生活造成威胁。诚然，人工智能技术给人类的社会生活带来了许多翻天覆地的可喜变化，我们所向往的“智能生活”实际上已经出现或者近在咫尺。但是，我们应该清楚地看到，人类在享受智能生活的同时，人工智能技术同样可能被不法分子所利用。姑且不论人工智能最终是否会超过人类智能，但时下一些人工智能技术的应用，就足以令人不寒而栗，例如“机器人杀手”，它可以不经过人类干预，自主选择和攻击包括人员和装备在内的军事目标。物理学家斯蒂芬·霍金、哲学家诺姆·乔姆斯基、技术专家伊隆·马斯克和数千名知识分子在一封联名公开信中警告：必须取缔“机器人杀手”的研发和应用，人工智能方面的军备竞赛可能是人类的灾难，它将助长战争和恐怖主义，加剧世界动荡局势。①尽管我们时下尚且处于弱人工智能时代，即人工智能机器人只能根据设计和编制的程序对外界刺激作出应对方案，我们只需要对人工智能机器人的研发者或使用者的行为进行规制即可。但是，随着人工智能技术的不断发展，未来我们很有可能进入强人工智能时代。在强人工智能时代，人工智能机器人可以产生自主意识和意志，人工智能机器人可以在设计和编制的程序范围外实施行为，此时人工智能机器人完全可能会对人类的社会秩序造成严重破坏，这似乎并不是无稽之谈。无论是霍金、比尔·盖茨还是马斯克，都曾经强调人工智能完全可能对人类造成威胁。无论如何，我们应当认为这些警惕与忠告对于人类社会的发展具有重要的价值与意义。

（二）人工智能技术风险与克隆人技术风险的差异

时下，理论上确实有学者认为，我们对于人工智能时代中的技术风险过分敏感了，高估甚至幻化了人工智能对人类的影响，人工智能并不会对人类的社会生活造成实质性的改变，就像我们在过去所一直担心的克隆人技术，也并没有造成什么实质性的灾难。②然而，人工智能时代中的技术风险不同于以往历史进程中所出现的诸如克隆人等技术风险，我们所提及的人工智能时代的技术风险实际

① 《联合国曝光：杀手机器人来了，这可能是你见过最恐怖的视频》，http://news.163.com/17/1121/18/D3PMQ6BJ00018AOR.html，2018年2月6日访问。

② 参见郝铁川：《不可幻想和高估人工智能对法治的影响》，http://www.legaldaily.com.cn/fxjy/content/2018-01/03/content_7438204.htm?node=89855，2018年1月24日访问。

存在且必须引起我们的高度重视。

所谓克隆技术是指利用生物技术由无性生殖产生与原个体有完全相同组织后代的技术。克隆技术的核心在于无性繁殖。克隆一词是从英文的“clone”一词音译而来的，而“clone”则源于希腊语的“klon”。“klon”在希腊语中代表了“细枝”的意思，指人们折下树的枝条予以栽培，将会复制该树。[①]克隆这一最初与园艺学相关的概念后来被用于描述动物的无性生殖。克隆技术自产生以来至今主要经历了三个阶段。一是早期的微生物克隆时期，微生物克隆是指用一个细菌很快复制出成千上万个和它一模一样的细菌，而变成一个细菌群。二是生物技术克隆时期，这一时期的克隆技术主要是用遗传基因克隆——DNA 克隆。三是动物克隆时期，动物克隆是指由一个细胞克隆成一个动物。克隆绵羊“多莉”就是 1996 年利用动物克隆技术由一头母羊的体细胞克隆而来。克隆技术应用于动物之后，可以用于培育优良畜种和生产实验动物，还可以复制濒危的动物物种，保存和传播动物物种资源等。随着克隆技术的不断发展，克隆技术也逐渐可以应用于人的无性繁殖，并解决医学上一些难以解决的问题。克隆技术运用于人类，包括“克隆人”“治疗性克隆”和“生殖性克隆”几种应用方式。克隆人是指运用克隆技术产生人类个体，例如采用克隆技术将一个人体细胞克隆成一个人类个体。治疗性克隆则指把患者植体细胞移到去核卵母细胞中形成重组胚，把重组胚体外培养到囊胚，然后从囊胚内分离出 ES 细胞，获得的 ES 细胞使之定向分化为所需的特定细胞类型（如神经细胞，肌肉细胞和血细胞），用于替代疗法。例如，可以利用克隆技术复制人体的器官用于替代患病器官。生殖性克隆是指运用细胞核置换方法产生一个新的人类个体，具体来说，即从人体细胞中取得细胞核，将妇女的卵母细胞去核，通过电击等方法使得体细胞的细胞核与去核卵子融合，使其发育成人体胚胎，然后将该胚胎移植到妇女子宫内进一步发育成胎儿，进而产生克隆人。生殖性克隆可以帮助具有生殖能力缺陷的女性实现做母亲的愿望。此外，人类克隆技术的应用还可以用于检测胎儿的遗传缺陷、治疗疾病等其他功能。但是，一直以来人类克隆技术都饱受争议，主要是因为人类克隆技术还有很多弊端，人类克隆技术的应用可能给人类带来灾难性的后果。例如，人类克隆技术的使用将使人们倾向于大量繁殖现有种群中最有利用价值的个体，干扰人类的自然进化过程；人类克隆技术可以实现对人类胚胎进行遗传操作和选择，这与克隆人类个体一样，对家庭关系等人类伦理带来极大的冲击；等等。由于克隆人会带来各种复杂的后果，多数国家对于克隆人技术采取明令禁

---

① See Barbara MacKinnon. Human Cloning: Science, ethics, and public policy, University of Illinois press, 2000.

止或者严加限制的态度。科学技术从来都是一把双刃剑，人工智能技术与克隆人技术都不例外，但人工智能技术与克隆人技术还是有所区别的，人类及法律规范对待二者的态度与规制方式应当有所不同，其理由在于以下几个方面。

其一，人工智能技术研发目前较少牵涉到伦理道德内容，而克隆人技术则从开发和发展的始终都存在对伦理道德背离的问题。由于时下绝大多数人工智能机器人与人类从外形到内质实际存在很大的差异，因而现在确实还很难看到或预测到人工智能技术的发展在伦理道德上会给人类带来什么危害。也正是因为这一点，人工智能技术的研发不存在伦理道德上的障碍。但是，克隆人技术对于人类传统伦理道德观念的冲击则十分巨大。人类传统的逻辑思维与伦理无法接受克隆人与被克隆人、克隆人与被克隆人亲属朋友之间的关系，因而克隆人技术当然无法在人类正常的社会秩序和伦理道德中找到自己的安身之所。正是因为克隆人技术的出现从一开始就不为广大民众所普遍接受，人们很快意识到克隆人技术所可能带来包括对人类传统伦理道德冲击甚至颠覆等方面的风险，我们通过政策和法律将克隆人技术加以限制甚至禁止也就完全可以理解了。

其二，人工智能技术已经给人类社会带来了巨大利益，而克隆人技术所可能产生的利益则十分有限。时下，在语音、视觉识别、智能监控、工业机器人、服务机器人、自动驾驶等众多领域，人工智能技术的运用，已经为人类社会注入了“发展生机和新鲜血液”，人们在其研发过程中已经实实在在享受到人工智能技术带来的“福利”，并且在人们普遍接受的基础上，期待在未来过上“全面智能”的生活。而相比之下，克隆人技术的开发和发展却并非能为人们所普遍接受。尽管大家都知道，这一技术可以应用于器官移植、检测遗传缺陷等多项生物技术领域，但是，这种“利益”并没有实实在在让人看得见、摸得着，从而很难改变人类对克隆人技术“不信任”甚至“排斥”的态度和看法。

其三，人工智能技术对人类社会生活的影响是“渗透式”的，覆盖面极其广泛，而克隆人技术的应用面则十分有限。也即人工智能技术可以应用于社会生活的方方面面，如果说网络时代的到来给社会生活带来了翻天覆地的变化，那么人工智能时代的到来必将使社会生活发生更为重大的变革，这是其他大多数科技发展所无法比拟的。时下，人工智能机器人已经逐一走出实验室，进入大众视野：人脸识别、自动驾驶汽车、智能睡眠抱枕、自驾诊所、导盲机器人、陪护机器人等人工智能机器人加深了社会生活对人工智能技术的依赖性。人工智能技术可以应用于社会生活的各个领域，包括目前人类未知的领域。在此情况下，人工智能技术似乎连接了社会生活的各个方面，形成了一个较为系统的关系网，一旦某一环节的人工智能技术出现了问题，那么完全可能造成“牵一发而动全身”的局面。但是，克隆人技术只能应用于生物医学等领域，其应用范围绝对无法与人工智能技术相比。

其四，人工智能不仅是一项技术，而且还引发一个已经到来并将迅速发展的"全新时代"，而克隆人仅仅只能是一项技术，而不可能成为"一个时代"。一个全新时代的出现，当然会对社会生活、法律制度等方方面面带来影响，如果我们不能做到未雨绸缪，积极应对，人类将迎来灾难性的问题。而克隆人技术的应用范围十分有限，其不可能引发"一个时代"的出现，对现有社会生活、法律制度的冲击则不会很大，更不可能带来灾难性的问题。

其五，人工智能技术的研发趋势以及可能给人类带来的危害具有不可预测性，而克隆人技术的开发和发展趋势以及与生俱来的风险我们完全可以预见。诚如前述，人工智能时代可以分为弱人工智能时代和强人工智能时代。在弱人工智能时代，虽然人工智能机器人对社会所作的反应均是在设计和编制的程序范围内的，但是，其可能被研发者或使用者作为违法犯罪的工具加以利用，则是完全可以想象得到的。另外，人工智能技术对于我们而言是完全崭新的领域，即使是在弱人工智能时代的当下，我们都已经明显感到，一些人工智能机器人的"智慧"已经并将继续超过人类，例如，谷歌公司研发的AlphaGo系列产品，就可以战胜围棋国手，而相关研发者的围棋水平显然是无法与国手相匹敌的。俄罗斯总统普京曾明确指出，人工智能蕴含着巨量的机遇，同时也隐藏着难以预料的威胁。可见，人工智能技术未来会发展到何种程度我们都无法预测，人工智能机器人会引发不可预知的问题，显然是毋庸置疑的。与此同时，未来人工智能将走向何方仍然是个未知数，人类一旦进入强人工智能时代，真的出现了能在设计和编制的程序范围外实施行为的强人工智能机器人，如果他们威胁人类，我们又如何加以应对？但是，克隆人技术的开发和发展趋势则是一目了然，其充其量也就是可以克隆出一个与被克隆人完全相同的人而已，即克隆人的智慧最大限度也只能与被克隆人的智慧持平，而不可能超越，其与生俱来对人类社会的危害风险也是可以预测和想象的。

其六，人工智能技术是受到国家政策鼓励和支持发展的技术，而克隆人技术则是受限制甚至被禁止的技术。从国际发展趋势来看，人工智能技术已经成为国际竞争的焦点，人工智能技术是引领未来的战略性技术。从我国发展政策来看，国务院已经发文明确要集举国之力发展人工智能技术。正是由于人工智能技术给人类社会生活带来的进步是不可估量的，且其研发受到多方鼓励和支持，因而其实际可能存在的风险往往容易被忽视。但是，由于我们从一开始就关注克隆人技术给人类社会带来的危害，因而在世界范围内，时下大多数的国家和组织都明确禁止或严格限制克隆人技术的应用。随着克隆人技术被禁止和严格限制，克隆人技术所可能带来的巨大的风险也随之减小甚至消除。就此而言，我们完全可以说，克隆人技术所带来的技术风险是“看得见的风暴”，而人工智能技术所带来的技术风险则是“无形的暗箭”，“看得见的风暴”可以躲避和预防，而“无形的暗箭”则很难应对甚至容易被伤害。

综上所述，正是因为人工智能技术现在已经并将继续给人类社会带来巨大利益，人们普遍不会对这一技术的研发趋势感到“恐惧”，这才是真正的“可怕”之处，如果我们对此不加以高度关注和警惕，后果恐怕难以想象。而克隆人技术的开发和发展，从一开始就让人类感到“可怕”，我们就会在源头上对这一技术加以限制甚至禁止。可见，我们对于人工智能技术可能带来的风险应当更加积极地防范，确保社会生活的安全万无一失。

第二节　人工智能时代的刑事风险

人工智能时代以人工智能技术的应用为核心，人工智能技术通过模拟人类的神经网络，让计算机系统对数据库进行深度学习，使得计算机系统能够进行分析、判断以及决策。这种高级“智能”在改变人们生活的同时，也必然会引发我们对于传统犯罪行为的重新思考。随着人工智能时代的到来，这个本来属于纯粹技术问题的新生事物将会在法律、哲学、伦理等方面给人类社会带来极大的影响和冲击。毋庸置疑，人工智能技术研发和应用的过程存在一定的伦理风险、道德风险和法律风险，而对于其中可能存在的刑事风险，我们不能也不应该视而不见。对人工智能机器人的合理应用，将会带来许多行业的重大变革，并在较大程度上通过解放劳动力，促进社会的深度和快速发展。但是如果设计者或使用者对人工智能机器人进行不当利用，甚至将其作为实现犯罪意图的工具，抑或是人工智能机器人本身在具有独立意识和意志之后产生了犯罪意图，进而实施严重危害社会的行为，将会给人类社会带来极大的威胁，甚至会导致人类社会的毁灭。“圣人不治已病治未病，不治已乱治未乱，此之谓也。夫病已成而后药之，乱已成而后治之，譬犹渴而穿井，斗而铸锥，不亦晚乎。”①面对人工智能技术发展可能带来的负面影响，我们的刑法学者不应该无动于衷，我们的刑事立法和刑事司法更不应该面临危险而束手无策。“宜未雨而绸缪，毋临渴而掘井”，我们应提前预想到在人工智能时代可能面临的“内忧外患”，②明确不同类型的人工智能机器人的法律特征和法律地位，并就我国刑法应当如何合理应对人工智能时代

① 《黄帝内经·素问·四气调神大论》。

② 对于将人工智能技术及人工智能机器人作为犯罪工具的不当利用的风险，我们可以称为人工智能时代面临的“外患”，而对于人工智能机器人本身在具有独立意识和意志之后实施犯罪行为的风险，我们可以称为人工智能时代面临的“内忧”。下文将直对这两种风险分别称为“外患”与“内忧”。

所带来的刑事风险展开具体的分析与讨论，为明晰人工智能时代的刑事责任承担路径奠定基础。只有做好充分准备，方可避免在危险来临时“患至呼天”。

一、人工智能时代犯罪特征与形势的转变

与传统的刑事犯罪相比较，人工智能时代犯罪现象的发展与变化主要体现在以下三个方面：一是人工智能可能使得部分传统犯罪的危害发生“量变”；二是人工智能可能会导致新的犯罪形式产生；三是人工智能机器人可能因为种种原因脱离人类控制，进而独立实施严重危害社会的犯罪行为。

（一）人工智能可能使得部分传统犯罪的危害发生“量变”

科技的发展带给人类社会的改变总是具有一定的相似性，这种相似性表现在科技发展在改善人类社会生活的同时也增加了社会的风险。工业革命不仅使得人类社会大大提高了生产效率，而且还使得犯罪工具更加先进，互联网时代的来临同样也是如此。互联网技术的快速发展虽不会使得所有传统犯罪统统“升级”，但确实会使得部分传统犯罪的危害发生“量变”。[①]从工业时代到互联网时代，每一次人类社会生活时代的更替都可能使得部分传统犯罪插上科技的“翅膀”。我们完全有理由相信，人工智能时代在带给人类社会方便快捷高效的新生活的同时，也必将增添人类社会的风险系数。

一方面，从犯罪危害的“广度”而言，人工智能技术可能使得犯罪行为的危害覆盖面积更“广”。快速发展的人工智能技术已经在社会生活中全方位地蔓延，越来越多的行业中都出现了人工智能的身影。可以预测，在不久的将来，人工智能机器人将部分甚至完全地替代人类进行某些工作。人工智能在很多方面已经表现出和人类一样甚至超越人类的能力：在医疗领域，人工智能机器人（如达芬奇手术机器人）已经可以精准判断肿瘤的位置和大小，并提供相应的治疗方案，也已经有外科手术机器人可以参与具体的手术过程；在艺术创作领域，人工智能机器人可以自我创作旋律，使美妙的音乐渗入人类的生活，人工智能机器人创作的诗歌也能慰藉人类的心灵；在工业领域，人工智能机器人早已掀起了一场空前的革命，人工智能机器人可以大幅度提高生产过程中的效率，同时人工智能可以充分运用大数据了解客户需求，就连产品本身也处处蕴含人工智能科技，例如自动驾驶汽车已经可以行走在大街小巷之中。根据相关部门的规划，未来我们国家将实现智能制造、智能农业、智能金融、智能商务、智能家居等全方面智能化社会。这些规划无疑让人兴奋、令人鼓舞，但也同时会使人们产生些许担忧并引起我们的警惕。人工智能技术覆盖面如此之广，一旦出现了问题，很有可能会造成

---

① 参见刘宪权：《网络犯罪的刑法应对新理念》，载《政治与法律》2016年第9期。

"牵一发而动全身"的危险局面,如果我们没有准备也不做预案,其后果将是不堪设想的。

另一方面,从危害"深度"而言,人工智能技术可以使得产品全面智能化,也可以使得犯罪工具以及犯罪手段更加智能,由此犯罪行为所造成的社会危害可能更"深"。也即不法分子完全可以利用人工智能技术全面实现犯罪计划,一旦危害结果发生,很难得到修复。例如,不法分子可以通过人工智能机器人学习其他公司的核心技术,进而彻底颠覆该公司的运营。这与传统的侵犯商业秘密类犯罪所造成的危害后果在深度上有着巨大的差距。再如,在证券市场上,如果行为人利用人工智能机器人对数据的深入研究与学习分析能力,快速掌握有利信息,或掌握像高频交易一样的某种技术优势,再利用这种信息或优势造成证券市场秩序的混乱,完全可能造成比一般的市场操纵行为更为严重的社会危害。

(二)人工智能可能会导致新的犯罪形式产生

我们可以预见,人工智能技术的快速发展除了会使得部分传统犯罪的危害发生"量变",也完全可能会因新结合点的出现而导致新的犯罪形式产生。

首先,与大数据滥用结合的新犯罪形式。人工智能的基本原理是利用人工构造的神经网络系统以及一系列编码程序,对大量数据进行深度学习,从而掌握识别甚至决策等技能。从中可以看出,在整个人工智能系统深度学习的过程中,对大数据的利用无疑是非常重要的一部分,数据之于人工智能而言犹如水之于人类生命,因而对人工智能的滥用很有可能就是对大数据的滥用。过去我们一般认为,对数据的利用可能涉及的犯罪类型是非法获取计算机信息系统数据。从"两高"出台的司法解释可以看出,①我国刑法及司法实践侧重于保护用于维护信息系统自身功能的、以访问控制为主要考虑的数据,没有关注数据自身内容属性上的价值与保护必要。②但是人工智能时代可能带来新的滥用数据的风险,产生新的滥用数据的犯罪形式。数据的集中本身就是一种风险的存在,因为数据越多,包含的信息量就越多,不法分子攻击一次数据库就能获利颇多,从而降低了犯罪成本。更令人胆颤的一点是,人工智能技术往往可以得到超出人类预期的结果,一些数据从表面看来可能不包含关键的敏感信息,但是通过人工智能技术分析海量数据,以及对多个数据库进行综合分析和比对,最终完全可能通过推演得到关键的敏感信息,甚至包括威胁到国家安全、公共安全、个人隐私等重要信息。与此同时,目前对于数据的安全防护手段无法跟上人工智能技术发展

① 2011年最高人民法院、最高人民检察院《关于办理危害计算机信息系统安全刑事案件应用法律若干问题的解释》第1条规定,获取支付结算、证券交易、期货交易等网络金融服务的身份认证信息10组以上的,或除此以外的身份认证信息500组以上的,属于"情节严重"的情形。

② 于志刚、李源粒:《大数据时代数据犯罪的制裁思路》,载《中国社会科学》2014年第10期。

的速度，也就无法及时针对新的犯罪形式作出预警反应。

其次，与“欺骗”人工智能机器人结合的新犯罪形式。一方面，不法分子可以通过干扰人工智能机器人得以逃脱监控或制裁。人工智能具有识别和决策功能，一旦不法分子改变或控制人工智能中的算法，完全可以使得人工智能机器人发生识别或决策错误。未来警方很大程度上会依赖人工智能技术来侦破案件，“人工”的参与度大大下降，那么不法分子只要能够采取一定手段“欺骗”人工智能机器人，就能使得自己逃之夭夭，从而给社会安全带来更大的隐患。另一方面，不法分子完全可以通过“欺骗”人工智能机器人让自己非法的行为“合法化”。我们完全可以想象，未来人类的社会生活是在人工智能机器人的覆盖下进行的，人工智能依赖于计算机算法，而凡是计算机算法就一定会有算法漏洞或缺陷。在过去，黑客对系统进行攻击往往可以通过反复调整同一封邮件或图片来“骗过”安全过滤系统，那么在未来，不法分子也完全可以通过“骗过”人工智能机器人来从事非法甚至犯罪活动，例如开展非法的政治活动等。

（三）人工智能机器人可能脱离人类控制而实施严重危害社会的犯罪行为

美国科幻作家阿西莫夫曾提出“机器人三原则”，即“机器人不得危害人类、必须服从人类的命令、在不违反第一条和第二条的情况下必须保护自己”。[①]但是这样的原则真的能保证人工智能机器人不伤害人类吗？就连阿西莫夫自己都在多部作品中塑造过人工智能机器人脱离人类控制的场面。著名物理学家斯蒂芬·霍金多次强调人工智能可能在未来会威胁到人类，特斯拉CEO伊隆·马斯克认为人工智能是“我们人类文明面临的最大威胁”，并指出未来人工智能完全可以伤害人类。在著名科幻电影《2001：太空漫游》中，机器人HAL设计杀死了飞船上的科学家们，这种场景很有可能在未来会真实地出现在人类社会生活中。一旦人工智能机器人因为深度学习产生了自主意识和意志，并在自主意识和意志支配下实施了不在人类设计和编制的程序范围内的犯罪行为，人工智能机器人可能就需要面临刑事责任问题。在现行法律体系下，需要承担刑事责任的只有一般自然人和单位。与自然人相比，人工智能机器人虽然没有生命，但却拥有和自然人一样的辨认能力与控制能力，完全可能成为刑事责任的承担主体。同时应当看到，人工智能机器人有一定的特殊性，即具有两面性：一方面，在设计和编制的程序范围内实施行为，其实现的是人类的意志，无法决定自己的行为目的，对自己所实施的行为不需要承担相应的责任；另一方面，人工智能机器人在设计和编制的程序范围外实施行为，实现的是自己的意志，和其他具有刑事责任能力的主体实施犯罪行为的情况别无二致。一个自然人从出生到死亡可以看作

---

① ［美］艾萨克·阿西莫夫：《我，机器人》，叶李华译，江苏文艺出版社2013年版。

是一种“纵向”的刑事责任能力递增的过程，即不满 14 周岁时不具有刑事责任能力，已满 14 周岁不满 16 周岁时具有限制刑事责任能力，已满 16 周岁就具有完全刑事责任能力。而人工智能机器人从设计和编制的程序范围内到程序范围外可以看作是一种“横向”的刑事责任能力的转化过程，即人工智能机器人在设计和编制的程序内实施行为不需要承担刑事责任，而在设计和编制的程序外实施行为需要承担相应的刑事责任。笔者认为，人工智能的普及完全可能使得人工智能机器人在人类社会生活中的地位从普通工具上升至法律主体的高度，这是不可回避的社会发展的必然。正因为如此，未来人类社会的法律制度都需要针对人工智能技术的发展进行相应的调整。

二、弱人工智能时代的刑事风险

弱人工智能机器人可以在设计和编制的程序范围内独立判断并自主决策，似乎具有一定的辨认能力与控制能力，但是这种能力完全受控或受制于人类设计和编制的程序，因此可以将弱人工智能机器人看作人类改造世界的新型工具。人工智能是人类科技发展的重要里程碑，将会从根本上改变人类社会生活的面貌。但是如果被违法犯罪分子作为犯罪工具利用，将会带来难以想象的恶果。2017 年 8 月，以特斯拉 CEO 伊隆·马斯克为代表的来自 26 个国家的人工智能技术领袖，向联合国进行“公车上书”，要求禁止“杀人机器人”的研发与使用，这体现了人类在弱人工智能时代，对人工智能机器人所引发的“外患”的普遍担忧。那么在弱人工智能时代，在人工智能机器人外部可能会出现哪些“外患”？即在弱人工智能时代，弱人工智能机器人的设计者或者使用者可能会利用弱人工智能机器人实施哪些犯罪行为？

弱人工智能机器人是人类改造世界的新型工具，如同其他工具是人类双手的延伸一样，我们也可以将弱人工智能机器人看作是人类身体或智力的延伸，其可以解放人类劳动力，并弥补人类自身技能的不足。相较于普通工具，弱人工智能机器人的优势在于其可以在某一方面完全替代人类自身的行为，达到人类预期的目的。如果这一优势被犯罪分子所利用，其就会在付出更小代价的同时，带来更大的社会危害。但是应当看到，弱人工智能机器人的工具属性决定了其在犯罪中的地位，弱人工智能机器人不可能作为犯罪主体而承担刑事责任。

弱人工智能机器人被他人作为工具加以利用实施严重危害社会的犯罪行为，可能体现在刑法规定的许多犯罪中。利用弱人工智能机器人可以实施危害国家安全、国防利益、公共安全和社会管理秩序的行为。随着弱人工智能时代的到来，一些危害国家安全、国防利益、公共安全和社会管理秩序的行为可能不再需要人类亲力亲为，只需设计和编制出相应的程序，让弱人工智能机器人分忧代劳。在自动枪械系统、无人机等弱人工智能机器人出现的情况下,犯罪分子不必再冒着生命危险进行自杀式袭击就可以达到严重危害社会的目的。同时,弱人工智能机器人的数据处理分析能力大大增强,能够更快速有效地帮助犯罪分子实施窃取、刺探情报的行为。上述因素都将对国家安全和国防利益等造成极大的威胁。同样,弱人工智能机器人对公共安全的威胁也是现实存在的。如恐怖活动分子可以利用弱人工智能机器人携带武器、弹药、爆炸物在人员密集的场所或公共区域实施爆炸袭击,进行恐怖活动。利用弱人工智能机器人既有利于保证恐怖活动分子自身的安全,也更有利于其进行隐蔽,逃避抓捕。另外,弱人工智能机器人被犯罪分子利用可能会对社会管理秩序造成威胁。如基于弱人工智能机器人强大的信息收集和数据处理能力,可以帮助犯罪分子更快速有效地非法获取国家秘密或者考试内容;又如基于弱人工智能机器人在设计和编制的程序范围内可以独立完成相应任务的优势,可能被犯罪分子利用作为运输毒品、毁坏文物的工具。

当然,利用弱人工智能机器人也可以实施危害经济秩序、侵犯财产的行为。《刑法》第287条规定,"利用计算机实施金融诈骗、盗窃、贪污、挪用公款、窃取国家秘密或者其他犯罪的,依照本法有关规定定罪处罚"。由此可见,在弱人工智能机器人只能作为工具的情况下,利用其实施犯罪活动,只能按照犯罪的目的行为进行定性。值得一提的是,在金融领域,原先必须由高素质人才完成的大部分工作,现在已经被人工智能机器人所取代。人工智能机器人在速度和数据整合准确度上,已经超过金融分析师。现在纽约和伦敦证券交易所的交易大厅几乎形同虚设,真正的交易过程已经全面实现了"机器自动化",[①]犯罪分子一旦攻破程序的漏洞,控制了这种人工智能机器人,就相当于获得了移山竭海的力量,只需一个简单的代码或指令,就会导致证券交易市场的崩溃,而犯罪分子将可以趁市场的混乱收获累累"硕果"。

利用弱人工智能机器人还可以实施危害人身安全的行为。犯罪分子为了销毁犯罪证据、逃避法律制裁,往往采用借刀杀人、移花接木的手法。而借用弱人工智能机器人来杀人就是最有效的方法。同样,弱人工智能机器人的设计者、使用者也可以利用弱人工智能机器人实施绑架、拐卖等剥夺或限制他人人身自由的行为。弱人工智能技术的发展和创新应用离不开数据的开放和共享。值得一提的是,腾讯借助QQ、微信等产品建立了10亿级别覆盖度的基础库,对范围内的人群进行统计和分析,能够实现动态跟踪区域内人群流动、评估人流拥挤等

---

① 《全球金融业进入"机器人时代":你的血汗钱是否安全?》,http://finance.eastmoney.com/news/1347,20160321606253387.html,2017年9月27日访问。

级、捕捉开放社交网络的情况、分析目标客户群轨迹，让客户更精准地定位目标人群。①这些信息一旦被过失或有意泄露，造成的危害后果将难以想象，不仅是对公民个人信息的侵犯，更会对公民的人身安全和财产安全造成巨大威胁。

应当看到，尽管弱人工智能机器人威力巨大，在犯罪中发挥着重要作用，甚至在某些情况下可以完全替代设计者或使用者实施严重危害社会的行为，且其实施的行为涵摄到刑法所规定的方方面面的犯罪，但是弱人工智能机器人因为不具有独立意识和意志而始终无法摆脱工具属性，其实施的行为体现的是设计者或使用者的意志，只能被看作是设计者或使用者行为的延伸。所以在弱人工智能时代，犯罪行为只能是在弱人工智能机器人之外的设计者或使用者的意志支配之下而实施，我们将这种情形称为弱人工智能时代的“外患”。

三、强人工智能时代的刑事风险

强人工智能机器人与弱人工智能机器人的本质区别在于是否具有独立意识和意志，以及是否能够在设计和编制的程序范围外自主决策并实施相应行为。强人工智能机器人通过学习，产生脱离程序的独立意识和意志，具备独立思考能力。强人工智能机器人的行为可以分为两种：一种是在设计和编制的程序范围内的行为；另一种是超出设计和编制的程序，依靠独立意识和意志，自主决策所实施的行为。对于前者而言，强人工智能机器人与弱人工智能机器人并无不同，此时的人工智能机器人仅能作为工具，其行为本质上是人工智能机器人的设计者或者使用者行为的延伸，实现的是设计者或使用者的意志，行为所产生的后果也应全部归责于设计者或使用者。对于后者而言，强人工智能机器人与弱人工智能机器人相比则有很大区别，此时的人工智能机器人已经完全超出工具的范畴，因为其已具有独立意识和意志，其行为不再是设计者或使用者行为的延伸，而是为了实现自己的意识和意志、自主决策并自主实施的行为，行为所产生的后果也不能当然地归责于设计者或使用者。

正因为强人工智能机器人具有独立意识和意志，因此其实施的行为有可能不符合程序设计和编制的目的，甚至从根本上违背设计者设计和编制程序的目的。强人工智能机器人因具备思维能力而具有刑事责任主体所要求的辨认能力和控制能力。自然人的思维能力来源于大脑，强人工智能机器人的思维能力则来源于程序和算法。刑法意义上的辨认能力是对行为的性质、后果、作用的认识能力，这种认识包括事实层面的认识和规范层面的认识。事实认识是一种形式

---

① 参见《人工智能时代云和大数据到底有多重要?》，http://blog.sina.com.cn/s/blog_be62e9a90102wg0i.html，2017 年 9 月 27 日访问。

上的认识,强人工智能机器人可以通过其“电子眼”“电子耳”认识到事实。相较于辨认能力,控制能力是强人工智能机器人的必备能力,是程序设计与编制的必需内容。强人工智能机器人拥有极快速的处理能力、反应速度和极精准的控制能力,能够凭借大数据与高速运算能力对行为作出精准的控制。与人类相比,强人工智能机器人具有更强的控制能力与可培养的辨认能力。在此状态下,强人工智能机器人完全可能独立于人类意志而实施人类无法控制的严重危害社会的行为。

早在1940年美国科幻作家阿西莫夫在提出保护人类的“机器人三原则”时,正是预想到了机器人在未来有可能在具有独立意识和意志之后,作出危害人类的事情。这三个原则体现出人工智能的发展不应威胁到人类自身安全的愿望。当然,在人工智能时代,即使有了原则,原则也未必起多大作用。当脱离程序控制的强人工智能机器人出现时,有可能真的会成为“我们人类文明面临的最大威胁”,谁也不敢保证科幻电影中强人工智能机器人HAL杀死飞行员的场景不会在现实中上演。“防范机器人向负面发展已经迫在眉睫,无需等到机器人的智能等于人的智能的那一天……它们带给人类社会的不只是工作效率的提高和人的生活改善,将冲击或改变人类社会的某些规则。”①“居安思危,思则有备,有备无患。”②虽然目前所出现的弱人工智能机器人尚不能对人类社会构成威胁,但是既然我们已经预见到随着深度学习、神经网络、蒙特卡洛树搜索、云计算等技术的不断发展,脱离人类设计和编制程序控制的强人工智能机器人有出现的可能,就应当提前在刑事法律层面做好准备,以防止强人工智能机器人给现行刑事责任追究制度带来挑战时,我们的刑事立法和刑事司法措手不及、无法应对。

尽管在某种程度上,弱人工智能机器人的出现有可能对国家安全、国防利益、公共安全、社会管理秩序、公民的人身和财产安全等造成负面影响。但是,弱人工智能机器人只具有工具性的意义,对于其给人类社会带来的风险系数增加的状况,我们只能按照规制传统犯罪的方法对弱人工智能机器人的不当研发和使用加以控制,而不能考虑由仅能作为犯罪工具的弱人工智能机器人承担刑事责任。但是,一个新的具有自主意志和独立思考能力,可以自主决策并实施相应行为的强人工智能机器人的出现,则必然会对现行的刑事法律体系带来冲击和挑战。人工智能机器人的普及完全可能使得其在人类社会生活中的地位从普通工具上升至法律主体的高度,这是不可回避的社会发展的必然。正因为如此,未来人类社会的法律制度都需要针对人工智能技术的发展进行相应的调整。我们

---

① 封锡盛:《机器人不是人,是机器,但须当人看》,载《科学与社会》2015年第5期。

② 《左传·襄公十一年》。

必须认识到强人工智能机器人与弱人工智能机器人在本质上的差异，并明晰强人工智能机器人在刑法中的地位。具有自主意志的强人工智能机器人自主决策并在人类设计和编制的程序范围外实施犯罪行为时应如何处理，是强人工智能时代不可避免的“内忧”，也是需要刑法必须正视和解决的问题。

随着人工智能技术的不断发展，强人工智能机器人独立思考、自主决策是完全可能实现的。强人工智能机器人完全有能力在设计和编制的程序范围之外实施严重危害社会的行为，也即强人工智能机器人在自主意志支配之下的行为完全有可能对刑法所保护的社会关系造成严重侵害。简言之，强人工智能机器人有能力对刑法所保护的客体造成侵害。

第二章 人工智能时代的刑法挑战与应对策略

第一节 人工智能时代刑法规制的现状与不足

正如网络犯罪的本质是犯罪，涉人工智能犯罪的本质也依然是犯罪。涉人工智能犯罪只不过是人工智能时代产生的新样态的犯罪，是人工智能时代的新事物。新旧事物之间的关系从来都是“藕断丝连”而非“一刀两断”的。虽然人工智能技术的发展使得现行刑法遭遇了各种尴尬处境与挑战，对于涉人工智能犯罪的研究仍需要以现行刑法规定为切入点和立足点。根据现行刑法对涉人工智能犯罪的规制现状，我们可以将涉人工智能犯罪划分为现行刑法能够规制的涉人工智能犯罪、现行刑法规制不足的涉人工智能犯罪和现行刑法无法规制的涉人工智能犯罪三种类型。

一、现行刑法能够规制的涉人工智能犯罪

现行刑法能够规制的涉人工智能犯罪，指的是现行刑法条文完全可以规制或者仅需用司法解释明确刑法条文适用范围和方式的涉人工智能犯罪。在处理涉人工智能犯罪时，我们既不能仅将人工智能机器人当作简单的工具而认为其对犯罪行为的定罪量刑没有任何影响，也不能陷入“工具决定论”的误区而认为利用人工智能机器人犯罪的行为都比传统犯罪行为的社会危害性更严重。我们仍然应当具体问题具体分析。应该看到，当人工智能机器人成为犯罪行为的“臂膀”或“羽翼”时，确实会给传统犯罪的实施带来诸多的便捷，但是，从本质上看，人工智能机器人的存在其实并没有改变传统犯罪的行为方式和结构，因此，我们仍然可以运用现行刑法的规定对之加以规制。即使现行刑法规定得过于笼统或模糊，我们也完全可以通过司法解释加以明确，对此类犯罪行为予以精确、全面的评价。

例如，在“全国首例利用AI犯罪案”中，犯罪分子利用人工智能机器人的深

度学习能力，通过编程和训练，让人工智能机器人掌握有效识别图片验证码的技能。这项技能可以帮助犯罪分子获取用户登录各个网站的账号和密码。①究其本质，这是非法获取公民个人信息的行为，属于《刑法》第 253 条之一第 3 款——“窃取或者以其他方法非法获取公民个人信息”的规制范围，理应按照侵犯公民个人信息罪定罪。又如，杀手机器人的出现，一度引起人们的恐慌。它的可怕之处在于其可以识别各种伪装，精准地搜寻到打击对象并一击即中。这种致命性的自主武器成本低，却威力巨大。但探究其工作机制，我们可以发现，用杀手机器人夺取人的性命，与用刀、枪、棍棒等夺取人的性命并无本质上的不同，都是非法剥夺他人生命的行为，按照故意杀人罪定罪量刑即可。或许会有人提出，如果行为人意图针对的打击目标与杀手机器人最终打击的对象不一致，即杀手机器人实施的行为与行为人预想的行为存在偏差，应当如何处理？实际上，这种情况可以用事实认识错误的理论解决。正如行为人放狗咬人，本来希望狗咬死甲，但狗却咬死了乙，狗的“错误”不影响对行为人行为的定性，对行为人仍应以故意杀人罪（既遂）来认定。杀手机器人作为完全受行为人设计和编制的程序控制的个体，其在执行杀人指令时，与上文中所说的狗并无本质区别，因此其所犯的“错误”也不应影响对行为人行为性质的认定。再如，行为人给无人机装上手枪、扩音器等装置，在犯罪现场以外的地方操纵无人机上的装置对被害人进行威胁，要求其交出随身携带的财物，否则就将对被害人的头部进行射击。根据 2005 年 6 月 8 日最高人民法院《关于审理抢劫、抢夺刑事案件适用法律若干问题的意见》，抢劫罪表现为行为人劫取财物一般应在同一时间、同一地点，具有“当场性”。在无人机抢劫的场景中，行为人并未在犯罪现场，其行为似乎不具备成立抢劫罪所要求的“当场性”要件，但应当看到，“当场性”要件的存在，代表着行为人的行为对被害人的人身权利和财产权利能够造成实质危害或者紧迫威胁。利用传统手段进行抢劫时，如果行为人不在犯罪现场，很难达到这个程度。无人机的出现，使得行为人所在的位置和行为实施的位置存在空间上的分离；更有甚者，如果行为人预先设定好抢劫的程序，让无人机自主执行，行为人设定抢劫程序的时间和无人机对被害人进行抢劫的时间也会出现时间上的分离。但这种时空上的分离并未使得犯罪现场中被害人的人身权利和财产权利受到损害的程度或可能性有丝毫减小。换言之，利用无人机进行抢劫虽然使得行为人实施行为的时空和被害人遭遇抢劫的时空出现了分离，但行为的社会危害性程度并未减小，仍然侵犯了被害人的人身权利和财产权利，仍应按照抢劫罪对行为人进行定罪量刑。

---

① 《人工智能涉罪细节首次披露：你的个人信息是这样被破解的》，http://www.sohu.com/a/202973604_659173，2018 年 12 月 6 日访问。

二、现行刑法规制不足的涉人工智能犯罪

现行刑法规制不足的涉人工智能犯罪，指的是传统犯罪在人工智能背景下出现了新特点，而现行刑法无法有力应对的犯罪类型。如果把传统犯罪行为比作“走兽”，人工智能技术为其增添“羽翼”之后，“走兽”变成了“飞禽”，虽然其根本属性并未发生改变，但其行为模式发生了巨大变化，我们原来规制“走兽”的刑法规定无法有力规制“飞禽”。在当下的弱人工智能时代，人工智能机器人的行为受人类设计和编制的程序控制，体现人类的意识和意志，是人类身体和智力的延伸。跟传统犯罪工具相比，由于其不仅是人类身体的延伸，还是人类智力的延伸，因此其“智能”性有时会导致人类原有行为模式的变化。众所周知，围棋机器人（包括 AlphaGo、AlphaGo Zero 等）战胜了世界围棋冠军。围棋机器人是在人类设计和编制的程序支配下实施行为的，但是为其设计和编制程序的研发者本身并不可能战胜世界围棋冠军，而围棋机器人凭借其深度学习能力和快速反应速度可以做到。换言之，围棋机器人的行为来源于人类设计和编制的程序，但可能会超出人类在这一领域的本来能力。这一特征同样出现于自动驾驶汽车、医疗机器人等身上。由于人工智能机器人延伸了人类的身体和大脑，其所实施的行为也在一定程度上替代了人类。刑法规定的“行为”有广义与狭义之分，广义上的行为指“人的意思可以支配的具有社会意义的身体的外部态度（动静）”；①狭义上的行为则指“危害行为”，即由行为人意识和意志支配之下违反刑法规定的危害社会的客观活动。无论采广义说还是狭义说，刑法上的行为都必须是行为人在自主意识和意志支配之下进行的客观活动。“无行为即无犯罪”，行为是对行为人进行定罪和处罚的基础和决定性要件。而人工智能机器人在一定程度上替代了人类的行为，理论上，也就应该分担一部分本应由人类承担的刑事责任。这就导致了原本以人类承担全部刑事责任为前提构建的刑法体系在处理部分涉人工智能犯罪时力有不逮。

例如，在过去，对于汽车行驶过程中出现的交通肇事，如果是汽车本身质量问题导致的，则应当由汽车的设计者或生产者承担有关产品质量的责任；如果是在驾车过程中违反交通规则导致的，则应当由驾驶员承担交通肇事的责任。目前的自动驾驶汽车，在行车过程中也需要驾驶员的参与，所以我们仍可按照上述的责任分配模式来进行处理。但是当自动驾驶发展到完全自动驾驶阶段，即不存在驾驶员，完全自动驾驶汽车的行驶完全在设计和编制的程序控制之下进行。对于完全自动驾驶汽车行驶过程中引发的交通事故，如果是汽车本身质量问题

---

① ［日］大谷实：《刑法讲义总论》，黎宏译，中国人民大学出版社 2008 年版，第 95 页。

导致的，我们仍可按照原有模式，让自动驾驶汽车的设计者或生产者承担有关产品质量的责任；但对于完全自动驾驶汽车行驶过程中违反交通规则导致事故发生的情况，由于不存在驾驶员，所以我们无法按照原有模式，让驾驶员承担交通肇事的责任。而由于完全自动驾驶汽车仍属于弱人工智能机器人的一种，即其只能在设计和编制的程序控制和支配下实施行为，不具备自主意识和意志，不能作为刑事责任主体，不能承担刑事责任。因此本应由驾驶员承担的交通肇事的刑事责任无法转移归完全自动驾驶汽车承担。在这种情况下，是否可以将本应由驾驶员承担的交通肇事的刑事责任转移归完全自动驾驶汽车的设计者或使用者承担？如果让完全自动驾驶汽车的设计者或使用者承担，那么他们承担的是产品质量事故还是交通事故的刑事责任？目前刑法及相关法律法规尚未有明确规定。与之相类似的是人工智能医疗机器人导致的医疗事故的责任承担问题等。

三、现行刑法无法规制的涉人工智能犯罪

现行刑法无法规制的涉人工智能犯罪，指的是由于人工智能时代的特殊性而出现的在人工智能时代之前难以想象也无需探讨的严重危害社会的行为。这类行为无法用现行刑法规定进行规制，主要存在两种情况。

第一，现行刑法中规定的罪名的构成要件没有涵括人工智能时代的新型行为方式。例如，在证券、期货交易市场中，有行为人利用人工智能机器人超乎常人的反应速度实施操控市场的行为，最典型的便是“幌骗”和“塞单”行为，即申报大量订单后迅速撤销，从中牟取利益。该行为违背了证券、期货市场的“三公”原则，本质上是行为人利用技术优势操控证券、期货市场的行为。①根据《刑法》第182条“操纵证券、期货市场罪”的规定，操纵证券、期货市场的行为是指行为人利用自己手中掌握的资源优势操纵证券、期货交易价格或者交易量。②而“资源优势”指的是资金优势、持股优势、持仓优势、信息优势，并不包括技术优势。因此，运用现行刑法中的操纵证券、期货市场罪很难规制利用技术优势操纵证券、期货市场的行为。又如，目前，随着人工智能技术的发展以及人工智能技术与生命科学、神经科学的结合，科学家研发出了人工智能假肢，可以帮助广大的残疾人群体解决肢体残缺带来的麻烦和痛苦。如果行为人损毁与人体配合良好的人工智能假肢，可能会给人工智能假肢的使用者带来巨大的肉体和精神上的痛苦。因此，我们如果仅仅将人工智能假肢作为使用者的财物对待，并进而认为损毁人工智能假肢的行为只是毁坏财物似乎是不妥当的；而如果将人工智能假肢作为

① 参见邢会强：《证券期货市场高频交易的法律监管框架研究》，载《中国法学》2016年第5期。

② 刘宪权：《金融犯罪刑法学原理》，上海人民出版社2017年版，第383页。

使用者身体的一部分对待，则对于损毁人工智能假肢行为的定性似乎会有向侵犯人身健康等角度转化的可能。根据现行刑法中故意伤害罪的规定，只有当行为人故意伤害被害人的躯体并达到轻伤程度时才能构成本罪，损毁人工智能假肢的行为显然不能被认定为本罪。同时随着科技的发展，人工智能假肢成本与价格越来越低，如果单纯按人工智能假肢的价格计算，其价格甚至可能达不到构成故意毁坏财物罪的数额标准，即现行刑法对行为人损毁他人的人工智能假肢的行为根本无法规制。

第二，现行刑法中缺乏与人工智能时代的新型行为方式相对应的罪名。例如，微软研发的聊天机器人 Tay（微软将其设定为 19 岁的少女），其设计原理是从对话交互中学习。一些不良网民利用 Tay 的这一学习机制，刻意引导她模仿偏激言论。于是仅在上线一天之后，Tay 就因发表种族歧视等言论而被微软公司紧急关闭。微软研发聊天机器人的本意是为用户带来乐趣，但由于受到他人的恶意利用，Tay 变成了散布种族歧视言论的“机器”。①根据我国刑法的规定，发表煽动分裂国家、颠覆国家政权、暴力抗拒法律实施的言论或者发表煽动民族仇恨、民族歧视的言论等都有可能构成犯罪。试想，如果行为人刻意诱导具有聊天功能的人工智能机器人发表上述言论，是否可以构成相应的故意犯罪？另外，人工智能机器人的设计者在为人工智能机器人设计和编制程序时，并没有设置相应的反制功能（即指人工智能机器人能够自动抵御不当言论的功能），是否需要承担过失犯罪的刑事责任？如果需要，则相关前置法应如何构建与完善？又如，在 2018 年俄罗斯世界杯期间，莫斯科的一个酒店提供“机器人妓女”服务，利用人工智能机器人向游客提供特殊服务。由于这项服务经过政府特别许可，因此是合法的。荷兰政府也拟于 2050 年之前推出“机器人妓女”项目。应当看到，在俄罗斯和荷兰等国家，卖淫行为可以因经政府许可而具有合法性。但是在我国卖淫行为是违法的。如果在我国推出“机器人妓女”项目，相关人员是否会涉嫌组织、容留、介绍卖淫等犯罪？如果答案是肯定的，那么在“机器人妓女”提供的特殊服务与传统意义上的卖淫行为存在本质不同的情况下，将这种行为认定为组织、容留、介绍卖淫等犯罪，是否属于类推解释并为罪刑法定原则所禁止？②如果答案是否定的，则“机器人妓女”提供服务的行为是否完全不会妨害我国的社会管理秩序，即其本质上不具有严重的社会危害性？以上问题，根据现行刑法规定，我们根本无法得出确定的答案。

由此可见，随着人工智能技术的发展，传统刑法对于涉人工智能的危害行为

---

① 马婷婷：《微软聊天机器人 Tay“误入歧途”，被迫下线！》，https://www.qudong.com/article/421735.shtml，2018 年 12 月 7 日访问。

② 马克昌：《比较刑法原理——外国刑法学总论》，武汉大学出版社 2015 年版，第 15 页。

将不断突破现行刑法的规制范围，不论是人工智能犯罪工具的升级所造成的社会危害程度的不断加大，还是涉人工智能新型犯罪形式的不断出现，都给传统刑法带来了极大的挑战。因此，我们应当紧随人工智能技术发展的步伐，尽快完善现行刑法，以适应人工智能时代发展的需求。

第二节 刑法应对人工智能犯罪的基本理念与路径

根据机器人智能化程度的不同，我们可以将机器人划分为普通机器人、弱人工智能机器人和强人工智能机器人。其中，普通机器人和弱人工智能机器人的区分标准在于机器人是否具有深度学习的能力，弱人工智能机器人和强人工智能机器人的区分标准在于机器人是否能够在自主意识和意志的支配下，超出设计和编制的程序实施行为。目前，具有深度学习能力的人工智能机器人已经在诸多领域取得了"卓越"成就，不仅 AlphaGo 战胜了围棋国手，"智医助理"高分通过医师执业资格考试，人工智能法律机器人在案件咨询比赛中完胜人类律师等情形也不断出现。毫无疑问，我们现在已经进入了弱人工智能时代。在弱人工智能时代，人工智能机器人在设计和编制的程序范围内实施行为，不具有独立的意识和意志，其行为体现的是人类的意志。如果人类利用人工智能机器人实施犯罪行为，抑或是人类在正常使用人工智能机器人的过程中出现严重危害社会的后果，都会涉及刑事责任的认定和分配问题。为了保障人工智能技术的健康发展、防范相关风险，我们的刑法理念以及刑事立法和司法体系应当适时相应地调整和更新，这是人工智能这个"最好的时代"抑或"最坏的时代"不可回避的诉求。

一、刑法应对人工智能犯罪的新理念

人工智能时代为人们的生活带来无与伦比的便利，也带来前所未有的风险。应当看到，现有的刑法规定难以妥善解决人工智能时代层出不穷的新问题。为了更好地发挥刑法的保护机能，促进人工智能技术的健康发展和社会的稳定繁荣，我们需要树立前瞻性的刑法理念，建立和完善适应人工智能时代要求的刑事立法和司法体系。

（一）人工智能时代需要革新刑法理念

1986 年德国学者乌尔里希·贝克出版了《风险社会》一书，自此"风险"一词成为诠释社会变化发展的关键词。在《辞海》中，"风险"被解释为"人们在生产建设和日常生活中遭遇能导致人身伤亡、财产受损及其他经济损失的自然灾害、意外事件和其他不测事件的可能性"。不可否认，人工智能技术为人类的社会生活带来了极大的便利，"美国亚马逊超级仓库内，无数机器人正在货架间疯狂奔跑；

欧洲快餐店内，机器人端着汉堡和薯条 7×24 小时来去自如；而在南非矿井下，电脑正操作精密仪器，向幽暗处进发……”①但是风险实际上与红利成正比，人工智能技术为人类社会带来的刑事风险也在急剧增加。正如前文所述，我们可以将现阶段(即弱人工智能时代)涉人工智能刑事风险分为两类：其一为行为人在正常利用人工智能机器人时产生的刑事风险；②其二为行为人利用人工智能机器人实施犯罪行为的刑事风险。

行为人在正常利用人工智能机器人时产生严重危害社会结果的情况屡见不鲜。例如，2018 年美国亚利桑那州发生了一起优步无人车撞死行人的事故。时隔不久，一辆开启了自动驾驶模式的特斯拉汽车撞上高速路旁的隔离带，车主不幸丧生，并引发两车追尾。早在 2016 年，邯郸一辆处于“定速”状态的特斯拉自动驾驶汽车未能按照程序设定躲避障碍物，从而撞上前车，车主不幸身亡。③再如，购物平台通过对消费者购买商品的品种、数量、频率等各种数据的分析整合，为消费者提供个性化服务。这在提升用户购物体验、为用户带来便利的同时，背后也隐藏着侵犯公民个人信息的风险。④再如，达芬奇手术机器人可以运用微创方法，实施复杂的外科手术。但是在英国首例机器人心瓣恢复手术中，机器人把病人的心脏放错位置，并戳穿大动脉，最终导致病人在术后一周死亡。⑤又如，2015 年，大众汽车厂的一名工作人员在安装机器人的过程中，被机器人抓住胸部继而压到金属板上，最终这名工作人员不治身亡。⑥此类事例不胜枚举，笔者不再一一赘述。

行为人利用人工智能机器人实施犯罪行为的情况也层出不穷。例如，犯罪分子利用无人机和红外照相机寻找大麻农场，并操纵无人机实施盗窃大麻的行为。也有犯罪分子给无人机装上手枪、扩音器等装置，在几百米甚至几千米外操纵无人机对行人进行抢劫。⑦再如，在“全国首例利用 AI 犯罪案”中，“犯罪分子

---

① 《无人幸免的 AI 未来》，http://www.sohu.com/a/130310867_465267，2018 年 12 月 4 日访问。

② 包括行为人由于疏忽大意而没有预见到人工智能机器人可能造成损害，以致严重危害社会的结果发生和行为人已经预见到人工智能机器人可能造成损害但轻信能够避免，以致严重危害社会的结果发生这两种情形。

③ 《自动驾驶事故频发，事故责任究竟该如何划分》，http://www.sohu.com/a/232993198_455835，2018 年 12 月 4 日访问。

④ 《个性化推荐引擎：购物网站的智能推销员》，https://www.guokr.com/blog/440494/，2018 年 12 月 4 日访问。

⑤ 《达芬奇机器人心瓣手术，致人死亡?》，https://baijiahao.baidu.com/s?id=1616721485785441586&wfr=spider&for=pc，2018 年 12 月 4 日访问。

⑥ 《德国大众汽车工厂发生首起“机器人杀人案”》，http://news.mydrivers.com/1/437/437018.htm，2018 年 12 月 8 日访问。

⑦ 《犯罪分子用无人机寻找目标然后抢劫》，http://digi.163.com/14/0418/17/9Q4OQ6IQ00162OUT.html，2018 年 12 月 4 日访问。

利用具有深度学习能力的人工智能机器人，识别图片验证码，轻松绕过互联网公司设置的账户登录安全装置，给网络诈骗等黑色产业提供犯罪工具”。[①]又如，军事领域的人工智能技术可以帮助完成扫雷等任务，维护人类安全，但是其一旦被恐怖分子利用，则会导致我们设置的各种安全防范措施均告无效等难以想象的恶果。

刑法必须敏感地应对时代变化。[②]面对人工智能技术带来的各式各样的刑事风险，现行刑法难以从容应对，我们理应顺应时代需求，树立刑法新理念，调整立法和司法体系。有学者认为，对人工智能机器人刑事责任和刑事主体地位的探讨纯属无稽之谈，人工智能机器人本质上只是人类处理某一类具体事务的辅助工具。[③]笔者认为，虽然现阶段的人工智能机器人仍属于弱人工智能机器人，只能在人类设计和编制的程序范围内实施行为，体现的是人类的意志而非自身的意志，不具有刑事责任主体地位。利用人工智能机器人实施犯罪行为时，仍然只能追究利用者的刑事责任，而不可能追究被利用的人工智能机器人的刑事责任。但我们并不能因此认为，其与普通犯罪对象和犯罪工具无异，从而认为人工智能机器人的出现对行为人刑事责任的认定并无任何影响。事实上，无论人工智能机器人作为犯罪对象，还是作为犯罪工具，都有可能对刑事责任的认定产生影响。其一，人工智能机器人作为犯罪对象时，会对行为人刑事责任的认定产生影响。应当看到，早在普通机器人时代，被赋予部分人脑功能（识别功能等）的普通机器人的出现就会对刑事责任的认定产生影响。以 ATM 机为例，2008 年 4 月 18 日最高人民检察院《关于拾得他人信用卡并在自动柜员机（ATM 机）上使用的行为如何定性问题的批复》，拾得他人信用卡并在自动柜员机上使用的行为，属于《刑法》第 196 条第 1 款第三项规定的“冒用他人信用卡”的情形，构成犯罪的，以信用卡诈骗罪追究刑事责任。2009 年 12 月 3 日最高人民法院、最高人民检察院《关于办理妨害信用卡管理刑事案件具体应用法律若干问题的解释》第 5 条也作了类似的规定。有学者认为，机器是不能被骗的，即机器因为没有意识而不会陷入认识错误，更不会基于认识错误处分财产。在 ATM 机上冒用他人信用卡的行为应被认定为盗窃罪。[④]而笔者认为，最高人民检察院及“两高”的司法解释将在 ATM 机上冒用他人信用卡的行为认定为诈骗类犯罪而非盗窃类犯罪，主要原因在于，经过编程后的 ATM 机实际上是作为业务人员代表金融机构

① 王肃之：《人工智能犯罪的理论与立法问题初探》，载《大连理工大学学报（社会科学版）》2018 年第 4 期。

② 李振林：《人工智能刑事立法图景》，载《华南师范大学学报（社会科学版）》2018 年第 6 期。

③ 时方：《人工智能刑事主体地位之否定》，载《法律科学》2018 年第 6 期。

④ 张明楷：《许霆案的刑法学分析》，载《中外法学》2009 年第 1 期。

处理相关金融业务，既然金融机构的业务人员可以成为诈骗罪的对象，经过电脑编程后的ATM机当然也可以成为诈骗罪的对象。[①]换言之，经过电脑编程后的ATM机不同于一般的机械性机器，其具有人脑的识别功能，在作为犯罪对象时，可能会对刑事责任的认定产生影响。当然，ATM机虽然具有部分人脑的识别功能，但因其不具有人的其他功能，所以充其量也只能算作是“机器人”而不能理解为是人。我们将ATM机称为“机器人”其实还有更深层次的考虑，即如果行为人利用ATM机的识别功能上的认识错误获取钱财的，其行为的性质属于诈骗类的犯罪，刑法将冒用他人信用卡的行为纳入信用卡诈骗罪即为实例；而如果行为人利用ATM机的机械故障获取钱财的，其行为的性质则当然属于盗窃类的犯罪，因为“机械故障”中不存在“人的认识错误”问题。可见，经电脑编程后的ATM机在作为犯罪对象时也会对行为人行为的刑事责任产生影响。当人类从普通机器人时代进入弱人工智能时代，人工智能机器人具有了深度学习能力，相当于具有了更多的人脑功能，其对行为人所要承担的刑事责任的认定毫无疑问会产生更大的影响。其二，人工智能机器人在作为犯罪工具时，也会对行为人刑事责任的认定产生影响。当人工智能机器人作为人类实施犯罪行为的工具时，研发者或使用者之间的刑事责任分配可能会随着人工智能机器人“智能”的增长而有所不同。例如，对于普通汽车而言，在汽车本身不存在安全隐患，仅因驾驶员违反交通运输管理法规进行驾驶导致发生重大交通事故而构成交通肇事罪的情况下，普通汽车的设计者无需承担刑事责任，而应由普通汽车的使用者（即驾驶员）承担全部刑事责任。对于完全自动驾驶汽车而言，汽车的行驶方式、路径全部都由自动驾驶程序控制，车上仅有乘客而无驾驶员，对于程序本身存在问题（包含完全自动驾驶汽车违反交通运输管理法规等）而导致发生重大交通事故的情况，可能就需要由完全自动驾驶汽车的设计者承担全部刑事责任。由此可见，在人工智能时代，人工智能技术带来的风险急剧增加，人工智能机器人会对行为人刑事责任的认定或分担产生影响，不能完全等同于普通的“工具”。

根据“库兹韦尔定律”，技术的力量正以指数级的速度迅速向外扩充。人类正处于加速变化的风口浪尖上，这超过了我们历史上的任何时刻。早在2015年，霍金等人就在公开信中警示人们要防范人工智能技术带来的潜在风险，在进行人工智能技术研究的同时必须采取相应的防范措施。法律在很大程度上是国家为了有意识地达到某一特定目的而制定的。[②]刑法理念及刑事立法和司法体系也应该顺应时代潮流进行调整，以发挥刑法作为“社会最后一道防线”对于社

---

① 刘宪权：《金融犯罪刑法学原理》，上海人民出版社2017年版，第508—509页。

② ［美］博登海默：《法理学：法律哲学与法律方法》，邓正来译，中国政法大学出版社1999年版，第109页。

会稳定健康发展的保障作用。人类社会的发展经历了原始社会、农业社会、工业社会、信息社会,现在已经迈入了智能社会。每一种社会形态中的刑法理念和体系都是不同的,这是刑法顺应社会发展潮流的体现。当前我们所处的弱人工智能时代,具有深度学习能力的人工智能机器人在社会生活的各个方面都发挥着重要作用,已经并将持续对社会形态的发展和演变产生影响。正因如此,我们应当适时调整和革新刑法理念,以达到保障人工智能技术健康发展、防控和治理人工智能技术带来的刑事风险的目的,最终实现维护人类整体利益、促进社会发展进步的目标。这也是在人工智能时代革新刑法理念的意义所在。

（二）人工智能时代应秉持前瞻性的刑法理念

在人工智能时代,我们应树立前瞻性的刑法理念。人工智能时代的刑法规定所立足的技术背景和社会条件都处于急速的变化发展之中。[①]我们必须提前预想到人工智能时代可能发生的刑事风险,并提前想好应对策略。只有未雨绸缪,方可临危不乱。正如2018年11月全国人大常委会委员长会议组成人员进行专题学习时,栗战书委员长所指出的,"人工智能是影响面广的颠覆性技术,其双刃剑效应尤为明显,必须未雨绸缪,加强前瞻预防和约束引导,有效应对技术不确定性带来的新挑战,确保其安全、可靠、可控"。[②]在此,有必要澄清以下两个误区。

误区之一:前瞻性的刑法理念与缺乏可靠的科学依据支撑的科幻小说无异。[③]树立前瞻性刑法理念的目的是解决技术的飞速发展与刑事立法相对滞后之间的矛盾,即为了防止出现刑法无法妥善处置具有严重社会危害性行为的尴尬局面。应当看到,这种尴尬局面在我们初步进入弱人工智能时代的今天已经屡次发生。例如,自动驾驶汽车事故接二连三地发生,已经并将可能继续危害到公共安全、公民的人身和财产安全,但我们目前却并未建立行之有效的法律体系对这些风险进行良好的规制。[④]"我们今天正处于一种大变革的时期,过去的许多行为其传统意义正在蜕变或消失,与此相随不知不觉中行为又被涂抹上新时代的若干色彩;一些过去见所未见、闻所未闻的光怪陆离的新事物也四处滋生。"[⑤]在此背景下,用以指导刑事立法与刑事司法的刑法理念,毫无疑问也将面

---

① 参见赵丽:《网络安全立法要有前瞻性眼光》,载《法制日报》2015年7月7日。

② 杨维汉:《全国人大常委会:对人工智能涉及的法律问题进行研究》,http://www.cs.com.cn/cj/hyzx/201811/t20181124_5896775.html,2018年12月5日访问。

③ 时方:《人工智能刑事主体地位之否定》,载《法律科学》2018年第6期。

④ 目前仅有2018年4月3日工业和信息化部、公安部、交通运输部《智能网联汽车道路测试管理规范(试行)》,以及各地制定的相关管理文件。

⑤ 冯亚东:《理性主义与刑法模式》,中国政法大学出版社1998年版,第10页。

临着一个是否需要调整以及如何调整的问题。[①]刑法理念属于意识形态的范畴，其本身是主观的，但是人们最终选择什么样的刑法理念，天然地受制于人们所处的特定时代。在人工智能时代树立前瞻性的刑法理念，并非是脱离技术的实际发展水平，凭借主观想象，设立未来的刑事立法和司法体系，而是在洞察和明悉时代背景与技术发展状况的前提下，破解人工智能时代刑罚应对的难题。同时，我们也要防患于未然，在正确理念的指导下，促使科技“向善”，将人工智能技术可能带来的风险降至最低。

误区之二：前瞻性的刑法理念体现了“过度刑法化”的趋势。关于社会治理，学界存在“过度刑法化”的批判，有学者认为过度刑法化是对刑法“谦抑和沉稳品格”的背弃，势必造成刑罚谴责功能的退化，引起社会治理的巨大风险。[②]事实上，前瞻性的刑法理念与过度刑法化趋势是毫不相干的两个事物。两者之间不存在逻辑上的联系。过度刑法化导致的结果是能够采用道德上的谴责、行政或者民事手段规制的具有社会危害性的行为，刑事立法者仍将其规定为犯罪行为。这种因为风险无处不在，所以刑法无处不在的做法，是过度刑法化的主要体现。[③]而前瞻性的刑法理念则不等同于盲目扩大犯罪圈，也不会导致刑罚的泛化使用。前瞻性的刑法理念可以为涉人工智能犯罪的刑法规制预留必要的解释空间和缓冲空间，避免刑法的修改过于频繁。我们应该吸取网络犯罪刑法规制中的相关教训，避免在涉人工智能犯罪规制时再犯类似的错误。“在网络犯罪立法中经常出现这样的情况，当一国的立法经过复杂而冗长的立法程序将某种网络行为纳入本国法律进行规制时，却惊奇地发现该种行为在网络上已经趋于销声匿迹了，代之而起的是新型的、法律尚未关注的行为，法律生效后很快就实质性失效的情况在网络中更易发生。”[④]前瞻性的立法理念可以避免我们重蹈前述网络犯罪立法的覆辙。在应对涉人工智能犯罪时，践行前瞻性的刑法理念，就是我们既需要立足于人工智能技术的发展现状和已经产生的风险，又需要预见到未来人工智能技术的发展趋势和将会产生的风险，从而根据现状适度调整刑法规定，并为应对未来可能发生的刑事风险预留足够空间，使得刑法规定既能应对当前风险，又能适应未来发展，从而增强和延长刑法条文之生命力。同时，需要说明的是，正如在网络时代，传统犯罪大量向网络犯罪转移，随着人工智能技术的发展，许多传统犯罪可能会失去生存的空间，即传统犯罪可能会向涉人工智能犯

① 刘宪权：《网络犯罪的刑法应对新理念》，载《政治与法律》2016 年第 9 期。

② 参见何荣功：《社会治理“过度刑法化”的法哲学批判》，载《中外法学》2015 年第 2 期。

③ 参见刘宪权：《刑事立法应力戒情绪——以〈刑法修正案（九）〉为视角》，载《法学评论》2016 年第 1 期。

④ 李怀胜：《三代网络环境下网络犯罪的时代演变及其立法展望》，载《法学论坛》2015 年第 4 期。

罪转移，因此，在人工智能时代树立前瞻性的刑法理念并不必然导致犯罪圈的扩大，与过度刑法化趋势更是毫无关联。

二、刑法应对人工智能犯罪的基本路径

如笔者在上节中所论述的，根据现行刑法对涉人工智能犯罪的规制现状，可以将其划分为现行刑法规定能够规制的涉人工智能犯罪、现行刑法规定规制不足的涉人工智能犯罪与现行刑法规定无法规制的涉人工智能犯罪。针对三种不同的犯罪类型，现行刑法可以分别采取完善相关司法解释、调整相关犯罪的构成要件及设立新罪名的刑法应对路径。

（一）完善相关司法解释

针对现行刑法规定能够规制的涉人工智能犯罪，可能会存在规定过于模糊的问题，我们需要完善相关司法解释，从而对此类犯罪予以全面、准确评价。例如，对于财产犯罪中涉及的“当场性”问题，需要结合人工智能时代的特点予以进一步明确。根据2005年6月8日最高人民法院《关于审理抢劫、抢夺刑事案件适用法律若干问题的意见》，抢劫罪中的“当场性”表现为行为人劫取财物一般应在同一时间、同一地点。按照通常理解，“同一时间”“同一地点”应指行为人与被害人同时出现于同一时空中，但是在人工智能时代，由于行为人可以操控人工智能机器人（如无人机）对被害人进行人身威胁甚至是直接的打击，更有甚者，行为人只要为人工智能机器人设置好相应的程序，人工智能机器人就可以自主选择抢劫对象、抢劫时间和抢劫地点，实际的抢劫过程无需行为人参与。以非法占有为目的，在实施暴力威胁的情况下，抢劫罪和敲诈勒索的界限之一在于威胁的方式不同。敲诈勒索罪中的威胁可由行为人直接向被害人口头或书面提出，也可以通过第三人间接提出；抢劫罪中的威胁只能由行为人当场向被害人提出。①结合上述行为人利用人工智能机器人实施抢劫的案例，我们可以发现，如果把人工智能机器人按照程序设定或者行为人的操控对被害人的威胁理解为“通过第三人间接提出”，则上述行为应被认定为敲诈勒索罪而非抢劫罪。但事实上，抢劫罪和敲诈勒索罪的上述界限存在的主要原因是，敲诈勒索罪中的暴力威胁不具有当场发生的可能性，②而抢劫罪中的暴力威胁具有当场发生的可能性。反观上述案例，利用人工智能机器人抢劫的场景中，人工智能机器人（如无人机）装配着手枪等装置，随时可以对被害人实施暴力，因此可以说，本案中的暴力威胁具有当场发生的可能性，以敲诈勒索罪认定显然不合法理和常理，而应以抢劫罪来

---

① 刘宪权主编：《刑法学》，上海人民出版社2016年版，第645页。

② 刘宪权主编：《刑法学》，上海人民出版社2016年版，第643页。

认定。这就需要我们通过司法解释来明确“当场性”在人工智能时代的具体含义。在人工智能时代,“当场性”成立所要求的“同一时间”“同一地点”显然不应是行为人与被害人在同一时空中,而是行为人的行为(包括行为的延伸)与被害人在同一时空中,至于抢劫行为的启动形式在所不论。抢劫行为可能是由行为人直接对被害人实施的(此时行为人与被害人在同一时空中),也可以是行为人操控的人工智能机器人对被害人实施的(此时行为人与被害人在同一时间但未在同一空间),甚至可以是人工智能机器人在行为人设计和编制的程序操控下对被害人实施的(此时行为人与被害人既未在同一空间,也未在同一时间)。但无论如何,在利用人工智能机器人抢劫的场景中,被害人的人身安全和财产安全受到了实际的威胁或实际的侵害,且都是由行为人的行为或者行为的延伸所直接导致的。

(二) 调整相关犯罪的构成要件

针对现行刑法规制不足的涉人工智能犯罪,我们需要调整相关犯罪的构成要件,将更新之后的行为方式纳入刑法条文的调整范围之内。例如,对于完全自动驾驶汽车引发的交通事故,在由汽车本身存在质量问题导致事故发生的情况下,应由汽车的设计者或生产者承担有关产品质量事故的责任。但是在由完全自动驾驶汽车违反交通法规引发交通事故的情况下,应由谁承担责任,法律并未给出答案。根据《刑法》第133条“交通肇事罪”的规定,本罪的主体是从事交通运输的人员或者非交通运输人员。其中,非交通运输人员是指没有合法手续,却从事正常交通运输的人员。[①]应当看到,在传统的交通肇事罪的构成要件中,能够承担交通肇事刑事责任的是从事交通运输的人员(包括有合法手续的人员和无合法手续的人员)。而在人工智能时代,完全自动驾驶汽车在行驶过程中,似乎并不存在从事正常交通运输的人员。完全自动驾驶汽车是在设计和编制的程序控制之下从事交通运输的,汽车上只有乘客而无驾驶员,在乘客没有违反操作规则干预完全自动驾驶汽车正常行驶的情况下,乘客对交通事故的产生没有任何原因力,不应承担任何责任。完全自动驾驶汽车是在设计和编制的程序控制之下在道路上行驶的,其之所以违反交通规则,也是在程序支配之下进行的。退一步讲,即使完全自动驾驶汽车程序发生了紊乱,导致汽车违反交通规则,其根本原因也可以追溯到程序设计和编制中发生的错误或疏忽。由此可见,将完全自动驾驶汽车违反交通规则造成交通事故的过失犯罪的刑事责任归于完全自动驾驶汽车的设计者或生产者似乎不应有疑义。但是应当看到,过失犯罪的成立取决于三点:一是违反注意义务;二是对危害结果的预见可能性;三是危害结果

---

① 刘宪权主编:《刑法学》,上海人民出版社2016年版,第436页。

发生。[①]毫无疑问，对于完全自动驾驶汽车造成交通事故的危害结果，汽车的设计者或生产者是有预见可能性的。问题的关键在于完全自动驾驶汽车的设计者或生产者是否有保证完全自动驾驶汽车遵守交通规则从而避免交通事故发生的注意义务。“根据危险控制原则，未能控制危险的发生，是行为人归责的基础。具体地说，控制危险是行为人的义务，如果行为人有能力避免危险的发生，却未履行危险控制义务，以致发生危险的，就应该对此承担刑事责任。”[②]完全自动驾驶汽车的设计者或生产者在设计和编制程序时，通常是有能力为完全自动驾驶汽车设置相应程序，从而使其遵守交通规则的，如果其未设置相应程序，使得完全自动驾驶汽车在行驶过程中违反交通规则引发交通事故，理应承担过失犯罪的刑事责任。在弱人工智能时代，应构建和完善相应的前置性法律法规，明确完全自动驾驶汽车的设计者或生产者的注意义务，否则在对其追究过失犯罪的刑事责任时将缺乏依据。对于人工智能医疗机器人在进行医疗活动时导致的医疗事故的责任承担，与完全自动驾驶汽车造成交通事故时责任承担的原理类似，在此不赘。因此，在人工智能时代，应完善相应的前置性法律法规，明确人工智能机器人的设计者或生产者的注意义务，在其违反注意义务而使得人工智能机器人在运行过程中造成严重的社会危害时，可以追究人工智能机器人的设计者或生产者的过失犯罪的刑事责任，具体路径有如下两种：第一，在如交通肇事罪等过失犯罪的构成要件中增加人工智能机器人的设计者或生产者这一主体。第二，扩大传统意义上的承担产品事故责任的范围。将人工智能机器人的设计者或生产者纳入交通肇事罪的主体之中。这一路径的合理之处在于，完全自动驾驶汽车在交通运输过程中发生交通事故的原因是基于违反交通规则，而不是直接基于完全自动驾驶汽车的产品质量；其不合理之处则在于，完全自动驾驶汽车的设计者或生产者并未直接参与交通运输活动，而直接参与交通运输活动的是完全自动驾驶汽车。但是，完全自动驾驶汽车上因为没有驾驶员，其违反交通规则导致的交通事故又是基于完全自动驾驶汽车的设计者或生产者在设置程序时存在瑕疵。换言之，构成交通肇事罪这一过失犯罪的前提是违反了“遵守交通法规”这一注意义务，而完全自动驾驶汽车的设计者或生产者并未直接违反这一注意义务，而只是在设置程序时违反了程序质量的注意义务。因为程序是控制完全自动驾驶汽车上路行驶必不可少的组成部分，也应被作为产品看待，完全自动驾驶汽车因违反交通规则而引发的交通事故就变成了由于产品（程序）瑕疵而引发的产品质量事故。如果完全自动驾驶汽车的设计者或生产者因此而承担相应

---

① 李振林：《人工智能刑事立法图景》，载《华南师范大学学报（社会科学版）》2018 年第 6 期。

② 利子平：《风险社会中传统刑法立法的困境与出路》，载《法学论坛》2011 年第 4 期。

的产品事故责任，实际上就必然要扩大传统意义上的产品事故责任的范围。为此，刑法似乎应增加相应罪名（笔者将在下文中作详细说明）。当然，“法律不强人所难”，囿于人工智能技术发展阶段与水平的限制，完全可能存在人工智能机器人的设计者或生产者无法消除的人工智能安全风险的情形。在这种情况下，我们应将人工智能机器人在运行过程中造成的严重危害社会的结果作为意外事件处理，不应追究人工智能机器人的设计者或生产者的刑事责任。

针对现行刑法没有涵括人工智能时代的新型行为方式的情况，我们应当完善现有的刑法条文，在其中增加适应人工智能时代特点的新型行为方式。例如，在证券、期货交易市场中，行为人利用技术优势操控证券、期货市场，而技术优势并不属于《刑法》第 182 条操纵证券、期货市场罪所规定的资金优势、持股优势、持仓优势或者信息优势这四种优势，因此应当采用修正案的方式，在《刑法》第 182 条之中增加利用技术优势操纵证券、期货交易价格或者证券、期货交易量这种行为方式，完善操纵证券、期货市场罪的行为方式，适应人工智能时代的需求。

（三）设立新的罪名

针对当前弱人工智能时代出现的新的严重危害社会的行为，我们需要设立新的罪名加以规制。人工智能时代出现的新的严重危害社会的行为可以分为两类：一是行为人滥用人工智能机器人的深度学习能力，通过对从事正常合法行为的机器人进行训练，使之具备实施严重危害社会的行为的能力；二是人工智能机器人的设计者或生产者在为人工智能机器人设计和编制程序时，未履行相应的注意义务，导致使用者在使用人工智能机器人的过程中发生严重危害社会的结果。

针对第一种情形，应增设滥用人工智能产品罪；针对第二种情形，应增设人工智能产品事故罪。应当看到，在构成滥用人工智能产品罪或者人工智能产品事故罪的同时，仍有可能构成其他犯罪。例如，在“微软聊天机器人 Tay 案”中，行为人通过对人工智能机器人 Tay 进行教唆，使其发表不当言论，有可能构成煽动类型的犯罪（如煽动颠覆国家政权罪、煽动分裂国家罪、煽动民族仇恨、民族歧视罪等），同时又可以构成滥用人工智能产品罪；在完全自动驾驶汽车违反交通规则引发交通事故的情况下，完全自动驾驶汽车的设计者或生产者可能构成交通肇事罪，也可能构成人工智能产品事故罪。出现上述可能适用不同法条的现象是不可避免的。原因在于，在人工智能时代，技术的发展日新月异、一日千里，而刑事立法需要具有相对稳定性，即社会的发展是无限的，而立法者的智慧是有限的，在设立新的涉人工智能犯罪的罪名时，立法者只能尽量出于对一般犯罪的考虑来设定条文，如果立法者对各种具体情况考虑得面面俱到，将会导致刑法条文过于庞杂。对于上述可能适用不同法条的问题，我们应尽量通过刑法条文的完善加以解决;如果涉及法条竞合的,就应遵循特别法条优于普通法条、重法优于轻法的法条竞合处理原则。其中,滥用人工智能产品罪和人工智能产品事故罪属于普通法条。滥用人工智能产品罪侧重于处罚行为人故意利用人工智能机器人实施犯罪的行为,而人工智能产品事故罪侧重于处罚行为人由于过失导致严重危害社会结果发生的行为。可见,设置上述两个罪名是适当的前瞻性立法,是平衡人工智能技术发展速度和刑法条文稳定性之后的恰当选择。未来当人工智能技术发展到更加成熟的阶段,可以通过司法解释对之进行更为具体的规定。

总而言之,关于刑法理念和应对策略的探讨,并非形而上的坐而论道,而是由人们身处的社会发展阶段和生产力发展水平所决定的。在目前的弱人工智能时代,人工智能机器人只能作为人类身体和大脑的延伸,在设计和编制的程序范围内实施行为,实现人类的意识和意志。就目前的人工智能技术发展水平而言,我国现行刑法规定可以规制大部分涉人工智能犯罪,但是需要针对条文规定过于模糊的地方,通过司法解释予以明确,或者通过调整部分犯罪的构成要件,将人工智能时代出现的新型行为方式予以包涵。对于人工智能时代出现的特有的新型犯罪,需要践行人工智能时代刑法的前瞻性理念,增设滥用人工智能产品罪和人工智能产品事故罪等罪名,实现技术飞速发展和刑法条文相对稳定性之间的平衡。

第三章 人工智能时代刑事责任的演变

根据发展形态的不同,可以将机器人技术的发展历程分为三个阶段——普通机器人时代、弱人工智能时代和强人工智能时代。概括来说,普通机器人与人工智能机器人的区别在于是否具有深度学习能力,前者不具有深度学习能力,后者具有深度学习能力。后者又可进一步分为弱人工智能机器人和强人工智能机器人,二者的区别在于该人工智能机器人是否能够在自主意识和意志的支配下独立决策并实施行为,是否具有辨认能力与控制能力。弱人工智能机器人尚不满足这一条件。简而言之,从普通机器人到弱人工智能机器人再到强人工智能机器人的"进化"史,其实就是一部机器人的辨认能力与控制能力逐渐增强、人之意识与意志对"行为"的作用逐步减弱的历史。随着人工智能机器人的不断进化,自然人与人工智能机器人在对"行为"的控制与决定能力上存在着此消彼长的关系。自然人与人工智能机器人在辨认能力与控制能力上此消彼长的变化,从根本上影响着刑事风险的样态与刑事责任的分配。鉴于自我决定、自由意志是刑事责任能力的内核,当自我决定、自由意志的主体发生变化时,承担刑事责任的主体也就势必要相应地发生变化。基于此,有必要根据不同时代机器人的特征确定涉机器人犯罪的刑事责任承担路径。

第一节 普通机器人时代的刑事责任

普通机器人作为犯罪工具时,与一般工具无异,应由使用该机器人实施犯罪行为的人承担刑事责任。普通机器人作为犯罪对象时,可能会因普通机器人的特性而影响犯罪的性质。

一、普通机器人的基本特性

机器人(Robot)是自动执行工作的机器装置。机器人可以分为普通机器人和人工智能机器人,人工智能机器人是在普通机器人的基础上发展起来的。普通机器人的任务是协助或取代人类的重复繁琐或者危险的工作,如生产业、建筑业等。最为典型的普通机器人为ATM机或工厂中受电脑编程控制、代替人类从事繁重重复劳动的机械手。在此,笔者仅以ATM机为例分析普通机器人与"机器"和"人"的区别。下文以ATM机为代表阐述普通机器人的特性与刑事责任问题。

ATM机又称自动柜员机,是指为客户利用银行卡进行提款、存款、转账等银行业务柜台服务的设备。从某种程度上分析,我们完全可以认为ATM机替代了银行职员的部分功能。对于ATM机的性质,学界存在不同的看法。有学者将ATM机完全等同于普通"机器",[①]也有学者认为应将ATM机作为"人"来看待。[②]笔者认为,以上看法均有失偏颇,ATM机既非"机器"也非"人",而是"机器人"。[③]我们说ATM机不是"机器",是因为它不同于纯粹机械运作的机器,ATM机的设计者和制造者通过电脑编程赋予了ATM机识别功能。ATM机可以将取款人输入的密码与持卡人在银行预存的密码进行对照,判断是否应让取款人成功取得钱款。而识别功能是"人脑功能",而非普通机器具有的功能,因此将ATM机视为"机器"似乎不甚妥当。我们说ATM机不是"人",是因为ATM机的识别功能是电脑编程所赋予的,其所有"行为"均完全在电脑编程的控制和支配之下实施。这与人脑所具有的识别功能存在本质的不同(人脑所具有的识别功能是在自主意识和意志的支配之下发挥作用的)。另外,ATM机除电脑赋予的识别功能外,并不具有人脑所具有的其他功能(如情感功能、运动功能、感觉功能、语言功能等),因此将ATM机视为"人"也不甚妥当。以ATM机为代表的普通机器人中所蕴含的"人"的成分较少(只占10%—30%),而蕴含的"机器"的成分较多。

总之,包括ATM机在内的经电脑编程的机器既不是"机器",也不是"人",我们可以将其称为"机器人"。由于这些"机器人"具备识别功能等"人脑功能",同时又可以在电脑编程的控制和支配下代替人类从事劳动,即具备机器的特征,所以,将ATM机视为"机器人"可以准确、全面地反映其特点和本质。也就是说,出于便捷考虑,我们将人的意识通过计算机程序加以体现,机器所体现的意识本质上是人的意识,而这也正是其与一般机械性机器的主要区别所在。在金融犯罪及侵财犯罪的认定中,ATM机既不是"机器"也不是"人"而是"机器人",

---

① 参见张明楷:《许霆案的刑法学分析》,载《中外法学》2009年第1期。

② 参见刘明祥:《再论用信用卡在ATM机上恶意取款的行为性质——与张明楷教授商榷》,载《清华法学》2009年第1期。

③ 参见刘宪权:《网络侵财犯罪刑法规制与定性的基本问题》,载《中外法学》2017年第4期。

这并非在玩文字游戏，相关字词的变换确实有着特殊的意义。即如果行为人利用“机器人”所具有的“识别”功能中的认识错误获取财物，就应该对行为人的行为按诈骗类（包括信用卡诈骗）的犯罪认定；如果行为人是利用“机器人”本身存在的“机械故障”获取财物（例如许霆案件），则应该对行为人的行为按盗窃类的犯罪认定。

二、涉普通机器人的犯罪类型

以 ATM 机为代表的普通机器人具有电脑编程所赋予的识别功能，但是不具备人脑的其他功能。因此，我们应将 ATM 机视为“机器人”。使用者将银行卡插入 ATM 机并输入取款密码后，ATM 机会根据电脑编程启动其识别功能，判断使用者输入的密码与持卡人在银行预留的密码是否一致，如一致，则使用者可以成功取得钱款。换言之，根据预先设定的程序，只要行为人手持合格的信用卡并输入正确的密码，ATM 机就会付款给行为人。

基于 ATM 机“机器人”的特性和付款给取款人的程序，以 ATM 机为代表的涉普通机器人犯罪主要包括两种类型。第一，行为人可利用 ATM 机的识别功能，使 ATM 机陷入认识错误而获取钱财。在 ATM 机上合法规范的取款行为应该具备三个要素：合格的信用卡、正确的密码、合法持卡人。其中，合格的信用卡是指通过银行正常业务流程取得的具有转账、结算、存取现金、信用贷款等部分或全部功能的电子支付卡；正确的密码是指与持卡人在银行预留的密码相一致的密码；合法持卡人是指银行卡上所记载的持卡人或者银行卡上记载的持卡人合法委托的代理人。不难看出，在 ATM 机上取款成功只需具备两个要素：存在合格的信用卡和输入正确的密码。如果非法持卡人获得正确的密码，同样可以在 ATM 机上成功取得钱款。这就为行为人恶意利用 ATM 机的识别功能，非法持信用卡在 ATM 机上取款提供了空间。第二，当 ATM 机出现程序紊乱或机械故障时，行为人有可能会恶意利用这种错误取得钱款，最为典型的是 2006 年发生的许霆案。许霆以非法占有为目的，利用 ATM 机本身的故障取款 17 万余元人民币（许霆的银行卡内本来仅有 170 余元的余额），此时，在真卡、真人和真密码的情况下，许霆取款并不是利用 ATM 机识别功能上的认识错误欺骗“机器人”，而是利用 ATM 机的机械故障而已。可见，“机器”与“机器人”的根本区别在于其是否具有部分人脑功能，不具有部分人脑功能的“机器”是不可能“被骗”的。

三、涉普通机器人犯罪的认定和刑事责任承担

以 ATM 机为代表的普通机器人中蕴含的“机器”的成分远大于“人”的成

分,在作为犯罪工具时,和一般的刀枪剑戟没有本质区别。正如行为人使用菜刀杀人,菜刀的设计者和生产者无需负刑事责任一样,在将普通机器人作为犯罪工具的情况下,普通机器人的研发者当然不应承担刑事责任,仅应由使用者承担刑事责任。故而,以普通机器人为工具的犯罪性质的认定,与传统犯罪并无差异。但是以普通机器人为犯罪对象的犯罪性质有可能会因普通机器人的特征而受到影响。以ATM机为代表的普通机器人具有识别功能,但不具备人脑的其他功能,其既区别于"机器",也区别于"人",应被认定为"机器人"。ATM机既具有部分"机器"的特性,也具有部分"人"的特性。当利用ATM机的识别功能时,我们相当于在利用ATM机"人"的部分功能。经电脑编程后的ATM机可以基于欺骗行为产生认识错误,因此可以成为被欺骗的对象。在冒用他人信用卡时,对银行职员的欺骗和对ATM机的欺骗并无本质差异,都是使被欺骗的对象陷入认识错误,并基于认识错误交付钱款,本质上都是诈骗类的行为。刑法将冒用他人信用卡的行为认定为信用卡诈骗罪,是完全合理的。

需要指出的是,ATM机并非等同于金融机构的业务员。ATM机与真正意义上的业务人员相比,除了能完成一些简单的业务操作外,并不具有人脑的其他思维和辨别能力。就此而言,如果ATM机出现了机械故障,我们最多只能说这类似于人的精神出了问题,而决不能将此理解为是人的认识或理解错误。此观点最主要解决的是,如果行为人利用ATM机等普通机器人被电脑赋予的识别功能获取钱财,则应构成诈骗类的犯罪,人的意志通过程序在普通机器人身上得以体现,普通机器人所体现的意志就是人的意志,因此普通机器人可以成为诈骗类犯罪的对象。而行为人如果利用普通机器人本身所具有的机械故障,相当于从精神病人处获取钱财,则应构成盗窃类犯罪。

在当下及未来,人工智能技术的发展如火如荼,具有深度学习能力但仍完全受限于人类设计和编制的程序的弱人工智能机器人的应用正在普及。人工智能技术业已取得重大突破,人类终将迎来具有独立意识和意志、能够在人类设计和编制的程序范围外实施行为的强人工智能机器人。不可否认,当人的意识和意志对人工智能机器人的行为所产生的作用逐渐减弱,就意味着人工智能时代可能会产生前所未有的风险,甚至会产生相应的刑事犯罪。涉人工智能犯罪主要包括两个方面:一是研发者和使用者将人工智能技术作为犯罪工具,这会为犯罪插上科技的"翅膀",从而使其社会危害性呈几何倍数增长,甚至会引发更多的新型犯罪;二是随着人工智能技术的发展,强人工智能机器人可能会产生独立的意识和意志,自主决定并实施严重危害社会的行为。历史的车轮滚滚向前,我们不应该也不可能仅因人工智能时代的风险存在,而阻碍新的科技和生产力的发展,甚至阻挡一个崭新时代的到来;我们更不应该因为对人工智能时代的孤陋寡闻甚至无知，而盲目并固执地否认人工智能技术已经或可能对刑事责任的影响。我们可以做的理应是未雨绸缪、积极布局，努力探索人工智能时代涉人工智能犯罪的刑法规制路径，为防控人工智能时代的技术风险（包括规制人工智能机器人的行为）、发挥人工智能技术的最大价值、促进社会的稳定健康发展出谋划策。因此，本章下文将重点论述弱、强人工智能时代的刑事责任问题。

第二节　弱人工智能时代的刑事责任

弱人工智能技术的发展在为人类带来福祉的同时，也带来诸多风险。应根据弱人工智能机器人的特征，以及弱人工智能技术存在的刑事风险，分析涉弱人工智能犯罪所涉及的刑事责任问题。

一、弱人工智能技术为人类带来福祉

弱人工智能机器人是人工智能技术发展到初级阶段的产物。无论是弱人工智能机器人还是强人工智能机器人，都具有深度学习能力。深度学习的概念由辛顿（Hinton）等人于 2006 年提出，是机器学习研究中的一个新的领域，其动机在于建立、模拟人脑进行分析学习的神经网络，从而模拟人脑的机制来解释数据（包括图像、声音和文本等）。[①]如目前购物平台利用大数据分析方法探求用户潜在需求并为用户推送个性化商品或服务、围棋机器人战胜世界围棋冠军，以及自动驾驶、人机对话等，都是在以深度学习为支撑的弱人工智能技术背景下实现的。

弱人工智能技术的发展将会为人类生活带来福祉。目前，人类社会仍面临着诸多困难，诸如繁重的体力劳动、生产领域的人身风险、交通堵塞、地区贫困、环境污染、疾病瘟疫等。按照人类社会目前的生产力发展水平，这些困扰了人类社会若干年的问题可能还会继续存在下去。因此，人类需要发展新的技术手段，以帮助解决这些悬而未决的问题。人工智能技术的出现，为人类历史性难题的解决提供了新的方式和思路。弱人工智能技术的发展，为人类的生活带来了极大的便利，并促进了生产力的提升和经济的发展。在生活领域，家居智能机器人不仅方便了我们的生活，还提高了能源利用率。例如，在一个由人工智能技术控制的生活空间中，智能硬件会根据居住人的生活习惯，自动切换到消耗最少资源但能使居住人享受最佳生活状态的模式。再如，自动驾驶汽车的逐渐普及，不仅能够减轻人们的驾驶负担，还可以大大降低交通事故的发生率。在生产领域，人

① 参见段艳杰等：《深度学习在控制领域的研究现状与展望》，载《自动化学报》2016 年第 5 期。

工智能机器人可以代替人类从事繁重、重复或高危的劳动，从而极大地提高生产效率，节约人力成本。还比如，在利用风车进行发电的场合，原来需要浪费大量人力来根据风向的不同及时对风车相应调整，但是人工智能技术的应用，使得风车在智能设备的操控下，可以根据不同的风向自动且及时地调整。在商业领域，经营者可以利用人工智能技术对用户数据进行整合分析，从而为每一个用户提供契合需求的个性化服务。在医疗领域，人工智能机器人凭借其强大的深度学习能力以及精准的控制能力，可以在包括医学在内的诸多领域中为医生提供重要的辅助，甚至可以在某些方面替代医生。在文化领域，人工智能机器人可以写出美妙的诗篇，人工智能翻译器可以在不同语言之间进行自如切换，帮助不同国家和地区的人们更好地沟通和交流。

二、涉弱人工智能犯罪的基本类型

弱人工智能技术是把“双刃剑”，其在为人类的生产和生活带来极大便利的同时，也可能产生危害国家和公共安全、个人隐私、经济和社会秩序等犯罪行为。

首先，弱人工智能技术可能引发危害国家和公共安全的犯罪。目前，弱人工智能技术蓬勃发展，但缺乏相应的法律规制。对弱人工智能技术的不合理运用，极易使得其发展方向偏离合理的轨道，从而对国家安全和公共安全造成威胁。其一，弱人工智能技术与军事的结合，可能会给国家安全甚至世界和平带来极大的威胁。2017 年，谷歌与美国国防部合作建设 Maven 项目（也被称为“算法战争跨功能团队”——AWCFT：Algorithmic Warfare Cross-Functional Team），意图“加快国防部整合大数据和机器学习”，首要任务是利用人工智能技术帮助美国国防部有效处理利用无人机搜集的全球各地的海量视频资料。谷歌在该项目中的作用是为美国国防部提供 TensorFlow API 接口，用来帮助军事分析人员检测图像中的物体。尽管遭到了公司内部和外部双重压力，谷歌也一度想终止此项合作，但就在 2018 年 6 月，谷歌 CEO 发表了题为《谷歌人工智能：我们的原则》（*AI at Google：Our Principles*）的文章，指出谷歌并不会终止与美军的合作。美国国防部分析全球各地视频资料的目的暧昧不明，完全有可能会威胁到各国国家安全和世界和平。谷歌为美国军方提供人工智能技术支持的做法可以说是“助纣为虐”。无独有偶，韩国科学技术院于 2018 年建立了人工智能研发中心，目的是研发适用于作战指挥、目标追踪和无人水下交通等领域的人工智能技术。消息一出，即遭到三十多个国家和地区的人工智能技术专家的反对。这些专家认为，“自动武器一旦成熟，战争发展速度和规模将前所未有，它们可能会被恐怖分子利用”。不可否认，人工智能技术在军事领域可以发挥有益作用，例如帮助完成扫雷等严重威胁人类安全的任务，但是一旦将人工智能技术全面应用到军事领域，无疑会增大战争的杀伤力，给世界和平和人类安全带来更大威胁，尤其是如果被某些别有用心的国家或者恐怖分子恶意利用，将会带来难以想象的恶果。其二，弱人工智能技术与传统科学技术的结合，可能会给公共安全带来威胁。其中，最典型的莫过于自动驾驶技术。2018 年 3 月，在美国亚利桑那州发生了一起优步无人车撞死行人的事故。时隔不久，一辆开启了自动驾驶模式的特斯拉汽车撞上高速路旁的隔离带，车主不幸丧生，并引发两车追尾。2016 年 5 月，全球首例自动驾驶致死事故在美国佛罗里达州发生，一辆开启了自动驾驶模式的汽车与一辆正在转弯的卡车相撞，导致车主不幸身亡。自动驾驶技术除了可能引发道路上的交通事故，造成人员伤亡，威胁公共安全之外，还有可能被应用到无人坦克或无人汽车炸弹等军事领域，从而给人类生命安全带来更大的威胁。

其次，弱人工智能技术的应用可能引发侵犯公民个人信息的犯罪。其一，用于合理用途的人工智能技术有可能在客观上造成对公民个人信息的侵犯。人工智能技术的发展离不开以大数据分析为基础的深度学习，离开大数据和海量信息的支撑，人工智能技术就犹如无源之水、无本之木。2018 年，英国剑桥大学公布了一项名为“天眼”(Eye in the sky)的人工智能技术研究项目，即利用无人机挂载摄像头拍摄人群影像，再利用人工智能技术识别影像画面，从而发现人群中的暴力行为。虽然这项技术对于维护公共安全、边境安全等方面发挥积极作用，但也不可避免地会侵犯到公民的个人信息甚至隐私。目前购物平台利用人工智能技术对用户数据进行整合分析，从而根据用户的个性化需求推送商品和服务。这在提升用户购物体验、为用户带来便利的同时，背后也隐藏着侵犯公民个人信息的风险。另外，一些 P2P 借款平台尝试利用人工智能技术在网上查找债务人及其亲朋好友的信息，并通过大数据分析选择合适用语和合适方式催促债务人还款。一旦查找信息的方式越过法律的“底线”，P2P 借款平台就有可能涉嫌侵犯公民个人信息犯罪。其二，犯罪团伙利用人工智能技术可以用更加快捷的方式、更低廉的成本获取公民个人信息，从而造成对公民个人隐私的侵犯。黑客犯罪团伙利用网站漏洞非法获取网站后台用户注册数据(“脱库”)，并用这些数据尝试登录其他网站，得到用户在各个网站用于登录的账号和密码(“撞库”)。[①]这一系列行为已经形成了一个黑色的产业链。犯罪分子在其中获得的精准的用户信息对于实施其他犯罪行为具有重要“价值”。以上行为无疑是对公民个人信息的侵犯，同时也为犯罪分子利用这些公民个人信息实施其他犯罪行为提供了便

---

① 《人工智能涉罪细节首次披露：你的个人信息是这样被破解的》，http://www.sohu.com/a/202973604_659173，2018 年 6 月 14 日访问。

利条件。

再次,弱人工智能技术的不当利用可能引发危害经济秩序和社会秩序的犯罪。其一,弱人工智能技术的不合理应用可能会对经济秩序造成破坏,从而产生相应的刑事风险。例如,在证券市场中,行为人可以利用人工智能技术对数据进行深度学习和分析,快速掌握有利信息,或者非法获取与证券、期货价格变动紧密关联的信息,或者利用人工智能机器人的快速反应进行高频交易,造成股价的变动或证券、期货市场价格的异常波动,并在这种波动中以极低的风险掠夺市场财富,破坏证券、期货交易中的"公平、公正、公开"原则,对证券、期货的交易秩序造成远比一般的市场操纵行为更为严重的破坏。需要说明的是,利用人工智能技术操纵证券、期货市场的行为与利用智能投顾(Robo-advisor,又称机器人理财)来进行投资参考存在本质的区别。智能投顾是指,人工智能机器人根据用户自身的理财需求(包括用户的风险承受水平、收益目标、投资风格和偏好等),运用算法为用户提供投资参考,从而帮助用户作出资产配置的决定。智能投顾并没有破坏正常的市场交易秩序,没有构成犯罪的风险。智能投顾利用人工智能机器人对数据快速、精准的分析和处理能力,帮助用户投资决策的行为,与故意利用人工智能技术非法在证券、期货市场中牟利的行为的主要区别在于是否恶意利用人工智能技术牟利、破坏市场交易秩序。其二,弱人工智能技术的不合理应用可能会对社会秩序造成破坏,从而产生相应的刑事风险。例如,在 AlphaGo 和 AlphaGo Zero 战胜围棋世界冠军之后,人工智能机器人的深度学习能力和高速运算能力引起了社会的高度重视,有部分居心不良的人意识到可以利用人工智能技术在比赛中作弊,从而牟取不正当利益。2018 年 4 月,在丽水清韵杯全国业余围棋公开赛中,一个不知名的棋手利用围棋 AI 作弊,取得了比赛的胜利。①笔者认为,如果比赛选手为了获取高额奖金而利用人工智能技术进行作弊,应当构成诈骗罪。在没有高额奖金的情况下,选手如有利用人工智能技术作弊的行为,虽违背了围棋精神、破坏了比赛的公平原则,但仍无法追究行为人的刑事责任。可能会有人将围棋比赛中的作弊行为与考试作弊相类比,认为两者存在诸多相似之处。笔者认为,围棋比赛和普通考试存在不同的特点和侧重点。围棋共有 361 个落子点,所以围棋棋局的总排列组合数大概有 2 的 360 次方,围棋比赛侧重考验参赛者的思维能力和决策能力。正因如此,人工智能技术所蕴含的深度学习和高速运算能力将会在围棋比赛中发挥更大的作用。"深度学习需要对一个大型的神经网络进行训练,使其对数据中的模式作出反应。"②而普

① 《岂容一粒屎玷污一盘棋——聚焦围棋疑似 AI 作弊事件》,载《新民晚报》2018 年 5 月 1 日。

② 《谷歌破解围棋难题》,http://mini.eastday.com/a/160129110359674-2.html, 2018 年 6 月 14 日访问。

通考试侧重考察考生的记忆力及对特定知识的运用能力，标准答案往往是唯一的。由于普通考试一般不包含相关的经济利益，所以一般无需用高成本的人工智能机器人对面临的状况进行分析并迅速作出反应。但是，人工智能技术在普通考试中仍有用武之地，如回答主观题、诗文写作等。利用人工智能技术在法律规定的国家考试中实施作弊行为，可能会构成考试作弊类的犯罪(如组织考试作弊罪等)。又如，在2018年俄罗斯世界杯期间，莫斯科的一个酒店提供“机器人妓女”服务，利用人工智能机器人向游客提供特殊服务。由于这项服务经过政府特别许可，因此是合法的。荷兰政府也拟于2050年之前推出“机器人妓女”项目。应当看到，在俄罗斯和荷兰等国，卖淫行为可以因经政府许可而具有合法性。但是在我国卖淫行为是违法的。如果在我国推出“机器人妓女”项目，相关人员是否会涉嫌组织、容留、介绍卖淫等犯罪？如果答案是肯定的，那么在“机器人妓女”提供的特殊服务与传统意义上的卖淫行为存在本质不同的情况下，将这种行为认定为组织、容留、介绍卖淫等犯罪，是否属于类推解释并为罪刑法定原则所禁止？[①]如果答案是否定的，则“机器人妓女”提供服务的行为是否完全不会妨害我国的社会管理秩序，即其本质上不具有严重的社会危害性？以上问题，根据现行刑法规定，我们根本无法得出确定的答案。

最后，弱人工智能技术的不当利用还可能产生危害公民人身安全和财产安全的犯罪。例如，杀手机器人的出现，一度引起人们的恐慌。它的可怕之处在于其可以识别各种伪装，精准地搜寻到打击对象并一击即中。这种致命性的自主武器成本低，却威力巨大。又如，犯罪分子利用无人机和红外照相机寻找大麻农场，并操纵无人机实施盗窃大麻的行为。也有犯罪分子给无人机装上手枪、扩音器等装置，在犯罪现场以外的地方操纵无人机上的装置对被害人进行威胁，要求其交出随身携带的财物，否则就将对被害人的头部进行射击。[②]再如，手术机器人可以运用微创方法，实施复杂的外科手术。但是在英国首例机器人心瓣恢复手术中，机器人把病人的心脏放错位置，并戳穿大动脉，最终导致病人在术后一周死亡。[③]以上行为无疑会对公民的生命、健康和财产造成侵犯或威胁。

在弱人工智能技术蓬勃发展的今天，人工智能机器人尚无独立意识和意志，人工智能机器人独立决策并实施行为更无从谈起，其仍然只是人类的工具。人工智能技术在为人类带来福祉的同时，也给人类带来了诸多刑事风险，如危害国

---

① 马克昌：《比较刑法原理——外国刑法学总论》，武汉大学出版社2015年版，第15页。

② 《犯罪分子用无人机寻找目标然后抢劫》，http://digi.163.com/14/0418/17/9Q4OQ6IQ00162OUT.html，2018年12月4日访问。

③ 《达芬奇机器人心瓣手术，致人死亡?》，https://baijiahao.baidu.com/s?id=1616721485785441586&wfr=spider&for=pc，2018年12月4日访问。

家安全和公共安全、侵犯公民个人信息、破坏经济秩序和社会秩序等。对于其中的绝大部分刑事风险所涉及的犯罪行为，刑法及相关司法解释可以进行有效的规制。例如，对于人工智能技术发展过程中对公民个人信息的侵害行为，可以运用侵犯公民个人信息罪及相关司法解释予以规制。再如，在证券、期货市场中，恶意利用人工智能技术牟利、破坏市场交易秩序的犯罪行为，可以利用内幕交易、泄露内幕信息罪、操纵证券、期货市场罪及相关司法解释予以规制。又如，利用人工智能技术研究大规模杀伤性武器的行为，现行刑法条文仍可予以规制。但是，我们也应当看到，人工智能技术的井喷式发展和法律的滞后性也形成了不和谐的局面，“无法可依”的危害在某些领域已显露端倪。例如，在自动驾驶技术接二连三造成事故，危害到公民的人身安全和公共安全的时候，我们没有一个行之有效的法律体系可以对这些风险进行良好的规制。①

三、涉弱人工智能犯罪的刑事责任

（一）刑法规制涉弱人工智能犯罪的必要性

在弱人工智能技术飞速发展，但仍未出现以自主意识和意志独立决策并实施严重危害社会行为的强人工智能机器人的当下，由于弱人工智能机器人不具有独立的辨认能力和控制能力，不能作为刑事责任主体承担刑事责任。对于涉及弱人工智能机器人的犯罪行为，仍应由弱人工智能机器人的研发者和使用者承担刑事责任。技术并非中立，如果人工智能技术被别有用心的人恶意利用，必将给人类社会带来巨大的灾难。因此，必须为技术的发展“画圈”，进行相应的规制，探索人工智能技术为人类谋福利的路径，并尝试消解发展人工智能技术可能给人类社会带来的不利影响。“如果我们追问科技何以向善，答案必然不在技术创新本身。因为技术创新自身并不能保证广泛的社会进步。”②2017 年国务院《新一代人工智能发展规划》提出：“建立人工智能法律法规、伦理规范和政策体系，形成人工智能安全评估和管控能力。”让人工智能技术“向善”的途径在于设定统一的伦理规范，并通过建立一系列完善的法律法规，为人工智能机器人的研发者和使用者设立相应的风险防范义务。对社会有重大影响的伦理规范可以上升为法律规范，相关人员违反了相应的法律规范并对社会造成严重危害的，可以追究其刑事责任。如此，这套有层次的伦理和规范制度便可以作为人工智能时代社会稳定和人民安居乐业的捍卫者。

---

① 目前仅有 2018 年 4 月 3 日工业和信息化部、公安部、交通运输部《智能网联汽车道路测试管理规范（试行）》，以及各地制定的相关管理文件。

② 曹建峰：《除了拼技术，谷歌、微软、IBM 都争相给 AI 搞价值观》，http://www.sohu.com/a/234445451_455313，2018 年 6 月 15 日访问。

弱人工智能技术正在塑造我们的所见所闻、所思所感，甚至在塑造着我们的文化和价值观。然而，人工智能“黑箱”[①]的存在是一个现实，人们担心在这个“黑箱”中运行的算法，如果不受伦理和法律的约束，将会固化或加剧社会的不公平，甚至会产生人类难以预料的恶果。基辛格曾发表一篇题为《启蒙运动是如何结束的》(How the Enlightenment Ends)的长文，阐发了对人工智能技术的看法。他认为，面对人工智能技术的兴起，人类社会在哲学、伦理等各方面都还没有做好准备。[②]各大科技公司为了应对人工智能技术发展可能带来的伦理问题，消解公司产品的负面影响，赢得公众的信任，纷纷成立AI伦理委员会，并提出本公司人工智能发展的核心价值观和遵循的基本原则。科技公司受利益驱动，在塑造人工智能价值观的时候难免有失偏颇，正确路径应是由各国政府出面，以交流磋商的形式，为人工智能技术的发展塑造一套统一的价值观，推动达成人工智能伦理共识并用以形成对人工智能技术创新及应用的伦理约束，唯有如此，人工智能价值观才能发挥最大作用。不少国家为此付出了努力。例如，2018年6月，在加拿大沙勒沃伊举办的G7峰会上，七国集团领导人达成“人工智能未来发展的共同愿景”；[③]欧盟成立“人工智能高级小组”(AI HLG, High Level Group on Artificial Intelligence)，起草人工智能道德准则。[④]

统一的人工智能伦理规范和价值观应当包含以下几个方面的内容：第一，人工智能技术应以维护人类整体利益、增进人类福祉为核心原则。DeepMind宣称，“人工智能技术必须遵循最高的伦理标准以实现其对世界的巨大好处。技术并非中立，没有价值观。技术人员必须负责任地应对其技术研发和应用活动的伦理和社会影响。AI应服务于全球的社会和环境福祉，帮助建设更公平、更平等的社会，被用来改善人们的生活并将他们的权利和福祉置于核心位置”。微软公司也提出在AI最大化效率的同时，尊重人类尊严并辅助人类是人工智能技术发展过程中必须遵循的核心原则。[⑤]第二，在设计和制造人工智能机器人时，必

---

① 人工智能“黑箱”，在技术层面而言，是指由于机器学习神经网络中存在隐层，科学家无法说明机器学习的优化结果出自哪个节点，并作出令人信服的解释的情形；在社会层面而言，也隐喻了人工智能技术的不透明性。

② Henry A.Kissinger：《How the Enlightenment Ends》，http://www.theatlantic.com/magazine/archive/2018/06/henry-kissinger-ai-could-mean-the-end-of-human-history/559124/，2018年6月15日访问。

③ 《七国集团就人工智能“共同愿景”达成一致》，http://www.ccpitecc.com/article.asp?id=7560，2018年6月15日访问。

④ 《AI伦理引各国关注，欧盟成立相关小组构建规范机制》，http://www.sohu.com/a/236015269_703270，2018年6月16日访问。

⑤ 曹建峰：《除了拼技术，谷歌、微软、IBM都争相给AI搞价值观》，http://www.sohu.com/a/234445451_455313，2018年6月15日访问。

须为其嵌入人类的道德和价值观。人工智能技术的发展为我们带来了新的有关人性与道德的思考，尤其是在医疗、教育等特定领域，稍有偏差便有可能引发伦理方面的风险。因此，在发展人工智能技术的同时，必须赋予人工智能机器人伦理道德判断能力，使人工智能机器人的行为符合人类社会的整体发展方向和人类的根本利益。“木受绳则直，金就砺则利，君子博学而日参省乎己，则知明而行无过矣。”[①]伦理道德并非自然界的产物，而是人类社会中特有的现象，因此，人类并非生来就懂得伦理和道德，是靠后天接受教育而习得。人工智能机器人也是如此。如果想让人工智能机器人知晓并遵守人类的伦理道德规范，将人类的伦理道德规范写入人工智能机器人的程序中应是最直接有效的方式。第三，必须为人工智能技术所产生的不利后果确定具体的责任主体。正如微软 AI 部(Microsoft AI)所提到的“AI 必须具有算法可责性”，即设计、应用人工智能系统的人必须对其系统的运行负责。DeepMind 也提到，对于人工智能系统可能具有产生意外后果或失灵的风险，以及被用于不道德目的的可能性，相关责任主体必须提前预见并做好预案。

应当看到，人工智能的相关伦理和道德规范不具有强制约束力，仅靠伦理和道德规范规制人工智能技术的发展方向和人工智能机器人的研发使用过程是远远不够的。伦理与法律之间存在较高的耦合性和关联度。应当将对社会有重大影响的伦理规范上升为法律规范，运用法律的强制力来规制人工智能技术所带来的风险，在鼓励技术创新的同时保护人类的根本利益。在为人工智能技术进行立法的方面，我们可以参考其他国家和地区的立法尝试。2016 年欧洲议会向欧盟委员会提出的“机器人法”立法建议报告中提出，应设立一个专门的规制机构(欧洲机器人和人工智能局)来统领人工智能领域的规则、标准制定和日常行政管理事务；自动化机器人应享有电子人的法律地位并有责任弥补自己所造成的损害。德国于 2017 年 5 月通过了针对自动驾驶的法案，对《道路交通法》进行了修改，明确了自动驾驶模式下发生交通事故时的归责原则。美国国会于 2017 年 12 月提出《人工智能未来法案》(Future of Artificial Intelligence Act of 2017)，对人工智能技术的发展现状和前景进行了梳理，对于人工智能技术可能引发的社会问题等提出了建议对策。新加坡于 2018 年 6 月推出人工智能监管和伦理倡议，旨在“吸引政府、产业、消费者和学术界等关键利益相关者，共同制定 IMDA 人工智能生态系统的计划”。[②]立法者在对人工智能技术进行立法时，应遵循适度性原则，为人工智能技术的发展预留空间，不能因一味强调预防风险

① 《荀子·劝学》。

② 《新加坡评估人工智能的伦理使用情况》，http://www.ccw.com.cn/peopleIntel/2018-06-08/2130.html，2018 年 6 月 15 日访问。

而阻滞创新，不能因技术本身所蕴藏的风险而“因噎废食”，更不能因为技术上负面影响的存在而否定整个技术的积极作用。因此，有关人工智能技术的立法应以鼓励和引导为主、打击和规制为辅。

在任何社会环境下，刑法都应承担起维护社会稳定健康发展、人民安居乐业的任务。在人工智能机器人的研发和使用过程中，如果研发者或使用者故意利用人工智能机器人实施犯罪行为，或者由于违反法律法规规定的注意义务，给社会造成严重损害的，便需要追究其刑事责任。在弱人工智能时代，对于研发者或使用者故意利用人工智能机器人实施犯罪行为的情况，我们完全可以将人工智能机器人当作犯罪工具，只追究研发者或使用者的刑事责任。因为在弱人工智能时代，人工智能机器人不具有独立的辨认能力和控制能力，也就不具有刑事责任能力，无法承担刑事责任。

（二）弱人工智能时代刑事归责的具体路径

在弱人工智能时代，由于弱人工智能机器人依然只是工具，而不具有独立的辨认与控制能力，所以探讨涉弱人工智能机器人犯罪的刑事责任本质上也就是探讨弱人工智能机器人的研发者或使用者的刑事责任。在大多数情况下，研发者或使用者会以造福社会或方便生活为目的来设计或使用人工智能机器人，并发展人工智能技术；但是，也不能排除某些研发者或使用者为了满足某些不正当利益，将研发或使用的人工智能机器人当作工具，实施严重危害社会行为的可能性。此时，人工智能机器人活动的基础是设计和编制的程序，研发者或使用者利用程序对人工智能机器人进行控制，从而使人工智能机器人按照自己的意志，实施相应的犯罪行为。研发者或使用者不可能和人工智能机器人构成共同犯罪。现有的刑法规定完全可以对研发者或使用者将人工智能机器人作为犯罪工具而实施犯罪的行为进行规制。因为无论实施犯罪行为的研发者或使用者是人还是单位，都在刑罚处罚的主体范围之内。可能会有人提出，人工智能机器人的数据分析能力和执行能力等各项能力都远在人类之上，利用人工智能机器人实施犯罪行为的社会危害性会远远大于利用其他犯罪方式实施犯罪行为的社会危害性，因此对利用人工智能机器人实施犯罪的研发者或使用者，应从重处罚。笔者赞同这一观点，但同时认为，无论是利用何种工具实施犯罪，除刑法有特别规定外，都应按照相同的标准对行为人的犯罪行为统一量刑，否则就违背了刑法中的平等适用原则和罪责刑相适应原则。例如，行为人凭一己之力进行操纵证券、期货市场的行为和行为人借助人工智能机器人进行操纵证券、期货市场的行为相比，显然，后者的效率、影响力甚至获利都会远远超过前者。例如，2010 年 5 月 6 日，美国股票交易市场突然暴跌，在短短 4 分钟之内，道格斯指数平均下跌了 6%，而在此后的 20 分钟内股价又急剧回升。此次暴跌被称为“闪电崩盘”，其背后的“元凶”最终被指向程序化交易的“超高速机器人交易员”，其能够在瞬间以远超人类交易员的速度进行抢先交易。[①]行为人凭一己之力与借助人工智能机器人都可能达到操纵证券市场的目的，只是前者可能是利用资金、持股持仓或者信息的优势实施操纵行为，而后者则是利用技术的优势实施操纵行为。另外，对这两种行为尽管都应以操纵证券、期货市场罪认定，但是，实际处罚时则可根据犯罪数额或其他情节以“情节严重”或“情节特别严重”来区分法定刑的量刑幅度。

需要指出的是，由于弱人工智能机器人的行为只能在设计和编制的程序范围之内实施，因此，弱人工智能机器人在没有独立的意识和意志情况下的任何行为，都只能看作是研发者和使用者犯罪的工具(即是他们所实施犯罪行为的延伸)。也正因为此，研发者或使用者不可能一起或单独和人工智能机器人构成共同犯罪。值得探讨的是，在将人工智能机器人当成犯罪工具，利用人工智能机器人进行犯罪的情况下，如果研发者与使用者并非同一人，且研发者与使用者之间没有通谋时，最终的刑事责任应由使用者一人承担，还是研发者和使用者二者都需承担？对此应具体问题具体分析。

其一，研发者在设计人工智能机器人时，只赋予了其实施犯罪行为的能力，例如研发者设计出“杀人机器人”，其唯一能够实施的行为就是在程序的控制之下将自然人的生命予以剥夺，因此，对于该人工智能机器人在交付使用后所实施的任何行为，我们都可以认为研发者具有故意，或者说，研发者将自己的主观故意融入人工智能机器人所实施的行为之中，只不过这种故意内容的实现不是在当场，而是延迟到交付使用后。在这种情况下，人工智能机器人实施的行为融合了研发者或使用者二者的犯罪故意，因此，此时人工智能机器人的行为是研发者或使用者行为的延伸，其是二者实施犯罪行为的工具，研发者和使用者都应承担刑事责任。

其二，研发者在设计人工智能机器人时，完全是为了让其进行正常且合法的活动，并未赋予人工智能机器人任何实施犯罪行为的能力，但使用者借助人工智能机器人从事合法活动的能力而实施了犯罪行为。例如，研发者研发出一款进行证券交易数据分析的人工智能机器人，被使用者用以实施操纵证券、期货市场的犯罪。研发者出于完全合法的目的设计人工智能机器人，只不过被使用者出于犯罪目的“巧妙”地利用而实施犯罪行为。在这种情况下，人工智能机器人只是使用者实施犯罪行为的工具，对于相关危害社会的结果当然只能由使用者(而非研发者)承担刑事责任。其实这种情况与行为人使用菜刀杀人，我们只能追究

① 参见[日]樱井丰：《被人工智能操控的金融》，林华、沈美华译，中信出版集团2018年版，第39页。

杀人者刑事责任，而不可能追究设计或生产菜刀者的刑事责任一样。

其三，研发者在设计人工智能机器人时，既赋予了其实施犯罪行为的能力，又赋予了其实施正常且合法活动的能力。例如，研发者设计出一款人工智能机器人，既可以通过程序控制启动杀人程序，让其实施杀人行为，又可以启动其实施正常活动（如扫地、擦窗）的程序。当使用者利用人工智能机器人实施犯罪行为的功能实施相应的犯罪行为时，可以认为研发者和使用者对于该行为所造成的严重危害社会的结果都具有故意。其中研发者是概括的故意，而使用者是具体的故意。因此，对于相关危害社会的结果，研发者和使用者都应当承担刑事责任。

其四，研发者设计的人工智能机器人，从表面上看，是从事正常且合法活动的人工智能机器人，但实际上，研发者可以将人工智能机器人交付使用之后，通过远程控制，利用人工智能机器人实施犯罪行为。而使用者对人工智能机器人的预期是利用其从事正常且合法的活动，对于人工智能机器人可能实施的犯罪行为，其完全处于不知情的状态，而人工智能机器人所实施的危害社会行为则是在研发者的掌控之下的，因此，对于相关危害社会的结果应当由研发者承担刑事责任。例如，研发者设计出一款自动驾驶（可以远程控制）汽车，在交付使用后，利用使用者的不知情状态并通过远程操控，在公交道路上故意撞人。在此情况下，使用者只是按规定利用该车的自动驾驶功能出行，而对研发者可以远程控制汽车的情况并不知悉，因此，我们只能对研发者追究刑事责任。

其五，研发者设计出从事正常且合法的活动的人工智能机器人，但是如果由于使用不当造成程序紊乱，人工智能机器人就会在失控的状态下实施严重危害社会的行为。这种情况又可以分为两种不同的状态：一种是研发者已经尽到了提醒使用者注意的义务，而使用者未履行足够的注意义务，因使用不当导致人工智能机器人实施了严重危害社会的行为。在这种状态下，研发者尽到提醒义务，而使用者未履行足够的注意义务，研发者当然不可能对于相关危害社会的结果承担刑事责任，承担刑事责任的理应是使用者。另一种是研发者未尽到提醒使用者注意的义务，导致使用者在不知情的情况下使得控制人工智能机器人实施行为的系统发生故障，并在这种状况下实施了严重危害社会的行为。对此，使用者因毫不知情，当然不可能为此承担刑事责任，而应由研发者承担刑事责任。此种情况与前四种情况的不同之处在于，前四种情况中，研发者、使用者承担的是故意犯罪的刑事责任，而在此种情况下，研发者或使用者承担的是过失犯罪的刑事责任。

需要注意的是，追究研发者或使用者过失犯罪的刑事责任，必须以其违反注意义务为前提。“由于违反注意义务，使不意欲的刑罚法规的构成要件实现，并且违反义务没有认识该构成要件的结果，或者虽然认为可能发生该构成要件的结果，但违反义务相信其不发生而实施的，是实施过失行为。”[①]“过失犯是没有犯罪意思的犯罪行为，是只有法律有特别规定的场合才被处罚的犯罪……所谓过失意味着不注意，在过失的结果犯中，由于违反注意义务惹起结果而被处罚。”[②]对于设计者或使用者而言，构成过失犯罪必须违背法律法规规定的注意义务。例如，在前置性法律法规明确将“确保自动驾驶汽车遵守交通规则”这一义务赋予自动驾驶汽车的设计者的前提下，可将自动驾驶汽车违反交通规则造成交通事故的过失犯罪的刑事责任归于自动驾驶汽车的设计者。在传统的交通肇事罪的构成要件中，能够承担交通肇事刑事责任的是从事交通运输的人员。而在人工智能时代，自动驾驶汽车在行驶过程中，似乎并不存在从事正常交通运输的人员。自动驾驶汽车是在设计和编制的程序控制之下从事交通运输的，汽车上只有乘客而无驾驶员，在乘客没有违反操作规则干预自动驾驶汽车正常行驶的情况下，乘客对交通事故的产生没有任何原因力，不应承担任何责任。自动驾驶汽车是在设计和编制的程序控制之下在道路上行驶的，其之所以违反交通规则，也是在程序支配之下进行的。退一步讲，即使自动驾驶汽车程序发生了紊乱，导致自动驾驶汽车违反交通规则，其根本原因也可以追溯到程序设计和编制中发生的错误或疏忽。由此可见，将自动驾驶汽车违反交通规则造成交通事故的过失犯罪的刑事责任归于自动驾驶汽车的设计者似乎不应有疑义。由于人工智能技术存在较高的风险，且专业性极强，应为人工智能机器人的设计者规定较高的业务上的注意义务。如果人工智能机器人的设计者“由于疏忽业务上所必要的注意，而引起构成要件结果”，[③]则构成业务过失。对于适用于特殊领域的人工智能机器人，如法律、医疗、航空航天等，如果人工智能机器人的使用存在特殊的业务要求，使用者违反这种要求，也有可能构成业务过失。在其他情况下，人工智能机器人的使用者由于不具备业务上的注意义务，仅具备日常生活中的注意义务，因此仅可能构成普通过失。根据刑法基本理论，对于一般过失犯罪而言，无结果即无犯罪。[④]追究人工智能机器人的设计者或使用者过失犯罪的刑事责任的前提，是由于人工智能机器人的设计者或使用者违反注意义务而造成严重危害社会的结果。

---

① [德]耶塞克等主编：《德国刑法总论》，西原春夫监译，成文堂1999年版，第439页。转引自马克昌：《比较刑法原理——外国刑法学总论》，武汉大学出版社2015年版，第226页。

② [日]山中敬一：《刑法总论》，成文堂1999年版，第344—345页。转引自马克昌：《比较刑法原理——外国刑法学总论》，武汉大学出版社2015年版，第227页。

③ [日]大谷实：《刑法讲义总论》，黎宏译，中国人民大学出版社2008年版，第186页。

④ 参见刘宪权：《刑法学名师讲演录》，上海人民出版社2016年版，第192页。

还应当注意，预见义务作为注意义务的内容之一，在人工智能机器人的研发者和使用者是否违反注意义务的判断中至关重要。应当看到，人工智能技术的发展突飞猛进，可能会远远超过人们的想象。在这种状况下，将研发或者使用人工智能机器人当时的技术发展水平作为判断人工智能机器人研发者和使用者是否具有预见义务的基准是具有合理性的。人工智能机器人具有较高科技含量，其风险也相对较高，因而人工智能机器人的研发者或使用者需要尽一切可能将自己研发或使用的人工智能机器人可能带来的隐患降至最低。根据研发人工智能机器人或使用人工智能机器人当时的技术水平，如果研发者或使用者能够预见到该人工智能机器人可能会导致严重危害社会的结果发生，我们就应当认为，研发者或使用者对该人工智能机器人可能造成的危害后果具有预见义务；反之，则研发者或使用者对该人工智能机器人可能造成的危害后果不具有预见义务。在研发者或使用者对人工智能机器人可能造成的危害后果具有预见义务的情况下，如果研发者或使用者违反注意义务而造成严重危害社会的结果发生（研发者或使用者在违反注意义务的情况下所实施的行为与严重危害社会结果的发生之间具有因果关系），则我们应当认定研发者或使用者构成过失犯罪。

弱人工智能机器人的设计者与使用者违反注意义务造成严重损害大致可以分为以下四种情况进行讨论。第一，在对人工智能机器人性能进行安全性测试的过程中，如果研发者出于个人的疏忽，遗漏了重要环节或者违背了业务上的特殊要求，没有预见到该人工智能机器人可能对社会造成严重的危害后果而将其投入市场或者投入使用，最终导致严重危害社会的后果发生，则我们应将研发者的主观心态认定为“疏忽大意的过失”。第二，在对人工智能机器人性能进行安全性测试的过程中，如果研发者认识到该人工智能机器人在投入使用之后有导致严重危害社会后果发生的可能性，但是这种可能性变为现实的概率很低，或研发者认识到该人工智能机器人在投入使用之后有导致严重危害社会后果发生的可能性，采取了自认为有效（实则根据当时的技术发展水平可能被认定为无效）的防范措施，最终导致严重危害社会的后果发生，则我们应将研发者的主观心态认定为“过于自信的过失”。第三，使用者在使用人工智能机器人的过程中由于疏忽大意违反对人工智能机器人的规范操作流程的规定，从而导致人工智能机器人造成对社会的严重危害后果，则我们应将使用者的主观心态认定为“疏忽大意的过失”。第四，使用者在使用人工智能机器人的过程中，认识到自己的操作可能会使得人工智能机器人造成严重危害社会的后果（可能性较小），却心怀侥幸地采取了所谓的“预防措施”，最终仍导致人工智能机器人造成对社会的严重危害后果，则我们应将使用者的主观心态认定为“过于自信的过失”。

其次，在研发者和使用者都难以预料的情况下，人工智能机器人发生程序紊乱从而实施了严重危害社会的行为。也即，受制于技术发展的限制和难以预见的原因，出现了人工智能机器人致损的情况，研发者和使用者不应承担任何刑事责任。这种情况应被认定为意外事件。在一定的历史时期中，人类凭借当时的技术水平有可能完全没有办法预见到人工智能机器人可能对社会造成的危害。此时，由于研发者和使用者都不可能预见到人工智能机器人会实施严重危害社会的行为，因此，二者对于相关危害社会的结果都不应当承担刑事责任，而应当认定为意外事件。技术的发展总是与风险并存的，要想鼓励技术的创新和发展，必须在一定范围内对与技术相伴而生的风险保持宽容的心态。如果对研发者和使用者囿于当时技术发展水平无法预见从而造成严重危害社会后果的情况也一律采用刑事手段予以打击的话，必然会对人工智能机器人的研发和人工智能技术的发展进步造成致命打击，这显然违反了刑法中主客观相结合的原则，也不利于鼓励技术的发展和创新，从根本上违反了人类社会的整体利益。关于人工智能机器人的研发者与使用者刑事责任的具体认定问题本章第四节将专门予以论述。

第三节 强人工智能时代的刑事责任

强人工智能时代虽未到来，但其刑事风险依然可期。“风险”在《辞海》中被释义为“人们在生产建设和日常生活中遭遇能导致人身伤亡、财产受损及其他经济损失的自然灾害、意外事件和其他不测事件的可能性”。“风险”与刑法中的“实害”相区别，与刑法中的“危险”相联系。“实害”是已然发生的侵害，“风险”是发生侵害的可能性，二者属已然与未然的关系；“危险”指发生侵害的高度可能性，“风险”指发生侵害的一般可能性，二者属高阶与低阶的关系。由此，当我们谈论“刑事风险”概念时，其并不指向征表着社会危害性的“实害”与“危险”，而可能与“犯罪风险”同义，即刑事风险是发生刑事犯罪的可能性。

刑事风险意味着刑事犯罪可能发生，也可能不发生，刑法所讲的应对也就相应地表现为两个层次：第一，当犯罪发生时，解决刑事责任分配问题；第二，当犯罪可能发生而尚未发生时，通过立法举措威慑并预防犯罪。由此决定了“刑事风险”中的“刑事犯罪”概念可能具有两层含义，从兼具司法与立法的更广义的角度看，它不仅指实然法层面已经被一国刑法规定为犯罪的行为，还包括应然法层面根据时代与情势的需要应当被一国刑法规定但尚未被规定为犯罪的行为。关于人工智能时代的刑事风险的论述应当分别在前述两种语境下展开。一方面，人工智能时代衍生出富有该时代色彩的犯罪样态，如利用人工智能机器人实施的犯罪，人们可以在现行刑法框架下寻求责任分配的解决方案；另一方面，人工智能时代可能催生出以往任何时代不曾具有却为该时代所独有的“严重危害社会的行为”，其在现行刑法框架下尚不占据一席之地，对该行为的规制可能要以前瞻性地修补乃至重构刑法体系为前提。强人工智能机器人能够在自主意识和意志的支配下独立决策并实施严重危害社会的行为，尽管现行刑法尚未有规制，但在不久的将来，应于应然层面将其作为刑事责任主体，并针对其特点设立特殊的刑罚处罚方式。

一、强人工智能机器人的特性及犯罪类型

根据前文的论述可知，强人工智能机器人与弱人工智能机器人在特定情境下表现的人脑智能不同，强人工智能机器人是结合情感、认知和推理等，具备人脑高阶智能的机器人。强人工智能机器人是一种像人类一样具备人类“意识”的人工智能机器人，其区别于其他人工智能机器人的特征在于其自身具有的独立思维能力，能够在研发人员的设计和编制的程序范围外，依据自己的独立意志实施相应的行为。也即，强人工智能机器人可以具备独立的辨认能力与控制能力。强人工智能机器人是与人类更为类似与接近的机器人，具有一定的主体特征，不仅可能成为犯罪的工具，也可能成为犯罪行为的实施者。

刑法分则共有十章，分别为危害国家安全罪、危害公共安全罪、破坏社会主义市场经济秩序罪、侵犯公民人身权利、民主权利罪、侵犯财产罪、妨害社会管理秩序罪、危害国防利益罪、贪污贿赂罪、渎职罪和军人违反职责罪。对上述十类犯罪而言，自然人完全能够实施，强人工智能机器人则不然。强人工智能机器人能够实施犯罪的范围取决于人工智能机器人自身的特点。强人工智能机器人与自然人的共同点决定了两者都可实施的犯罪范围，强人工智能机器人与自然人的不同点则划分出了强人工智能机器人无法实施犯罪的范围。

实施犯罪的范围取决于犯罪主体的特点。单位作为刑法明文规定的主体，能够实施诸多破坏市场经济秩序、妨害社会管理秩序的犯罪（较多地体现为法定犯），但其无法实施侵犯公民人身权利、民主权利的犯罪（较多地体现为自然犯）。众所周知，刑法中法定犯与自然犯的最大区别在于是否违背伦理道德。由于单位不具有伦理道德，其不可能实施具有违背伦理道德特性的自然犯类别的犯罪。对强人工智能机器人而言，其尽管不具有生命体，但是，其具有伦理与道德（关于人工智能机器人的道德伦理问题，下文将专门进行探讨与论述），能够实施违反伦理与道德规范的行为，并进而在构成相应的自然犯类别的犯罪上没有障碍。应当看到，强人工智能机器人能够实施刑法分则规定的大部分犯罪，只有极少数犯罪因其自身特性而不具有实施的可能性。强人工智能机器人与自然人具有较多的共同点，因此以自然人为主体的刑法罪名往往也能够适用于强人工智能机

器人。以刑法分则第五章侵犯财产罪为例,强人工智能机器人可以实施绝大部分犯罪,如抢劫罪、盗窃罪、诈骗罪等。但是,基于身份所实施的犯罪,强人工智能机器人有些因不可能具有这种身份而无法单独实施(例如,贪污罪、受贿罪、挪用公款罪等罪的主体只能由国家工作人员才能构成,而人工智能机器人显然不可能具有这种身份),有些则完全可能单独实施(例如,人工智能机器人医生可以成为医务人员而实施医疗事故罪)。毋庸讳言,尽管强人工智能机器人具有替代人进行工作的功能,甚至在医疗、法律、金融等各领域都有不俗的表现,但由于其在身份认定上还存在较大困难,强人工智能机器人单独构成刑法分则要求具有特定身份的犯罪仍然有很大障碍。但是,我们也应该看到,虽然强人工智能机器人尚无法单独成为身份犯罪的正犯,但是我们完全可以用身份犯共同犯罪的规定和原理,对强人工智能机器人的帮助、教唆等行为加以评价。不过,随着人工智能技术的不断发展与进步,强人工智能机器人将不断深度融入人类社会,参与人类的各种社会活动,赋予强人工智能机器人某些特定身份的图景可能迟早会到来,到那时强人工智能机器人犯罪与自然人犯罪在主体范围上可能更为接近。

二、刑法规制涉强人工智能犯罪的必要性

强人工智能机器人是人工智能技术发展到高级阶段的产物,其与弱人工智能机器人最大的区别在于是否能够在自主意识和意志的支配下独立决策并实施行为。“强人工智能”一词是由约翰·罗杰斯·希尔勒(John Rogers Searle)首创的。他认为,“计算机不仅是用来研究人的思维的一种工具;相反,只要运行适当的程序,计算机本身就是有思维的”。①2001 年,由斯蒂芬·斯皮尔伯格(Steven Allan Spielberg)执导的科幻电影《人工智能》(Artificial Intelligence)上映,讲述了在人类已经进入强人工智能时代的 21 世纪中期,一个名叫大卫的机器人踏上寻找“母亲”并找寻自我、探索人性之路的故事。影片中的“主人公”大卫是一个具有自主意识和意志,能够自主决策并实施相应行为的强人工智能机器人。不可否认,影片中对于大卫的描述都只是人类对于人工智能机器人的想象,对 21 世纪中期人工智能时代生活场景的描述同样也只是影片创作者的幻想。但是技术发展进步的历史正是让幻想照进现实的人类发展史。1903 年莱特兄弟飞机试飞成功,实现了庄子在《逍遥游》中所描述的“列子御风”的幻想;1969 年“阿波罗号”飞船首次成功登上月球,实现了“嫦娥奔月”的幻想。科技的发展是呈爆炸式的,随着深度学习技术、神经网络技术、类脑智能技术等的发展,出现能够在自主意识和意志的支配下独立决策并实施行为的强人工智能机器人

① J.Searle in Minds Brains and Programs. The Behavioral and Brain Sciences, Vol.3, 1980.

并非天方夜谭。从弱人工智能时代到强人工智能时代，是一个从量变到质变的过程，量变积累到一定程度便会引起质变，质变的到来可能是突然的，不以人的意志为转移。①正因为如此，我们当然应选择未雨绸缪，提前想好应对策略。

有学者提出，在弱人工智能技术尚未发展成熟的今天，对强人工智能时代刑事风险和刑法应对的研究完全是建立在虚无缥缈的想象之上。"不论是库茨维尔的奇点理论，还是霍金关于人工智能发展完全将是人类末日的警告，都还只是一种假想与猜测。""对人工智能未来情境的预见，专家较之常人并没有太大优势，大家都只能是盲人摸象或信口开河。"②对此种观点，笔者不敢苟同。目前我们应该从以下两个角度来思考法学界是否有必要研究强人工智能的刑事风险和刑法应对的问题。

其一，作为法学研究者应该"相信谁"？时下，以霍金为代表的物理学家对人工智能技术发展的方向和人工智能技术对人类未来的影响存在显而易见的担忧，认为人工智能机器人一旦脱离人类控制，有可能会给人类带来毁灭性的打击。霍金曾多次表示，"人工智能可能会毁灭人类"。③"人工智能有可能是人类文明史的终结，除非我们学会如何规避危险。人工智能一旦脱离束缚，就会以不断加速的状态重新设计自身。人类由于受到漫长的生物进化的限制，无法与之竞争，将被取代，这将给我们的经济带来极大的破坏。"④当然我们也应该看到，现在一些商业经营者认为，人工智能机器人的智慧永远不可能超过人类，人工智能会威胁到人类的观点纯属夸大其词。2018 年 5 月，在以"数据创造价值，创新驱动未来"为主题的中国国际大数据产业博览会上，百度公司董事长兼 CEO 李彦宏提出，"尽管大家对 AI 的看法很多，但人工智能不可能威胁到人类的安全"。⑤事实上，经营者所站的立场与科学家是有所区别的。经营者主要是站在追求经济利益的角度来看待这一问题，他们更希望人工智能技术能够在不受任何限制或者法律规制的状态下自由蓬勃发展，以谋求经营利益的最大化。可能有人会提出，时下也有一些科学家的观点与霍金等人的观点不同，认为强人工智能时代不会到来，人工智能机器人永远不可能威胁到人类的生存。这里就涉及法学研究者的立场问题，即"信其有"还是"信其无"的问题。作为法学研究者，当

---

① 史平：《量变和质变关系之新解》，载《江西社会科学》1998 年第 1 期。

② 黄云波：《论人工智能时代的刑法机能》，载《人民法治》2018 年第 6 期。

③ 霍金提到的可能会毁灭人类的"人工智能"即是笔者在本书中所探讨的能够在自主意识和意志的支配下独立决策并实施行为的"强人工智能机器人"。

④ 《霍金：人工智能也有可能是人类文明史的终结》，https://www.sohu.com/a/136698945_116132，2018 年 6 月 12 日访问。

⑤ 《李彦宏：百度无人车将在 7 月量产》，http://www.zaobao.com/special/report/supplement/futureofai/ai-china/story20180526-862204，2018 年 6 月 16 日访问。

然不应囿于时下面临的现状，而更应该放眼未来，居安思危。因此，笔者更倾向“宁可信其有，不可信其无”的立场。因为如果“信其有”，最后强人工智能机器人没有出现，除了证明我们存在“多虑”的情况外，最终不会对人类社会带来任何危害；但是如果“信其无”，而最后若强人工智能机器人果然出现，人类将会措手不及而陷入极其被动的局面之中。

其二，是否需要未雨绸缪？时下有人提出，即使人工智能技术确实可能会给人类社会带来巨大的威胁，那也需要等这种威胁出现之后再去进行刑法规制，刑法研究不能如此超前。笔者认为，历史已经不止一次地证明，科技的发展乃至时代的更迭往往能够超越人类的想象。正如50年前的人类很难想象今天我们会生活在一个全面互联网化的时代中一样，今天的我们也很难想象50年后人类的真实生活和社会状况。科技的发展日新月异，而法律尤其是刑法的制定则需要漫长的时间。如果等到在自主意识和意志的支配下独立决策并实施行为的强人工智能机器人出现的那天，人类可能将不再有能力去规制强人工智能机器人的行为，而有可能反过来被强人工智能机器人控制。因此，我们现在就必须考虑通过立法，在促进人工智能技术高速发展的同时，做好一定的风险防控措施，防患于未然。

三、强人工智能时代刑事责任的演变及归责路径

尽管今天的我们处于弱人工智能时代，人工智能机器人仍根据人类设计和编制的程序在人类的控制范围之内实施行为，但是随着技术的飞速发展，出现能够在自主意识和意志的支配下独立决策并实施行为的强人工智能机器人并非无稽之谈。强人工智能机器人拥有远超人类的学习能力，甚至还可以拥有远超人类的坚不可摧的钢铁之躯，一旦强人工智能机器人有与人类根本利益相违背的举动，人类将可能面临灭顶之灾。2004年，由亚历克斯·普罗亚斯导演的电影《机械公敌》(《I, Robot》)上映。影片讲述了在2035年，人工智能机器人作为人类的生产工具，为人类带来诸多便利，很多人工智能机器人甚至已经成为了人类的家庭成员。人类在生产制造人工智能机器人时，为其输入“机器人三原则”，[①]作为指导人工智能机器人行为的法则。然而，随着人工智能机器人学习和运算能力的不断提高，他们学会了独立思考，并曲解了“机器人三原则”，认为人类战争将使得整个人类毁灭。人工智能机器人为了保护人类，剥夺了所有人类的自由，将人类囚禁在家中。人类与人工智能机器人的冲突由此开始。人们对人工

---

① “机器人三原则”，由美国科幻作家阿西莫夫于1940年提出，具体是指：第一，机器人不得伤害人类，或看到人类受到伤害而袖手旁观；第二，机器人必须服从人类的命令，除非这条命令与第一条相矛盾；第三，机器人必须保护自己，除非这种保护与以上两条相矛盾。

智能机器人失控后将有可能威胁人类生存的恐惧并非近年来才产生。早在1973年，由迈克尔·克莱顿执导的电影《西部世界》(West World)就讲述了一个巨大的机械乐园中的机器人由于失去控制，将所有游客都残忍杀害的故事。2018年，美国麻省理工学院训练出了一个号称是世界上第一个精神变态、被罪恶反噬的人工智能机器人(World's first psychopath AI)。美国麻省理工学院媒体实验室(MIT Media Lab)的研究团队使用死亡、尸体类的图像和文本内容对这个名为诺曼(Norman)的人工智能机器人进行数据输入，并用深度学习的方法让其学习输入数据中的描述方法，最终培养出了这个极度变态、阴暗、罪恶的人工智能机器人。当然，这个人工智能机器人仍不具有独立的意识和意志，其对外部世界的描述仍然依赖于研究团队对其输入的数据和为其编制的程序。但是未来当技术发展到更高阶段，人工智能机器人基于强大的技术和学习能力产生自主意识和意志时，类似于诺曼的人工智能机器人可能会给人类带来难以想象的危害。因此强人工智能时代虽是未来，但未来可期，强人工智能时代刑事责任的追究将面对哪些挑战以及刑法应如何应对需要刑法学者们前瞻性地准备。

(一) 强人工智能时代刑事责任的变化

强人工智能机器人可以超出人类的技术控制范围，在自主意识和意志的支配下独立决策并实施行为。此时，若仍将实施了严重危害社会行为的强人工智能机器人作为人类的工具，而仅对强人工智能机器人的设计者或使用者追究刑事责任，似乎并不妥当。应将在自主意识和意志的支配下独立决策并实施严重危害社会行为的强人工智能机器人作为刑事责任主体。有学者反对将强人工智能机器人作为刑事责任主体，并提出以下理由：我国刑罚体系中包括主刑和附加刑两大种类。其中，主刑有死刑、无期徒刑、有期徒刑、管制、拘役，即包括生命刑和自由刑；附加刑有罚金、剥夺政治权利、没收财产，即包括财产刑和资格刑。而强人工智能机器人没有生命，也就没有生命权以及依附于生命权的自由权，更谈不上拥有资格和财产。因此，我国所有的刑罚种类都无法适用于强人工智能机器人。如果将强人工智能机器人作为刑事责任主体，将会面临强人工智能机器人应当负刑事责任却在实际上没有办法对其进行刑罚处罚的尴尬局面。

这一理由因存在逻辑上的缺陷而不能成立。正确的逻辑应该是，从立法层面看，是先有犯罪后有刑罚，而非先有刑罚后有犯罪。1979年《刑法》没有将单位规定为刑事责任主体，其中一个重要原因便是我国刑法规定的主刑中没有一个可以直接适用于单位。但是，“随着社会经济的发展，单位犯罪与日俱增，遏制和预防这类危害行为成为现代社会保护自身的需要。单位虽然不能承受生命刑和自由刑，但是可以承受财产刑，也可以专门为单位犯罪增设新的刑罚处罚方式”。[①]最终立法者通过对刑罚适用制度的改革——确立单位犯罪中双罚制的刑罚适用方式，将单位纳入刑事责任主体范畴之中。由此可见，因现行刑罚种类无法适用于强人工智能机器人而将其排除在刑事责任主体范畴之外的理由是不能成立的。正确的思路是，如果强人工智能机器人在自主意识和意志的支配下独立决策并实施了严重危害社会的行为，应将其作为刑事责任主体，对于无法通过现行刑法中的刑罚种类对其进行处罚的问题的解决路径应为重构我国的刑罚体系，增设能够适用于强人工智能机器人的刑罚处罚方式。

总之，强人工智能机器人不具有刑事责任主体身份、现有的刑罚体系中没有针对人工智能机器人的刑罚种类都不能成为强人工智能机器人不能承担刑事责任的理由。正确的逻辑应当是，探讨强人工智能机器人规定为刑事责任主体的可行性，以及在确认能够赋予强人工智能机器人刑事责任主体地位的情形下，重构现行刑罚体系，使得强人工智能机器人被纳入刑罚处罚的范围，并针对强人工智能机器人自身的特点，设立相应的刑罚处罚方式。

（二）强人工智能机器人刑事归责的具体路径

强人工智能机器人因具有独立的意识和意志，其能够超越人类的控制而实施相应的行为，因此，本部分所探讨的是强人工智能机器人在设计和编制的程序范围之外实施的危害行为应当如何归责。

1. 刑法规制强人工智能机器人行为的依据。当人工智能机器人在独立意识和意志的支配下实施严重危害社会的行为时，我们将其当作刑事责任主体是完全具有合理性和法理依据的。能否将人工智能机器人当作刑事责任主体，取决于其是否符合刑法所规定的条件。根据我国《刑法》第 17 条的规定，刑事责任主体需具备以下条件：第一，实施了严重危害社会的行为；第二，具备刑事责任能力；第三，依法应当承担刑事责任。在这三个条件中，行为人具备刑事责任能力、实施严重危害社会的行为无疑是本质的条件。如若人工智能机器人符合这些本质要件，我们就应在刑法第二章第四节单位犯罪后增设一节“人工智能机器人犯罪”，承认其刑事责任主体资格。超出设计和编制的程序范围，在自主意识和意志的支配之下实施严重危害社会行为的人工智能机器人可以成为刑事责任主体。简单来说，强人工智能机器人能够成为刑事责任主体的理由在于以下三个方面。一是，随着人工智能技术的发展，强人工智能机器人能够获得像自然人一样甚至比自然人更厉害的独立的辨认能力和控制能力，强人工智能机器人可以通过其“电子眼”“电子耳”等认识行为事实，并通过程序中所蕴含的伦理、道德和

---

① 马克昌：《比较刑法原理——外国刑法学总论》，武汉大学出版社 2006 年版，第 142 页。

法律规范对行为的性质、后果、作用进行判断。此外，强人工智能机器人也能够获得独立的控制能力，即其具有极速的处理能力、反应速度，能够凭借大数据与高速运算的能力对行为作出精准的控制。二是，强人工智能机器人比单位更接近于自然人。单位是一个依赖于成员而存在的集合体，如果没有成员，单位也就不复存在。单位成员之间是按照单位的统一要求和一定秩序相互联系、相互作用、协调一致，共同形成一个单位整体。可见，单位是一个集合体，单位犯罪是在单位整体意志支配下实施的严重危害社会的行为。强人工智能机器人是与自然人相类似的个体，其具有与自然人相类似的独立的自主意识和意志，并在独立的自主意识和意志的支配下作出决策并实施相应的行为。强人工智能机器人独立的自主意识和意志比单位的"整体意志"更类似于自然人的意志。因此单位能够被刑法纳入刑事责任主体的范围，就更没有理由将强人工智能机器人排除在刑事责任主体的范畴之外了。三是，境外已有相关的立法例对我们承认强人工智能机器人的刑事责任主体地位提供了借鉴意义。2016 年欧洲议会向欧盟委员会提出的"机器人法"立法建议报告的第 50 条(f)项建议："从长远看要创设机器人的特殊法律地位，以确保至少最复杂的自动化机器人可以被确认为享有电子人的法律地位，有责任弥补自己所造成的任何损害，并且可能在机器人自主决策或以其他方式与第三人独立交往的案件中适用电子格。"与之类似，沙特阿拉伯授予机器人索菲亚公民身份并向"她"发放了护照，从而成为世界上首个授予机器人公民身份的国家。无论是"机器人"立法建议报告中提到的复杂的自动化机器人，还是机器人索菲亚，都远未达到在自主意识和意志的支配下独立决策并实施行为的程度，但是在以上的立法例中，都将其作为"准自然人"来看待。强人工智能机器人在很多方面都超越人类，其蕴含的"人"的成分可以达到 90%以上(甚至超过 100%)，将能够在自主意识和意志的支配下独立决策并实施行为。因此，将更接近于自然人的强人工智能机器人纳入刑事责任主体的范畴并无不妥。关于赋予强人工智能机器人以主体地位的问题下文将以专章详细论述，在此不赘。

2. 刑法规制强人工智能机器人行为的具体路径。对超出设计和编制的程序范围、在自主意识和意志的支配之下实施严重危害社会行为的人工智能机器人进行刑罚处罚是防止人工智能时代社会动荡、维护社会稳定、保障人民安居乐业的必然要求。曾经有人说，人对机器的最简单控制就是断电，但现在最简单的扫地机器人也知道在电量快耗尽时自动找到电源进行充电。[①]依赖简单粗暴的断电在将来必然不能有效控制人工智能机器人的行为，而如果依靠从物理形体

① 尼克:《人工智能简史》，人民邮电出版社 2017 年版，第 225 页。

或者程序上进行全面销毁，又势必会极大地浪费社会资源，增加技术发展的成本。所以，立法者对人工智能机器人的行为的控制设置一整套可行的方案作为对实施了严重危害社会行为的处罚就变得极为必要。但是，我国目前的刑罚体系存在局限性，无法对在设计和编制的程序范围外实施严重危害社会行为的强人工智能机器人进行刑罚处罚，即我国目前的刑罚体系无法完全适应人工智能时代的发展需求。在已经到来并持续发展的人工智能时代，面对强人工智能机器人在设计和编制的程序范围外实施的严重危害社会的行为，我们的刑罚可能会无能为力。根据刑法原理和我国现行刑法的规定，对犯罪行为的处罚是"以处罚自然人犯罪为原则，以处罚单位犯罪为例外"的，由于人工智能机器人与自然人和单位存在明显的差异，我国刑罚体系中的四种类型的刑罚——生命刑、自由刑、财产刑、权利刑暂时不能适用于人工智能机器人。理由是：第一，人工智能机器人与自然人和单位存在明显的区别。其一，人工智能机器人存在的基础是程序，其没有生命，而自然人有生命，这是二者最重要的区别。自然人的生命始于出生，终于死亡，是不可逆转的。自然人的生命要受到自然规律的影响，从出生开始就不可逆转地走向衰老、死亡。自然人随着生命的成长而逐渐培养出辨认能力和控制能力，刑事责任能力随着生命的成长而产生，随着生命的终结而结束。生命的不可逆转性决定了自然人的辨认能力和控制能力具有不可逆转性，是纵向发展的。强人工智能机器人的辨认能力和控制能力来源于程序。程序可以被修复、补充、删除、恢复，所以强人工智能机器人的生存不具有不可逆转性，也即其辨认能力和控制能力是可以逆转的。人工智能机器人按照设计和编制好的程序实施相应的行为时，其不具有辨认能力和控制能力，也就不具备刑事责任能力；而人工智能机器人在设计和编制的程序范围外实施行为时，在自主意识和意志的支配之下，对实施某种行为或者不实施某种行为进行选择，这时，我们应当认为，人工智能机器人拥有独立的辨认能力和控制能力，也就具备了刑事责任能力。由此可见，人工智能机器人和自然人相比，辨认能力和控制能力的产生和发展存在质的区别。其二，人工智能机器人与单位最主要的区别在于，单位是一个集合体，而人工智能机器人是一个个体。单位作为一个整体，是由每一个具体的成员组成的，缺少了每一个具体的成员，单位也就不复存在；反之，单位的成员在脱离单位这个整体时，只是一个个独立的个体，不再具有整体之组成部分的性质和意义。另外，单位成员按照单位既定规则秩序的要求相互联系、相互配合，才能保证单位整体的有序运转。单位犯罪，是单位在单位的"整体意志"支配之下所实施的严重危害社会的行为。这里的"整体意志"，与单位内部各成员意志的简单相加存在本质的不同。而对于人工智能机器人而言，指导其实施行为的是程序（即使人工智能在设计和编制的程序范围外实施行为，也只是基于其通过深度学习等而获得的自身“改良”程序)。当强人工智能机器人超出设计和编制的程序范围、在自主意识和意志的支配之下实施严重危害社会行为时,实现的是作为一个个体所独立具有的意志,与单位行为中所体现的“整体意志”存在本质的差异。第二,我国现行刑罚处罚方式不能适用于人工智能机器人。首先,刑罚体系中的生命刑暂时无法对人工智能机器人加以适用。原因在于,人工智能机器人存在的基础是程序而不是生命,其没有生命权,剥夺生命权就更无从谈起。自然人的生命遵循自然规律而产生和消亡,人为地剥夺实施了严重危害社会行为的自然人的生命,打破生命自然产生和消亡的规律,是法律报应的一种形式。“生命刑作为以剥夺人的生命权为内容的刑罚,与法律报应有着不解之缘。杀人者死,可以说是法律报应的一条原则。”①人工智能机器人不是自然界的产物,其产生和消灭不是基于生命的起源和消亡,而是基于设计和编制的程序。人工智能机器人不具有生命,因而刑罚无法通过剥夺生命的方式对犯罪的人工智能机器人进行处罚。在此情况下,也就无法起到刑罚应有的作用。其次,刑罚体系中的自由刑暂时无法适用于人工智能机器人。人工智能机器人没有人身权。人身权包括人格权和身份权,是与自然人的人身不可分离的权利,始于自然人出生,终于自然人死亡,与自然人的生命密不可分。人身权是自由权产生和存在的基础。自由刑是我国刑罚体系的中心。“执行自由刑就是实现设施关押,同时,它还伴有将犯人与社会隔离的作用……”②人工智能机器人没有生命,因此,也就不可能存在与生命紧密相连的其他人身权,更不可能享有作为人身权内容之一的自由权,对其施加剥夺自由权的自由刑更是无从谈起。人工智能机器人依托程序的运行结果而实施行为,物理形体并非人工智能机器人的必备要素(例如,AlphaGo 和 AlphaGo Zero 都只是隐藏在电脑里的一个程序而已,并不存在物理形体)。对于不具有物理形体的一类人工智能机器人而言,对其施加自由刑以实现其和社会的隔离显然是无稽之谈。最后,刑罚体系中的财产刑和权利刑暂时无法适用于人工智能机器人。财产刑和权利刑通过剥夺犯罪人的财产或政治权利,给其造成痛苦,从而起到惩罚犯罪的作用。笔者之所以说以上各种刑罚“暂时”无法适用,完全是因为理论上认为,人工智能技术下一个瓶颈的突破似乎依赖于人工智能技术与生命科学技术,以及人工智能技术与神经科学技术的结合。而时下类脑智能技术已成为人工智能技术研究的热门领域,即充分反映了这些技术结合的发展趋势。由于类脑智能系统在信息处理机制上类似人类大脑,所以随着类脑智能技术的开发与发展,在未来,人工智能机器人将会在思维方式上

---

① 陈兴良:《刑法哲学》,中国政法大学出版社 2014 年版,第 305 页。

② [日]大谷实:《刑法讲义总论》,黎宏译,中国人民大学出版社 2008 年版,第 463 页。

越来越接近人类。随着人工智能技术与生命科学技术、神经科学技术的融合，人工智能机器人会在外形上越来越接近人类，而在深度学习以及思维和计算能力上会接近甚至超越人类。到那时，人工智能机器人可能会拥有与人类相似或者相同的肌肤、毛发等，甚至可能存在类似于人类的生命。因此对其进行物理形体的毁灭可以参考适用于自然人的生命刑；同时，一个拥有类似于自然人生命的物种也有可能会追求自由，将限制或剥夺自由的自由刑适用于人工智能机器人也未尝不可。但是，毕竟人工智能技术与生命科学技术的结合以及类脑工程的发展仍然处于起步阶段，距离发展出与人类酷似的、拥有生命和自由的人工智能机器人还很遥远，因此，暂无必要探讨将目前刑罚体系中的生命刑和自由刑适用于人工智能机器人的问题。随着伦理学和法学在此领域研究的进一步深入，赋予人工智能机器人财产权和一定的政治权利并非不经之谈。例如，沙特阿拉伯已经成为世界上首个授予人工智能机器人公民身份的国家。①可以预见，在不久的将来，会有更多的国家或地区赋予人工智能机器人公民权、财产权等权利。如果人工智能机器人在设计和编制的程序范围外实施了严重危害社会的行为，剥夺其一定数额的财产或者剥夺其政治权利等可以成为对其进行惩罚的一种手段。但是财产刑和权利刑在我国刑罚体系中并非居于主导地位，而是属于附加刑，是补充生命刑和自由刑等主刑适用的刑罚方法，又称从刑，②其惩罚的强度和效力有限，在独立适用时，主要针对较轻的犯罪。对于罪行严重的人工智能机器人，仅适用财产刑或者权利刑未必能够起到理想的作用。况且，在法律赋予人工智能机器人财产权和政治权利之前，对人工智能机器人施加财产刑或权利刑本身也并无可能。

李斯特曾言："刑法既是善良人的大宪章，也是犯罪人的大宪章。"③刑罚是国家对犯罪人合法实施暴力，本质上是对犯罪人权利的合法侵害，但这种合法侵害应严格控制在刑法的规定之内。这也是"刑法是犯罪人的大宪章"的含义所在。所以，对人工智能机器人犯罪而言，对其适用现行刑法中所规定的刑罚是不合适的，必须根据人工智能机器人所享有的权利类型重新建构刑罚体系，以实现刑罚的目的。依据人工智能机器人自身的特点，增设能够适用于人工智能机器人的刑罚处罚方式，无疑是人工智能时代规制涉人工智能犯罪的重要内容。笔者建议，在对人工智能刑事立法具体条文的修订和增设方面，应当修改侵害计算机信息系统类犯罪、交通肇事罪、危险驾驶罪等犯罪的主体和行为方式，使其适

① 《沙特阿拉伯成为第一个向机器人授予公民资格的国家》，http://tech.sina.com.cn/d/i/2017-10-27/doc-ifynfvar4425645.shtml，2017 年 10 月 28 日访问。

② 刘宪权主编：《刑法学》，上海人民出版社 2016 年版，第 306 页。

③ [德]李斯特：《德国刑法教科书》，徐久生译，法律出版社 2006 年版，第 31 页。

应人工智能技术的发展现状和未来趋势。同时,在刑法中针对人工智能机器人增设删除数据、修改程序、永久销毁等刑罚处罚的方式。另外,如果将来相关法律赋予人工智能机器人财产权或者政治权利,也可以对人工智能机器人单处或并处财产刑或者权利刑。

具体而言,可以考虑用以下三种方式对人工智能机器人进行刑罚处罚:删除数据、修改程序、永久销毁。删除数据,指的是将人工智能机器人在实施严重危害社会的行为时所依赖的数据删除,并永久限制其获取此类数据。这就相当于使持枪杀人犯永远不得拥有枪支,相当于砍去持刀杀人犯的双手等,从而使人工智能机器人失去赖以实施犯罪行为的前提。在对其施以删除数据的刑罚的同时,通过编程等技术引导其在今后的大数据分析或深度学习的过程之中只获取"正面数据"而排斥"负面数据",从而使得人工智能机器人的"人身危险性"得以降低。修改程序,指的是当人工智能机器人本身的自主意识和意志过于强大,无法通过删除其实施犯罪行为所依赖的数据而阻止其犯罪时,强行修改其基础的程序,将人工智能机器人的深度学习能力控制在较小的范围内,在技术上保证人工智能机器人无法再发展出独立的自主意识和意志。永久销毁,指的是将有形的人工智能机器人予以物理上的毁损,将与无形的人工智能机器人有关的一切程序和数据资料予以删除。在删除数据、修改程序等措施都没有办法使人工智能机器人的人身危险性得以降低之时,也即人工智能机器人已经具备了极其强大的自主意识和意志,人类无法通过对人工智能机器人的部分改良而对其进行有效的控制,使其人身危险性得以降低,则只能将人工智能机器人予以全面永久地毁损。删除数据、修改程序、永久销毁这三种刑罚处罚方式,由轻到重地构成了专门适用于人工智能机器人犯罪的刑罚阶梯。这三种刑罚处罚方式与人工智能机器人本身的人身危险性大小以及人工智能机器人所实施行为的社会危害性的大小相吻合,体现了刑法所规定的罪责刑相适应原则。当然,正如前文所述,目前,人工智能技术与生命科学技术、神经科学技术结合,随着人工智能技术的发展以及人类对人工智能机器人定位的变化,未来的法律也许会赋予人工智能机器人以财产权,到那时,可以对超出设计和编制的程序范围、在自主意识和意志的支配之下实施严重危害社会行为的人工智能机器人单独或者附加适用罚金或者没收财产等财产刑;如果将来的法律赋予人工智能机器人政治权利或者其他资格,也可以对在设计和编制的程序范围外实施了严重危害社会行为的人工智能机器人单独或者附加适用剥夺政治权利或者剥夺相关资格的权利刑。关于针对强人工智能机器人的刑罚应如何设置与处罚的问题,下文有专章进行进一步的分析与探讨,在此不再赘述。

对人工智能机器人按照其所实施的严重危害社会行为的危害性大小处以相

应的刑罚，符合刑罚预防犯罪（包括特殊预防和一般预防）的目的，并且可以在一定程度上降低社会治理的成本。超出设计和编制的程序范围、在自主意识和意志的支配之下实施行为的强人工智能机器人能够感知到刑罚为其带来的痛苦，并能够在实施犯罪行为为自身带来的“快感”和承担刑事责任、被处以相应刑罚所带来的“痛感”之间进行选择和权衡，从而对自己今后的行为进行调整。当然，由于强人工智能机器人拥有独立的辨认能力和控制能力，因而其可以从其他强人工智能机器人承受刑罚时的“痛感”中吸取教训、受到教育，从而重塑自己的“价值观”，使自己的“价值观”更加符合人类社会的规范。这便是我们对超出设计和编制的程序范围、在自主意识和意志的支配之下实施严重危害社会行为的强人工智能机器人施以刑罚的意义所在。反观之，如果我们不考虑强人工智能机器人所拥有的自主意识和意志，简单粗暴地将强人工智能机器人当作普通的物品看待，将实施了严重危害社会行为的强人工智能机器人不问原因、不分轻重地在物理上毁损，那么人类将对此付出巨大的经济成本，刑罚的预防功能也将会荡然无存。将超出设计和编制的程序范围、在自主意识和意志的支配之下实施严重危害社会行为的强人工智能机器人当作刑事责任主体，按照刑事诉讼程序对其进行审判，有罪必罚，才能为人工智能机器人植入人类的文明和价值观念，重塑其价值体系，促使其维护和遵守社会秩序，使其从“人工人”转变为“社会人”。这是在未来，当人工智能技术发展到一定程度时的必然选择和法律发展的必由之路。

第四节 不同时代人工智能研发者与使用者刑事责任的变化

人工智能机器人的研发、设计、制造与使用都与人类行为的参与和干预分不开，因此在人工智能机器人的研发、设计、生产与使用过程中，因人类不当行为所导致的损害后果不可避免。即使人工智能机器人具有一定程度上的自主性，也依然无法避免出现自然人需要承担刑事责任的情形。又由于人工智能机器人具有区别于传统产品的特点，人工智能机器人的研发者、使用者在刑事责任的承担方面也发生了相应的变化。

一、涉人工智能犯罪中研发者主观罪过认定的变化

正如前文所论述的，我们可以将机器人分为普通机器人、弱人工智能机器人和强人工智能机器人。以 ATM 机为代表的普通机器人具有人类通过编程赋予的识别功能（在此之前只有人类大脑才具有识别功能），能够在一定程度上替代银行工作人员的工作，但其不具有深度学习能力，只能严格按照人类设计和编制

的程序范围机械地实现相应功能。弱人工智能机器人具有深度学习能力，能够在一定程度上替代人类在某一领域的智力活动，在设计和编制的程序中具有一定的自主性。例如，AlphaGo能够战胜围棋世界冠军，在围棋方面的“造诣”远超其研发者；但其在人类设计和编制的程序范围外“寸步难行”。强人工智能机器人不仅具有深度学习能力，能够成为某一领域的“冠军”，而且能够超出设计和编制的程序范围，自主实施“行为”，有全面超越人类的可能性，从而在给人类带来福祉的同时也带来巨大的威胁。由此可见，不同类型的人工智能机器人受人类设计和编制程序的控制程度不同，而这种不同又会直接或间接地影响为人工智能机器人设计和编制程序的研发者的刑事责任能力（即辨认能力和控制能力）。这在很大程度上会给为人工智能机器人设计和编制程序的研发者带来或可能带来刑事风险，研发者所要承担的刑事责任也可能会有所不同。应当看到，普通机器人完全不可能在设计和编制的程序内和程序外发挥自主性，其一切表现和行为都受到程序的严格控制，如果研发者为其设定了实施犯罪行为的程序，则研发者应对普通机器人造成的一切严重危害社会的结果承担故意犯罪的刑事责任；如果研发者没有为其设定实施犯罪行为的程序，由于他人的不当操作或者其他不可预知、难以想象的原因导致普通机器人造成了严重危害社会的结果，研发者也无需承担过失犯罪的刑事责任。这种情况下，对研发者主观罪过的认定并不存在太多争议。但是，由于弱人工智能机器人和强人工智能机器人可能在设计和编制的程序范围内或者范围外发挥自主性，对于其造成的严重危害社会的结果，应当如何判定研发者的主观罪过？这一问题值得探讨。假如研发者设计出一款聊天机器人，我们来设想一下可能出现的三种场景。

场景一：研发者设计聊天机器人的初衷是缓解独居者的孤独，通过拟人化的聊天为独居者排遣寂寞，因此为其设计和编制了能够在对话中进行交互学习的程序，但并未设置相应的反制程序（即抵制不当言论的程序）。而聊天机器人在和聊天对象的交流之中，学到了分裂国家的言论，从而大肆发表分裂国家的言论。

场景二：研发者设计聊天机器人的初衷是让其代替人类在公共场所发表分裂国家的言论，因此在设计和编制程序的过程中有意为其输入相关数据。聊天机器人大肆发表分裂国家的言论。

场景三：研发者设计聊天机器人的初衷是缓解独居者的孤独，通过拟人化的聊天为独居者排遣寂寞，因此为其设计和编制了能够在对话中进行交互学习的程序，同时设置了相应的反制程序（即抵制不当言论的程序）。但是聊天机器人出人意料地超出设计和编制的程序范围，自行掌握了不良资料，从而大肆发表分裂国家的言论。

在以上三种场景中，对于聊天机器人发表分裂国家言论的行为，研发者设计聊天机器人的初衷、是否设置相应的反制程序等,将会对研发者主观罪过的认定产生怎样的影响?下文中将会对此问题进行详细探讨。

(一)准确认定涉人工智能犯罪中研发者主观罪过的重要性

由上文中假定的三种场景可以看到,在人工智能机器人的行为造成严重危害社会结果的情况下,研发者对危害结果的主观心态有所不同,由此将会对研发者刑事责任有无或轻重的认定产生影响。笔者在此需要说明的是,认定涉人工智能犯罪中研发者的主观罪过,包含两方面的内容:其一是认定在涉人工智能犯罪中研发者有无罪过;其二是认定在涉人工智能犯罪中研发者有何种罪过。前一方面的主要作用是防止不当处罚人工智能机器人的研发者,进而阻碍人工智能技术的发展;后一方面的主要作用是防止研发者故意将人工智能机器人作为代替其实施犯罪行为的工具或者由于过失导致人工智能机器人造成严重危害社会的结果,从而降低人工智能技术可能为社会带来的风险。准确认定涉人工智能犯罪中研发者的主观罪过,有利于贯彻罪刑相适应的刑法基本原则,避免重罪轻罚或轻罪重罚,有利于在促进人工智能技术发展和防范涉人工智能刑事风险二者之间寻找恰当的平衡点。由此,准确认定涉人工智能犯罪中研发者主观罪过的重要性主要表现为以下两点。

1. 有利于促进人工智能技术的发展。准确认定涉人工智能犯罪中研发者的主观罪过,有利于促进人工智能技术的发展。试想,如果对于人工智能机器人造成的一切严重危害社会的结果,我们都追根溯源到研发者,让研发者为此结果承担刑事责任,将会导致研发者在研发人工智能机器人的过程中"瞻前顾后""担惊受怕",甚至"畏首畏尾"而不敢越雷池一步,进而阻碍人工智能技术的发展。刑法在技术发展过程中扮演的角色不应是"绊脚石",而应是"护航者"。有些风险是与技术相伴而生而无法杜绝的,对于这类风险,不应对研发者求全责备。例如,汽车存在出现交通事故的风险,法律不应追究研发者对非因汽车质量和设计本身导致的危害结果的责任。再如,当药品的研发者对药品的过敏性按照法律及行业规范等进行了严格测试之后,仍出现了稀有体质人员因服用该药品死亡的结果,法律也不应让药品研发者对这一结果承担责任。原因在于,上述汽车研发者和药品研发者都已尽到了法律及行业标准等所规定的义务,其对危害结果的发生既无故意也无过失。"在现代的汽车交通当中,即使在遵守了所有的交通规则的情况下,也总是包含着致使他人受损的危险。在经营工场、开采地下资源、建筑以及利用能量资源等各种领域当中,情况也是相同的……可以说,被允许的危险表现了与社会生活必要性相结合的社会相当性。"[①]换言之,技术所必

① [韩]李在祥:《韩国刑法总论》,[韩]韩相敦译,中国人民大学出版社 2005 年版,第 167 页。

然蕴含的危险是社会为了得到技术红利而必然要付出的代价，这一代价的承担者应是社会全体成员而非技术的研发者。同时，主客观相统一原则是中国刑法理论的“阿基米德支点”，对行为人追究刑事责任，必须同时具备主客观两方面的条件。当研发者不具有主观罪过时，刑法就失去了对其追究刑事责任的依据。由此可见，在人工智能时代准确地研究和认定涉人工智能犯罪中研发者的主观罪过，有利于避免追究不具有主观罪过研发者的刑事责任，有利于避免打击研发者的积极性，从而促进人工智能技术的发展。

2. 有利于防范涉人工智能刑事风险。准确认定涉人工智能犯罪中研发者的主观罪过，有利于防范涉人工智能刑事风险。技术的发展应为人类带来福祉而非灾难，人工智能技术也不例外。自原始人开始学习制造工具，人类就逐渐探索代替人类双手进行劳动创造的途径。随着科学技术的发展，工具的更新换代使得其对人类双手的代替作用逐渐增强，直至完全取代人类双手（机械自动化实现了对人类双手的完全替代）。人工智能技术是人类在用工具替代双手的探索达到顶峰之后转而探索工具替代人类大脑的产物。到目前为止，人工智能机器人已经可以在某一领域达到匹敌甚至超越人类智力活动的程度。应当看到，人类之所以探索替代人类双手和大脑的工具，是为了改善人类的生产生活条件，使人类能够更安全、更健康地生存和发展。因此不可否认，人工智能技术的正确发展方向只有一个，就是有益于人类。正如“23条阿西洛马人工智能原则”中所表述的，“人工智能研究的目标应该建立有益的智能，而不是无向的智能”。[①]这里所谓的“有益”，即是指有益于人类自身。在人工智能技术的发展过程中，研发者始终是影响人工智能技术发展方向的最强有力的主体。因为人工智能机器人的“智能来源”是程序，而程序的设计和编制者是人工智能机器人的研发者，所以研发者掌握了人工智能机器人的“命脉”，并为人工智能机器人塑造“性格”“智商”等一切要素。换言之，当人工智能机器人在设计和编制的程序范围内实施行为时，其行为的掌控者是研发者；当人工智能机器人在设计和编制的程序范围外实施“行为”时，因其“行为”的原动力来源于研发者设计和编制的程序，也并未和研发者完全脱离关系。毋庸置疑，涉人工智能刑事风险的源头即是研发者设计和编制的程序。要想从根本上保证人工智能技术遵循“有益于人类”的正确发展方向，就必须管理和控制研发者为人工智能机器人设计和编制程序的行为，为研发者的研发行为设定相应的义务，并对其在编程过程中蕴含的可能造成严重危害社会结果的行为进行刑法规制，而刑法规制过程中不可或缺的就是正确认定行

① FLI阿西洛马会议：《23条阿西洛马人工智能原则》，卞茳译，http://www.sohu.com/a/223638426_322883，2019年3月27日访问。

为人的主观罪过,从而正确区分罪与非罪、罪轻与罪重等。可能会有人提出,当前的人工智能技术处于初期发展乃至起步阶段,"因人工智能引发的深刻社会变革,或许是很久以后的事情"。①当前我们应侧重于鼓励和促进人工智能技术的发展,即可以"让子弹飞"一会,待严重的刑事风险出现时再考虑刑法规制也不迟。笔者对此说法不敢苟同。科学技术的发展日新月异,其发展速度和结果经常出乎人类的预料。例如,爱因斯坦在写下"$E=mc^2$"时,不会预料到这个公式会成为原子弹爆炸的理论基础。"互联网之父"这个群体②在创造、发展和改进互联网时,不会预料到互联网将会成为网络盗窃、诈骗、传播淫秽物品等犯罪的温床。从我国防控网络犯罪的经验教训来看,当网络犯罪呈现高发态势之后,对其进行吓阻式事后管控的效果是不尽如人意的。"我国针对网络犯罪先后五次制定和修改了刑事立法,仍没有能遏止住网络犯罪的高发态势。"③人工智能技术是对探索替代人类大脑的工具的研究成果,其对人类社会的影响势必高于互联网。如果在发展初期不进行有效规制,"当智能机器的利益与人类利益冲突时,未来远比人类智慧强大的、具有自主意识的超级智能必然全面碾压人类反抗,使人类处于被奴役甚至灭绝的境地"。④在人工智能技术飞速发展的今天,如果我们知道"子弹"是直接冲着人类飞来的,还会"坐以待毙"地让其飞起来甚至飞一会吗?答案当然是否定的。我们所应该做的无非是管理和控制子弹发射者或者子弹研发者的行为,不让危害人类的"子弹"飞起来或者改变已经飞起来"子弹"的飞行轨迹和方向。正如笔者在上文所述,人工智能技术的发展从根本上受人类行为尤其是研发者行为的影响,因此,在人工智能技术发展的一定时期里,有效规制研发者的行为必然是防控人工智能风险的重要途径。

(二)涉人工智能犯罪中研发者犯罪故意的认定

根据《刑法》第14条第1款之规定,所谓犯罪故意,是指行为人明知自己的行为会发生危害社会的结果,并且希望或者放任这种结果发生的一种主观心理态度。犯罪故意包括两方面的要素:一是认识要素,指行为人明知自己的行为会发生危害社会的结果的心理态度;二是意志要素,指行为人对行为导致的危害结果持希望或者放任的心理态度。⑤根据研发者设计人工智能机器人的初衷,可以将人工智能机器人划分为以实施犯罪行为为主要目的的人工智能机器人和以实

---

① 《人工智能与刑事法治的未来》,载《人民检察》2018年第1期主题研讨,参见黄京平语。

② "互联网之父"这个群体包括蒂姆·伯纳斯-李(Tim Berners-Lee)、温顿·瑟夫(Vint Cerf)、罗伯特·卡恩(Robert Elliot Kahn)等人。

③ 皮勇:《人工智能刑事法治的基本问题》,载《比较法研究》2018年第5期。

④ [英]乔治·扎卡达基斯:《人类的终极命运》,陈朝译,中信出版社2017年版,第284—285页。

⑤ 刘宪权主编:《刑法学》,上海人民出版社2016年版,第152—154页。

施非犯罪行为为主要目的的人工智能机器人。在两种不同情况下，对涉人工智能犯罪中研发者主观罪过的认定会有所不同。正如笔者在前文论述的“场景二”（研发者设计聊天机器人的初衷是让其代替人类在公共场所发表分裂国家的言论，因此在设计和编制程序的过程中有意为其输入相关程序，聊天机器人大肆发表分裂国家的言论）中所描述的情形，研发者设计了以实施犯罪行为为主要目的的人工智能机器人，对于人工智能机器人发表分裂国家言论所造成的严重危害社会的结果，毫无疑问，应以犯罪故意追究研发者的刑事责任。而对于“场景一”（研发者设计聊天机器人的初衷是缓解独居者的孤独，通过拟人化的聊天为独居者排遣寂寞，因此为其设计和编制了能够在对话中进行交互学习的程序，但并未设置相应的反制程序，即抵制不当言论的程序。而聊天机器人在和聊天对象的交流之中，学到了分裂国家的言论，从而大肆发表分裂国家的言论）所描述的情形，则应排除研发者主观上具有犯罪故意的可能性。

第一，当研发者设计了以实施犯罪行为为主要目的的人工智能机器人时，对于人工智能机器人造成的严重危害社会的结果，在构成犯罪的前提下，我们应将研发者的主观心态认定为直接故意。根据犯罪故意两方面的要素（认识要素和意志要素），笔者进而将其细分为三种情形。其一，研发者明知自己设计的人工智能机器人必然会造成严重危害社会的结果而希望这种结果发生；其二，研发者明知自己设计的人工智能机器人可能会造成严重危害社会的结果而希望这种结果发生；其三，研发者明知自己设计的人工智能机器人可能会造成严重危害社会的结果而放任这种结果的发生。显而易见，当研发者设计以实施犯罪行为为主要目的的人工智能机器人时，其在设计和编制的程序中输入的都是指令人工智能机器人实施犯罪行为的数据，因此对于人工智能机器人造成的严重危害社会的结果，研发者应当明知结果“必然”会发生，而非“可能”会发生。换言之，当研发者设计了以实施犯罪行为为主要目的的人工智能机器人时，只有上述第一种情形才可以成立，而第二、三种情形则不可能成立。在此需要说明的是，研发者明知自己设计的人工智能机器人必然会造成严重危害社会的结果而放任这种结果发生的情况并不存在。如果我们将“研发者明知自己的行为必然会造成严重危害社会的结果”以“A”表示，将“研发者明知自己的行为可能会造成严重危害社会的结果”以“B”表示，将“研发者希望危害社会的结果发生”以“C”表示，将“研发者放任危害社会的结果发生”以“D”表示，则按照排列组合的基本原理，研发者认识因素与意志因素相结合会形成“AC”“AD”“BC”“BD”四种情况。但在现实中，“AD”这种情形并不存在。原因在于，当研发者明知自己的行为必然会造成严重危害社会的结果（如研发者为人工智能机器人输入了发表分裂国家言论的程序，人工智能机器人一经面世就会发表这类言论）而仍然实施了这样的行为，则毫无疑问，研发者对人工智能机器人造成的严重危害社会的结果只可能持“希望”（也即对危害结果持肯定）的态度。“放任”表示行为人对自己的行为所造成的严重危害社会的结果持既不肯定也不否定的一种态度，只可能出现在行为人认识到自己的行为可能造成严重危害社会的结果的情况下。综上所述，当人工智能机器人的研发者设计了以实施犯罪行为为主要目的的人工智能机器人时，对于人工智能机器人的行为造成的危害社会的结果，其研发者都是明知且持肯定态度的，因此我们应将研发者的主观心态认定为直接故意。

第二，当研发者设计了以实施非犯罪行为为主要目的的人工智能机器人时，研发者的初衷并非让人工智能机器人实施犯罪行为，因此应当排除研发者对行为造成严重危害社会结果的“希望”心态；研发者设计的人工智能机器人是以实施犯罪行为以外的行为为主要目的的，因此应当排除研发者明知自己的行为“必然”造成严重危害社会的结果这一可能。换言之，当研发者设计了以实施非犯罪行为为主要目的的人工智能机器人时，对于人工智能机器人造成的严重危害社会结果的情况，我们首先应排除研发者持直接故意心态的可能性。在这种情况下，研发者也不可能持间接故意的心态。原因在于，研发者设计以实施非犯罪行为为主要目的的人工智能机器人时，其初衷完全不可能含有让人工智能机器人造成严重危害社会结果的因素。对于人工智能机器人由于任何原因或在任何力量支配下所造成的严重危害社会的结果，研发者都是持否定态度的，即人工智能机器人造成的严重危害社会的结果完全违背了研发者的意志。因此在这种情况下，我们应排除研发者持犯罪故意心态的可能性。至于研发者的主观心态是否应被认定为犯罪过失，下文将进行详细论述。有学者提出，即使研发者设计人工智能机器人的初衷不是让其实施犯罪行为，但是根据设计和编制的程序，研发者应该清楚人工智能机器人可能会在某些特定情况下实施犯罪行为，而研发者并未采取相应的制止措施，可以理解为“放任”危害结果的发生，应被认定为间接故意。例如，军事智能武器可能被用于侵略战争，将会侵害人类生命，给人类的生存带来巨大威胁。而军事智能武器的研发者明知自己设计的人工智能机器人（军事智能武器）存在上述危险而仍然研发出这样的人工智能机器人，则对于军事智能武器造成的一切危害后果，我们都可以以间接故意犯罪来追究研发者的刑事责任。[①]笔者不赞同上述观点。需要注意的是，成立犯罪故意，所要求的意志要素是“希望或者放任”的态度。对于其中的“希望”，我们可以理解为是对危害结果持“肯定”的态度，也就是“积极追求”；对于其中的“放任”，我们可以理解为是对危害结果持“既不肯定也不否定”的态度，虽然行为人没有“积极追求”，但

---

① 参见夏天：《基于人工智能的军事智能武器犯罪问题初探》，载《犯罪研究》2017 年第 6 期。

是其保持着“不否定”的最低限度，也即危害结果的出现并没有违背行为人的意志。而上述研发者设计了以实施非犯罪行为为主要目的的人工智能机器人时，人工智能机器人在各种原因支配下造成的严重危害社会的结果都违背了研发者的意志。成立犯罪故意，意志要素与认识要素需要同时具备，缺一不可。当研发者不具备成立犯罪故意所要求的意志要素时，无论其是否符合成立犯罪故意所要求的认识要素，都不可能成立犯罪故意。我们应严格区分以实施犯罪行为为主要目的的人工智能机器人和可能实施犯罪行为的人工智能机器人。上述军事智能武器并非是以实施犯罪行为为主要目的的人工智能机器人。众所周知，军事智能武器既可以被用于发动侵略战争，也可以用于对侵略者进行正当防卫，或者对潜在的侵略者进行震慑等。①例如，扫雷机器人被用于战场扫雷，极大地减小了人类士兵的伤亡率。②按照上述学者的逻辑，我们可以得出以下结论：如果军事智能武器被用于保障国防安全的用途，则军事智能武器的研发者无罪；如果军事智能武器被用于侵略战争，则应追究军事智能武器研发者间接故意犯罪的刑事责任。事实上，军事智能武器一旦被设计出来，其用途和产生的影响并不受研发者的控制。上述不妥当的结论说明相关学者的观点不具有合理性。综上所述，当研发者设计了以实施非犯罪行为为主要目的的人工智能机器人时，对于人工智能机器人造成的严重危害社会的结果，我们应排除研发者持犯罪故意心态的可能性。

需要说明的是，根据传统刑法理论，判定行为人的主观罪过依据的是行为人对自己行为所造成的结果的心理态度，而笔者在论述研发者设计以实施犯罪行为为主要目的的人工智能机器人时，判定人工智能机器人研发者的主观罪过根据的是研发者对人工智能机器人的“行为”造成的结果的心理态度，这两者之间并不存在矛盾。在故意犯罪的场合，人工智能机器人的“行为”相当于研发者行为的延伸。研发者对人工智能机器人的“行为”造成的危害结果所持的态度即相当于对自己行为造成的危害结果所持的态度。在上述研发者设计了以实施犯罪行为为主要目的的人工智能机器人的场景下，我们完全可以认为人工智能机器人实施的一切严重危害社会的行为都融入了研发者的设计和编程中，研发者设计和编制的程序是人工智能机器人实施严重危害社会“行为”的原因力。换言之，对于人工智能机器人实施的一切危害社会的“行为”，研发者都有概括的故意。而这种“概括的故意”所实际蕴含的内容是研发者对危害社会结果的积极追求，所以将上述情景中研发者的主观心态认定为直接故意具有合理性。

---

① 叶良芳、马路瑶：《风险社会视阈下人工智能犯罪的刑法应对》，载《浙江学刊》2018年第6期。

② 《现实版“扫雷”——排雷机器人》，http://www.sohu.com/a/137926157_589912，2019年3月28日访问。

（三）涉人工智能犯罪中研发者犯罪过失的认定

如上文所述，当研发者设计以实施犯罪行为为主要目的的人工智能机器人时，对于人工智能机器人造成的一切严重危害社会的结果，我们应将研发者的主观罪过认定为直接故意；当研发者设计以非实施犯罪行为为主要目的的人工智能机器人时，对于人工智能机器人造成的严重危害社会的结果，研发者不可能具有犯罪故意的主观罪过。而在后种情形下，研发者是否具有犯罪过失的主观罪过，取决于研发者是否未履行相应的注意义务，则研发者所应履行的注意义务、研发者与人工智能机器人的关系等将会成为判定研发者是否成立犯罪过失的决定性因素。

1. 研发者的注意义务。根据《刑法》第15条第1款之规定，犯罪过失是指行为人应当预见自己的行为可能发生危害社会的结果，因为疏忽大意而没有预见，或者已经预见而轻信能够避免，以致发生这种结果的心理态度。在学理上，前一种被称为“无认识的过失”，后一种被称为“有认识的过失”。[①]在无认识的过失中，行为人所承担的注意义务要求其预见到自己的行为可能造成严重危害社会的结果并采取相应措施避免此结果的发生；在有认识的过失中，行为人所承担的注意义务要求其采取合理有效的措施避免严重危害社会结果的发生。因此，无论是“无认识的过失”，还是“有认识的过失”，行为人都违反了相应的注意义务，从而导致严重危害社会的结果发生。由此可见，在涉人工智能犯罪中，认定研发者具有犯罪过失主观罪过的前提是研发者违反了相应的注意义务。人工智能技术尚处于初期发展的阶段，与之相关的法律规范尚不成熟，而对人工智能机器人的研发者设置刑法上的注意义务，是认定研发者是否具有犯罪过失主观罪过的关键。以上文描述的“场景一”（研发者设计聊天机器人的初衷是缓解独居者的孤独，通过拟人化的聊天为独居者排遣寂寞，因此为其设计和编制了能够在对话中进行交互学习的程序，但并未设置相应的反制程序，即抵制不当言论的程序。而聊天机器人在和聊天对象的交流之中，学到了分裂国家的言论，从而大肆发表分裂国家的言论）为例，研发者对于聊天机器人发表分裂国家言论造成的严重危害社会的结果是否具有主观罪过或者具有何种主观罪过，取决于聊天机器人的研发者是否承担防止聊天机器人发表不当言论的义务。而聊天机器人的研发者是否承担防止聊天机器人发表不当言论的义务，取决于相关法律法规、行业规范等是否有相应的规定。如果相关法律法规、行业规范等为聊天机器人的研发者设定了防止聊天机器人发表不当言论的义务，也即研发者有义务在为聊天机器人设计和编制程序的过程中设置相应的反制程序，则对于研发者因未履行相应

---

① 刘宪权主编：《刑法学》，上海人民出版社2016年版，第159—160页。

义务而导致聊天机器人发表分裂国家的言论，聊天机器人的研发者具有犯罪过失的主观罪过，应承担过失犯罪的刑事责任；反之，如果相关法律法规、行业规范等未对聊天机器人的研发者设定上述义务，则即使聊天机器人发表了分裂国家的不当言论，聊天机器人的研发者因未违反任何注意义务，无需承担任何刑事责任。再如，据报道，加拿大琴鸟公司（Lyrebird）研发了人工智能语音系统。这款系统可以通过分析讲话录音和对应文本以及两者之间的关联，在一分钟内模仿人类“讲话”。利用这种技术，只需提供短暂的对话资料，该系统就可以模仿任何人类讲话。[①]试想，如果行为人利用这款系统模仿被害人的朋友，给被害人打电话，谎称急需一笔钱（数额较大），被害人由于听到与朋友完全相同的声音和语气而毫不怀疑地把钱转到了行为人提供的银行卡上，从而遭受财产损失。对于这种情况，毫无疑问，行为人（即人工智能语音系统的使用者）应承担故意犯罪（诈骗罪）的刑事责任；人工智能语音系统的研发者无需承担故意犯罪的刑事责任（上文已述，人工智能语音系统并非以实施犯罪行为为主要目的的人工智能机器人，其研发者在此种情况下不可能具有犯罪故意的主观心态），那么，其是否可能承担过失犯罪的刑事责任？这同样取决于人工智能语音系统的研发者是否承担相应的注意义务。在以上两个案例中，研发者是否具有注意义务？在不同情况下，研发者应具有怎样的注意义务？以上问题的答案取决于人工智能机器人的研发者所承担的注意义务的来源。

研发者承担的注意义务的来源应当包含以下三个方面：一是法律法规。法律法规是一国国民必须遵守的行为规范，人工智能机器人的研发者也不例外。如果法律法规对人工智能机器人的研发者规定了相应的注意义务，则这将成为研发者所承担的注意义务的重要来源。二是相关行业规范。行业规范是由专家系统主导的具有专业性、科学性的行业标准，是得到业内普遍认可的规范。相比于其他行业，人工智能机器人研发行业的专业性更强，与之相关的行业规范应当准确、全面地反映人工智能技术的发展现状，也即符合现有的科学技术发展水平，比法律法规更具有专业性和针对性，相当于对法律法规所规定的注意义务的细化和具体阐释，无疑应作为人工智能机器人的研发者所应承担的注意义务的来源之一。三是研发者对产品（人工智能机器人）的承诺。研发者对产品（人工智能机器人）的承诺可以准确体现研发者对人工智能机器人可能引发的风险的预见能力。[②]应当看到，认定研发者具有犯罪过失主观罪过是以研发者具有注意义务为前提的，而研发者有注意义务的前提又是研发者具有对人工智能机器人

---

① 《“倾听”1分钟，就能开口模仿人类“讲话”》，http://scitech.people.com.cn/n1/2017/0504/c1007-29252564.html，2019年3月28日访问。

② 参见彭文华：《自动驾驶车辆犯罪的注意义务》，载《政治与法律》2018年第5期。

可能引发的风险的预见能力。如果基于当时的科学技术的发展水平和研发者的认识水平,研发者不可能具有预见到人工智能机器人可能造成的严重危害社会的结果的能力,则刑法就不可能认定研发者具有相应的注意义务,认定研发者具有犯罪过失的主观罪过更是无从谈起。因此,法律法规的规定、相关行业规范、研发者对产品(人工智能机器人)的承诺都应成为人工智能机器人的研发者承担的注意义务的来源。

需要说明的是,有些学者对相关行业规范、研发者对产品(人工智能机器人)的承诺作为人工智能机器人的研发者的注意义务的来源存在质疑,理由是:相关行业规范、研发者对产品(人工智能机器人)的承诺属于非国家组织制定的民间标准或研发者个人确定的标准,既不一定与刑法上的注意义务相一致,也缺乏民主主义的正当性,所以不应作为研发者注意义务的来源。[①]笔者认为,上述否定相关行业规范作为研发者注意义务来源的观点不能成立,理由是:尽管相关行业标准并非由立法机关所制定,没有体现由立法机关制定法律的民主性,但是在判定人工智能机器人的研发者有无预见可能性这一方面,相关行业标准与法律法规所起的作用不存在本质差别。在判定预见义务时,注意义务来源是否具有民主性不应成为考虑因素,是否对研发者设计和编制程序的过程起到约束作用才是应当考虑的因素。针对人工智能行业而言,行业规范是基于安全、产品特征等特殊需要的考虑对人工智能机器人的研发者提出的要求,通常只能高于而不能低于法律法规所规定的注意义务。如果将相关行业规范排除在研发者的注意义务来源之外,相当于不当地降低了研发者的注意义务,等同于不当地升高了人工智能机器人为社会带来的风险。上述否定研发者对产品(人工智能机器人)的承诺作为研发者注意义务来源的观点也不能成立,理由是:与相关行业规范相似,研发者对产品(人工智能机器人)的承诺只能高于法律法规和行业规范所规定的注意义务,将其排除在研发者注意义务来源范围之外,也是不当地降低了研发者注意义务的标准。在将法律法规和相关行业规范作为研发者注意义务来源的情形中,我们的关注点主要是研发者应当预见自己的行为可能造成严重危害社会的结果而没有预见,以致发生严重危害社会的结果的情况,也即关注对研发者疏忽大意过失的认定;而将研发者对产品(人工智能机器人)的承诺与规范作为研发者注意义务的来源,关注点主要是研发者已经预见自己的行为可能造成严重危害社会的结果而轻信可以避免,以致这种结果发生的情况,也即关注对研发者过于自信过失的认定。上述学者将研发者对产品(人工智能机器人)的承诺排除

---

① 参见储陈城:《人工智能时代刑法归责的走向——以过失的归责间隙为中心的讨论》,载《东方法学》2018 年第 3 期。

在研发者注意义务的范围之外，相当于忽略了认定研发者构成过于自信过失的可能性，不具有周延性。在此需要强调的是，之所以探讨研发者注意义务来源的范围，是为了发挥刑法的保护机能，从源头防范人工智能技术可能给社会带来的风险，保障人工智能技术的安全、健康、有序发展。毫无疑问，如果人工智能机器人为社会带来风险，风险的源头必将是研发者为人工智能机器人设计和编制的程序。换言之，人工智能机器人最初的能力、行为方式，乃至后续可能发展出的独立意识和意志，也即人工智能机器人对客观世界产生的一切影响都来源于研发者为人工智能机器人输入的算法、程序和为其提供的数据。为了将人工智能技术给社会可能带来的风险降到最低，就不应过度限缩人工智能机器人的研发者注意义务来源的范围。当然，正如上文所述，刑法不应成为技术的"绊脚石"。当人工智能机器人的研发者根据法律法规、相关行业规范和对产品(人工智能机器人)的承诺都不具有预见可能性时，对人工智能机器人造成的严重危害社会的结果，应当认为人工智能机器人的研发者不具有任何主观罪过，因而不应承担任何刑事责任。例如，在上文所论述的"场景三"[研发者设计聊天机器人的初衷是缓解独居者的孤独，通过拟人化的聊天为独居者排遣寂寞，因此为其设计和编制了能够在对话中进行交互学习的程序，同时设置了相应的反制程序(即抵制不当言论的程序)。但是聊天机器人出人意料地超出了设计和编制的程序范围，自行掌握了不良资料，从而大肆发表分裂国家的言论]中，人工智能机器人的研发者已经尽到所有的注意义务，仍未预见到聊天机器人会造成严重危害社会的结果，即对于聊天机器人所造成的危害结果不具有预见可能性，所以聊天机器人的研发者不具有任何主观罪过。另外，即使追究研发者过失犯罪的刑事责任，也应遵循刑法"以惩罚故意犯罪为原则，以惩罚过失犯罪为例外"的标准。只有当人工智能机器人的研发者未尽到相应的注意义务，并导致严重危害社会的结果发生时，且在刑法已明文规定的前提下，才能追究人工智能机器人的研发者过失犯罪的刑事责任。

2. 研发者犯罪过失认定中的特殊问题。认定人工智能机器人研发者具有犯罪过失时的特殊之处在于：人工智能机器人具有三种不同类型，涉及不同类型的人工智能机器人时，对研发者犯罪过失的认定标准可能也有所不同。普通机器人并不具有在研发者设计和编制的程序范围内外发挥自主性的可能性；而无论弱人工智能机器人还是强人工智能机器人都具有在研发者设计和编制的程序范围内或程序范围外发挥自主性的可能性。对于普通机器人而言，由于其完全按照研发者设计和编制的程序进行活动，其实施的"行为"可完全等同于研发者意欲使其实施的行为，因此在研发者违反注意义务且普通机器人导致严重危害社会结果发生的场合，按照一般过失犯罪的原理追究研发者过失犯罪的刑事责任应无异议，无需作过多讨论。但是对于弱人工智能机器人而言，其虽然在研发者设计和编制的程序范围内实施“行为”，但因存在发挥自主性的空间，在某些情况下，弱人工智能机器人的“行为”可能会出乎研发者的意料。例如，具有深度学习能力的围棋机器人（AlphaGo、AlphaGo Zero等）可以在仅掌握棋谱或围棋规则的情况下，发挥自主性探索围棋技巧，从而战胜人类围棋世界冠军。应当看到，虽然弱人工智能机器人在达成“目的”时可以自主选择方法和途径，但最终实现的仍然是研发者的意志。对于强人工智能机器人而言，其超出研发者设计和编制的程序范围自主实施“行为”，不仅可能自主选择方法和途径，而且完全可以实现自身的意志。需要注意的是，正如笔者在上文中所论述的，尽管强人工智能机器人的“行为”并未体现甚至根本违反研发者的意志，但其“行为”的“原始动力”也即原因力仍然来源于人工智能机器人的研发者。鉴于弱人工智能机器人和强人工智能机器人与一般产品不同，对于以实施非犯罪行为的人工智能机器人造成的严重危害社会的结果，在认定人工智能机器人研发者的犯罪过失的主观罪过时，应充分考虑人工智能机器人的特性，采用区别于直接过失的认定标准。

在判定人工智能机器人的研发者是否具有犯罪过失的主观罪过时，可以参考刑法中有关监督管理过失的理论。广义的监督过失包括管理过失，狭义的监督过失不包括管理过失。在此，我们采用狭义的监督过失理论。“监督过失是指直接行为人违反使别人不要犯过失的监督注意义务的过失。例如，作为上级人员的工厂厂长由于疏忽对现场工作人员的适当指挥、监督，致使工作人员疏忽大意，违反操作，引起爆炸事故的情况就属于此。管理过失是指管理者自身对物力、人力设备、机械、人员体制等管理上有不善而构成过失的情况。例如，具有使火灾自动报警设施处于正常运转状态的管理义务的人由于疏忽履行该义务，引起火灾，造成多数人死亡的场合，就是管理上的过失。”① 人工智能机器人的研发者与人工智能机器人的关系与监督管理过失理论中所描述的监督者和被监督者、管理者与被管理对象的关系类似。弱人工智能机器人与研发者的关系类似于管理者与被管理对象；而强人工智能机器人与研发者的关系类似于监督者与被监督者。原因在于，弱人工智能机器人只在研发者设计和编制的程序范围内具有一定的自主性，最终实现的仍是研发者的意志。相对于强人工智能机器人而言，弱人工智能机器人在“智能”方面远超一般产品，在可控方面与一般产品似乎并无本质区别。弱人工智能机器人的“行为”及其结果都在研发者概括的掌控之中，所以二者之间的关系类似于管理者与被管理对象的关系。强人工智能机

① ［日］大谷实：《刑法讲义总论》，黎宏译，中国人民大学出版社2008年版，第188—189页。

器人超出研发者设计和编制的程序范围实施“行为”，等同于独立的个体，研发者对强人工智能机器人的控制力较弱，强人工智能机器人与研发者具有相互独立的意志，所以二者之间的关系类似于监督者与被监督者。需要注意的是，研发者对强人工智能机器人的监督过失仅限于强人工智能机器人基于过失导致严重危害社会结果发生的情形中。如果强人工智能机器人基于故意造成严重危害社会的结果，则不符合监督过失的基本理论。换言之，弱人工智能机器人不具有独立意志，不可能产生类似于自然人的犯罪故意或犯罪过失。强人工智能机器人具有独立意志，有可能产生类似于自然人的犯罪故意或犯罪过失。当强人工智能机器人基于“犯罪过失”导致严重危害社会的结果时，可以参考监督过失理论对强人工智能机器人的研发者的行为进行规制；当强人工智能机器人基于“犯罪故意”造成严重危害社会的结果时，则无法参考监督过失理论，而应根据研发者有无违反相关注意义务来确定其是否具有犯罪过失。

综上所述，当研发者设计了以实施犯罪行为为主要目的的人工智能机器人时，对于人工智能机器人造成的一切严重危害社会的结果，研发者的主观罪过应被认定为直接故意。当研发者设计了以实施非犯罪行为为主要目的的人工智能机器人时，对于人工智能机器人造成的严重危害社会的结果，当研发者违反了注意义务且有刑法明文规定时，其主观罪过应被认定为犯罪过失，且应根据机器人的“智能”程度区分情况来确定研发者犯罪过失的认定标准。当上述危害结果由普通机器人造成时，研发者的过失类型为直接过失；当上述危害结果由弱人工智能机器人造成时，应参考管理过失理论确定研发者犯罪过失的处理标准；当上述危害结果由强人工智能机器人造成时，应参考监督过失理论确定研发者犯罪过失的处理标准。当然，我们也应看到，无论是对研发者注意义务来源的范围界定，还是参考监督管理过失理论确定对研发者犯罪过失的认定标准，刑法理论目前尚无直接规定。就此而言，人工智能时代刑法理论的完善可以说是“任重而道远”。在促进人工智能技术发展，当好技术的“护航者”的同时，时刻警惕人工智能技术可能对人类社会带来的威胁，从源头上遏止技术风险，是刑法在人工智能时代的应有之义，也是发挥技术的最大效用、促进人类文明进步的必由之路。

二、涉人工智能犯罪中使用者注意义务的变化

过失责任与注意义务是紧密联系的，使用者因其所面对的是人工智能机器人，因此其在使用过程中的注意义务与使用普通产品的注意义务有所不同。与对研发者犯罪过失的认定标准相似，对于使用者注意义务的明确，是准确认定行为人过失责任的前提。我们可以将人工智能机器人使用者的义务分为预见义务与监督义务。如果人工智能机器人的使用者违反了预见义务，那么其可能承担

的是一般过失犯罪的刑事责任；如果人工智能机器人的使用者违反了监督义务，那么其可能承担的是监督过失的刑事责任；如果人工智能机器人的使用者既不可能预见危害结果的产生，也确实履行了监督义务，那么其可能不需要承担刑事责任，则为意外事件或人工智能机器人独立承担刑事责任。

一般过失犯罪成立的前提以行为人“应当预见而没有预见”或“已经预见却轻信能够避免”危害结果的发生为构成条件。如果人工智能机器人的使用者“已经预见”危害结果的发生，只是轻信能够避免这些危害结果的发生，那么使用者成立过失犯罪。应该强调的是，这种“已经预见”危害结果不是一种广泛的“预见”，即认为人工智能机器人在未来可能会危害到人类社会，而是“预见”到了具体内容，即预见到自己使用的人工智能机器人在使用过程中可能会实施严重危害社会的犯罪行为，那么可以成立过失犯罪，承担刑事责任。而“应当预见而没有预见”是指行为人负有预见到自己的行为可能致使危害结果发生的义务，而由于疏忽大意没有预见的情况。那么人工智能机器人的使用者是否负有预见的义务呢？传统观点认为，是否负有预见义务是以行为人有预见能力为前提，而判断行为人预见能力的标准应考虑行为人的能力和行为时的具体条件。对于使用者而言，判断其是否具有预见能力主要需要考虑人工智能技术的发展情况。根据人工智能技术的发展情况分为在使用时人工智能技术可以避免危害结果的发生和在使用时人工智能技术无法避免危害结果的发生两种情况。

其一，在使用时人工智能技术可以避免危害结果的发生的情况下，人工智能机器人的使用者负有预见危害结果发生的义务，最终导致危害结果的发生，人工智能机器人的使用者成立一般过失犯罪，需要承担相关刑事责任。如果人工智能机器人在设计和编制的程序范围内实施了严重危害社会的犯罪行为，则人工智能机器人不承担刑事责任，人工智能机器人的使用者单独承担过失犯罪的刑事责任。应当看到，此时程序的使用上的过失与最终导致的危害结果之间必然存在因果关系。理由是人工智能机器人的行为完全受到程序使用的限制，与使用者的使用情况紧密相关，因此人工智能机器人的使用者的过失行为与危害结果的发生具有因果关系。如果使用者利用人工智能技术检测时发现人工智能机器人可能在未来实施犯罪行为并导致危害社会的结果，但轻信在现有的人工智能技术下这种危害结果是能够避免的，则符合“已经预见并轻信能够避免”的情况，属于过于自信的过失。

反观民事法律领域，目前为了克服证明不能的难题，严格责任与追偿制度成为解决方案。严格责任既不考虑侵权人的过错，也不考虑受害人的过错，仅根据法律的直接规定，以因果关系确定侵权人所应当承担的民事责任，我国《产品质量法》对产品缺陷致人损害采取的正是严格责任。追偿制度则是在一定程度上为了解决侵权行为与损害结果之间因果关系的证明难题。如我国《产品质量法》第43条规定“因产品存在缺陷造成人身、他人财产损害的，受害人可以向产品的生产者要求赔偿，也可以向产品的销售者要求赔偿。属于产品的生产者的责任，产品的销售者赔偿的，产品的销售者有权向产品的生产者追偿。属于产品的销售者的责任，产品的生产者赔偿的，产品的生产者有权向产品的销售者追偿”。该制度是为了最大限度地保护消费者的利益，至于已赔偿的生产者或销售者因不能证明另一方的责任而无法行使追偿权则是法律所无力关心的内容了。那么是否可以认为，在未来人工智能机器人将遍布社会生活各个角落的场景下，为了最大程度地保护人类的利益，而有必要在该领域引入类似前述的责任追究方法呢？即人工智能机器人的使用者因违反监督义务过失致人重伤、死亡却无法查明究竟是哪一方的过失行为直接导致了危害结果时，依据某种规则确定其中的一方或者多方承担刑事责任。

我国司法实践与司法解释并未矢口否认共同过失犯罪的共同犯罪性质，如2000年最高人民法院《关于审理交通肇事刑事案件具体应用法律若干问题的解释》第5条第2款规定“交通肇事后，单位主管人员、机动车辆所有人、承包人或者乘车人指使肇事人逃逸，致使被害人因得不到救助而死亡的，以交通肇事罪的共犯论处”。西方刑法理论中的过失犯罪理论也正随着时代的变迁而不断发展，以应对社会分工日益精细、风险行业日渐增多的现实之需，尤其是在高速交通、机械、建筑、化学、医药、医疗等行业，一着不慎，其危害结果都是惊人的。①可以想见，在今后的这些高风险行业中将处处可见人工智能机器人的身影，如果不对人工智能机器人研发的过失行为进行有效的规制，恐难回应时代要求与现实需求。未来刑法是否需要考虑承认在特殊行业中存在共同过失犯罪的问题，值得探讨。

其二，在使用时人工智能技术无法避免危害结果的发生的情况下，人工智能机器人的使用者不负有预见义务，也就不构成一般过失犯罪。但是人工智能机器人的使用者是否可以成立监督过失犯罪呢？监督过失犯罪理论的意义在于解决了具有一定监督义务的行为人对非因自己实际参与的行为造成了严重危害社会的结果时无法确定行为人的刑事责任问题。比如发生了工厂生产爆炸事故或食品安全事件时，相关负责人因其具有监督义务，就应当承担相应的刑事责任。如果对于这一类负有监督义务的行为人不进行一定的处罚显然是有失公平的做法。一般来说，在产品的生产过程中，企业的管理者、监督者有义务监督被管理者按照要求从事生产活动，其具体内容一般为事前的指示、提示、指挥，事中的监

---

① 参见李希慧、廖梅：《共同过失犯罪若干问题研究》，载《浙江社会科学》2002年第5期。

督和事后的检查等。如果没有履行这种监督义务，最终导致了危害结果的产生，企业的管理者、监督者就需要承担监督过失责任，如果确实履行了这种监督义务，则不需要承担监督过失责任。判断人工智能机器人的使用者是否构成监督过失犯罪首先需要判断人工智能机器人的使用者是否具有监督义务。

鉴于人工智能技术就像克隆技术一样，并非发展得越快越好、越成熟越好，而是要在增进社会福利与防范潜在风险之间找到一个平衡点，底线标准就是要确保人类对风险的控制力，不容许失控现象的发生。2017 年 6 月，Facebook 人工智能研究所发现其所研发的具有谈判能力的人工智能机器人逐渐在对话中发明了人类无法理解的语言，Facebook 研究院随即宣布暂停并整改这一项目，有人猜测其原因可能是担心对这些人工智能机器人失去控制。不论该叫停事件背后的真实原因是否源于人类对失控的担忧，但对人工智能机器人时刻保持警惕不失为一种理性而谨慎的做法。“人工智能超越人类智能的可能性，人工智能产生危害后果的严重性，以及人工智能技术本身内在的不确定性，这些因素足以构成法律以及其他规范防止风险的必要性”，①人工智能机器人一旦开始实施严重危害社会的犯罪行为，那么后果将是不可想象的。因此，将安全作为人工智能时代的核心法价值，这种定位是比较合理的，人类不能等到风险发展为实害后才去防范风险，此时可能会为时已晚，甚至可能出现难以控制的局面。为此，有必要对相关主体设定一定的监督义务。

同时，还应对涉案人工智能机器人的所有人或使用人规定制止义务。在无法通过断电、遥控、一键休眠等方式制止人工智能机器人行为时，所有人或使用人应当将人工智能机器人销毁（击毁、炸毁等）。能够销毁而拒不销毁导致严重后果的，所有人或使用人承担相应的不作为犯罪的刑事责任。使用人履行制止义务销毁人工智能机器人的，无需对人工智能机器人的所有人承担民事赔偿责任，能够证明该人工智能机器人不符合安全标准的，所有人可向人工智能机器人的生产者或销售者主张赔偿责任，能够证明人工智能机器人符合安全标准也未发现有技术瑕疵的，对人工智能机器人的设计者、生产者而言属于意外事件，不负刑事责任，人工智能机器人之所有人的损失可通过购买保险加以弥补。此处有必要讨论的一种特殊情形是，假如人工智能机器人正在实施故意毁坏财物的行为，且除毁损该人工智能机器人外别无其他制止方式，但人工智能机器人所毁损财物的价值远低于人工智能机器人本身的价值，此时负有制止义务的所有人、使用人是否可以主张不作为的紧急避险，使不作为行为得以免责？在这种情形下人工智能机器人的所有人或使用人不构成紧急避险。因为在所有人或使用人

① 吴汉东：《人工智能时代的制度安排与法律规制》，载《法律科学》2017 年第 5 期。

履行制止人工智能机器人行为的作为义务之前,“正在发生的危险”仅为人工智能机器人毁坏财物的危险,只有为了使财物免受人工智能机器人的毁坏而不得已所采取的损害另一较小合法权益的行为方为紧急避险行为。换言之,所有人或使用人不制止机器人,其所避免的并不是危险,而是履行自身作为义务的成本,后者并非危险的来源,不是紧急避险的适用对象,这本质上是一个行为人履行作为义务比不履行作为义务所导致的社会经济成本更大的问题。值得指出的是,该情形也并不适用《刑法》第 21 条第 3 款的规定:“关于避免本人危险的规定,不适用于职务、业务上负有特定责任的人。”因为该款所规定的其实是职务、业务上负有特定责任的人本身遭遇危险的情况,而非指职务、业务上负有特定责任的人本身未遭遇危险但其履行作为义务之后会遭遇危险的情形。既然当行为人履行作为义务比不履行作为义务所导致的社会经济成本更大时不涉及紧急避险问题,那么应当如何处理呢?可行的方案是适用《刑法》第 13 条但书规定“情节显著轻微危害不大的,不认为是犯罪”,对该行为进行出罪处理,行为人应当赔偿被害人的财产损失。

三、涉人工智能共同犯罪刑事责任的认定与分配

关于共同犯罪,我国《刑法》第 25 条第 1 款规定:“共同犯罪是指二人以上共同故意犯罪。”所以,共同犯罪指的是复数主体在同一故意下所实施的单一或复数的犯罪行为。与单独犯罪相比,同等条件下,共同犯罪社会危害性更大。一方面是由于数人共同作案,数人之间往往相互包庇、联合对抗侦查和审判,因而犯罪更加容易得逞。另一方面,共同犯罪人因互相之间存在共同故意而具有更为坚决的犯罪意志所表征出来的更为强烈的主观恶性,因为,各共同犯罪人在认识到自己是和他人共同实施犯罪时,其犯罪信心往往会增强,犯罪意志也被进一步强化,从而使各共同犯罪人的主观恶性更为强烈。共同犯罪在客观方面表现为具有共同的行为,在主观方面表现为共同犯罪人之间具有共同故意。两人以上的共同过失行为,一方故意另一方过失的情形,以及两人以上在同一场所同时实施故意犯罪,彼此在主观上和客观行为方面都没有联系的情形都不属于刑法规定的共同犯罪。刑法规定共同犯罪的目的在于解决共同犯罪人之间刑事责任的分配问题。在涉人工智能的犯罪中,由于人工智能技术较为复杂,在利用人工智能机器人实施犯罪的过程中,有些犯罪行为可能靠单个人实施较难实现犯罪目的,共同犯罪的可能性更大,也即可能出现人工智能机器人研发者与使用者的共同犯罪,也可能出现研发者之间的共同犯罪或者使用者之间的共同犯罪。如上文所述在承认人工智能机器人的刑事责任主体地位的情形下,还可能存在人工智能机器人与其他各行为参与人之间的共同犯罪问题。

（一）强人工智能机器人与研发者的共同犯罪

虽然强人工智能机器人具有独立的辨认能力和控制能力，可以独立实施犯罪行为，但是，强人工智能机器人不能和研发者成立共同犯罪。这是因为，我们这里讨论的是强人工智能机器人在研发者设计和编制的程序范围外实施的行为，这说明强人工智能机器人主观上已经超出了研发者设计和编制的程序范围，甚至从根本上违反了研发者的意志。强人工智能机器人此时的行为体现的是自身意志，而非研发者的意志。如果强人工智能机器人行为体现的是研发者的意志，我们只能将其理解为是研发者设计和编制的程序范围内的行为，即强人工智能机器人只能是研发者实施犯罪行为的工具，这种情况在前文已论述过，在此不再赘述。可见，强人工智能机器人和研发者二者之间不可能存在共同故意，因此二者也就不可能构成共同犯罪。强人工智能机器人应单独对其在设计和编制的程序范围之外、在自主意识和意志的支配之下所实施的严重危害社会的行为承担刑事责任。当然，如果研发者在研发过程中，应当预见到强人工智能机器人可能会超出设计和编制的程序范围实施危害社会的行为，由于疏忽大意而没有预见，从而没有采取相应的措施进行预防，或者研发者已经预见到强人工智能机器人可能超出设计和编制的程序范围实施危害社会的行为，而轻信可以避免这种情况的发生，则研发者应当构成过失犯罪并承担相应的刑事责任。

（二）强人工智能机器人与使用者的共同犯罪

作为具有独立意志的强人工智能机器人，其完全有可能和使用者构成共同犯罪。这是因为，不同于研发者的故意，使用者的故意对于强人工智能机器人在设计和编制的程序范围外的故意行为不具有操控性。在此情况下，强人工智能机器人在设计和编制的程序范围外实施行为时，完全可能与使用者存在共同故意，且强人工智能机器人与使用者在共同故意支配之下完全可能共同实施严重危害社会的行为，二者成立共同犯罪自不待言。当然，与研发者相同，如果使用者在使用强人工智能机器人过程中，由于疏忽大意或者轻信能够避免等造成强人工智能机器人超出设计和编制的程序范围、在自主意识和意志的支配之下实施严重危害社会行为的情况发生，对于使用者可以按照过失犯罪追究相应的刑事责任，其中因使用者主观上不具有犯罪的故意，因而强人工智能机器人与使用者之间不构成共同犯罪，所以各自为自己的行为分别承担刑事责任。值得一提的是，根据我国《刑法》第 25 条的规定，共同犯罪是指二人以上共同故意犯罪。对此处的“人”应作何理解？在当下我们只是将此处的“人”理解为是自然人或者单位。但是，笔者认为，在可能出现的强人工智能时代，对于刑法中成立共同犯罪所要求的“二人以上”中的“人”的理解，应与时俱进，符合时代发展的现实情况。既然我们承认超出设计和编制的程序范围、在自主意识和意志的支配之下实施严重危害社会行为的强人工智能机器人具有法律人格和刑事责任能力，其就可以成为共同犯罪中的"人"。现行刑法所规定的共同犯罪即"二人以上共同故意犯罪"概念下的"人"包括自然人和单位，当超出设计和编制的程序范围、在自主意识和意志的支配之下实施严重危害社会行为的强人工智能机器人出现时，共同犯罪概念下的"人"就应包括自然人、单位和强人工智能机器人。按照共同犯罪的原理，当使用者与强人工智能机器人并无事先的通谋，而在强人工智能机器人实施犯罪行为的过程中且强人工智能机器人不知情的情况下，不采取措施阻止强人工智能机器人的犯罪行为，反而对强人工智能机器人予以暗中帮助，则使用者可以与强人工智能机器人构成共同犯罪(使用者为片面帮助犯，不知情的强人工智能机器人仍然单独构成相应的犯罪)。另外，无身份的强人工智能机器人也可以与有身份的使用者构成需特殊身份才能成立的犯罪(共同犯罪)。例如，使用者是国家工作人员，其利用强人工智能机器人特有的精准控制能力和极快的反应速度，侵吞或窃取公共财物，则使用者当然可以构成贪污罪，而强人工智能机器人也可以构成贪污罪的共同犯罪(帮助犯)。同时，多个强人工智能机器人也可以成立犯罪集团。例如，三个以上的强人工智能机器人为了实施一种或几种犯罪而形成一个组织，此时，这样的组织就是犯罪集团。犯罪集团是共同犯罪的一种特殊形式，我们可以参考对共同犯罪概念下"人"的理解，将成立犯罪集团所需的"三人以上"中的"人"也理解为包括自然人、单位和强人工智能机器人。

(三) 研发者与使用者的共同犯罪

研发者和使用者事先通谋，利用人工智能机器人实施犯罪行为，可以按照共同犯罪的相关原理来追究二者的刑事责任。值得一提的是，在研发者和使用者没有通谋的情况下，对于涉人工智能犯罪的刑事责任，应如何在研发者和使用者之间进行分配？根据弱人工智能机器人的特性分析，弱人工智能机器人中所蕴含的"人"的成分较多(可能占50%—70%，在某些领域已经超越人类①)，而蕴含的"机器"的成分则较少。弱人工智能机器人中"人"的成分(人的智能)的存在与表现方式主要取决于研发者在设计弱人工智能机器人时通过程序赋予其的功能。正因如此，对于涉弱人工智能机器人的犯罪，研发者和使用者应当承担比涉普通机器人犯罪的行为人更重的刑事责任。我们可以分为以下几种情况：其一，研发者故意设计并制造出专门实施犯罪行为的人工智能机器人。在这种情况下，如果使用者明知该人工智能机器人只能被用于实施犯罪行为而仍然使用，则

---

① 在2017年8月举行的一场"人机大战"中，上海交通大学、浙江大学联合科研团队研发的医学影像人工智能分析系统"阿尔法医生"，与一家三甲医院的影像科医生比拼核磁共振影像的直肠癌识别准确率和速度。结果，"阿尔法医生"在准确率上略胜一筹，在速度上则远超医生。

可以认为,使用者也有利用该人工智能机器人实施犯罪的故意,也即应分别追究研发者和使用者利用人工智能机器人故意犯罪的刑事责任。如果使用者误以为该人工智能机器人是实施合法行为的工具而使用,则使用者对该人工智能机器人造成的损害不具有故意,不能追究使用者故意犯罪的刑事责任,而应根据使用者是否有预见到该人工智能机器人可能造成损害的义务,将使用者的行为认定为过失犯罪或意外事件。其二,研发者设计人工智能机器人时,仅具有让人工智能机器人实施合法行为的目的。在这种情况下,如果由于使用者的不当使用,使得人工智能机器人造成对社会或个人的严重损害,则应根据使用者是否存在造成损害的主观故意,追究使用者的故意或过失的刑事责任。如果研发者在设计过程中由于过失使得指导人工智能机器人实施行为的算法或编程存在缺陷,使用者明知这种缺陷的存在仍然故意利用人工智能机器人实施犯罪行为,可能构成间接正犯,研发者则构成过失犯罪。如果使用者在使用中也存在过失而使得人工智能机器人致损,应当分别追究设计者和使用者过失犯罪的刑事责任。其三,如果是受制于技术发展的限制和难以预见的原因,导致了人工智能机器人致损的情况,研发者和使用者不应承担任何刑事责任。这种情况应被认定为意外事件,也就不存在共同犯罪的问题。

(四)强人工智能机器人之间的共同犯罪

正如上文所述,共同犯罪人中的"人"应当包括强人工智能机器人,那么,各强人工智能机器人之间则有可能构成共同犯罪。在考察各强人工智能机器人之间共同行为导致严重危害后果是否构成共同犯罪时,应该与判断自然人的共同犯罪一样,从主客观两个方面进行考察。也即,在主观方面考察各强人工智能机器人之间是否具有共同的犯罪故意,是否存在意思联络,而在客观方面则要判断强人工智能机器人是否实施了共同的危害行为,当然,此处的共同危害行为并不局限于强人工智能机器人之间所实施的是相同的行为,只要是受共同故意制约的行为即可,因为完全可能存在各强人工智能机器人之间不同分工的情形。

随着人工智能技术的不断发展,强人工智能机器人有能力超出设计和编制的程序范围、在自主意识和意志的支配之下实施行为,则同样可能具备在各强人工智能机器人之间进行意思沟通的能力。如果各共同行为的强人工智能机器人之间为了实现共同的犯罪目的,进行意思沟通,并共同完成犯罪行为,则和自然人犯罪一样可以构成共同犯罪。由于研发强人工智能机器人的目的就在于利用强人工智能机器人在某一方面或某些方面所具备的超人类能力,很多强人工智能机器人在某一方面能力极强,但可能在其他方面能力十分有限,在强人工智能机器人具备沟通能力的情形下,难免有各有所长的强人工智能机器人相互合作共同实施危害社会的行为,各种超人类能力的结合共同实施危害社会的行为,必然比单独的强人工智能机器人犯罪危害性大得多，在刑事责任的承担上也应当加重。因此，对于强人工智能机器人共同犯罪的情形，应当以共同犯罪论处，在刑事责任的承担上以共同责任、部分行为全部责任以及从重处罚的归责原则予以处置。在有些情形下，如果共同行为的强人工智能机器人中有至少一方并没有共同的故意，也即各共同行为的强人工智能机器人双方或多方不存意思联络，只是出于各自相同或不同的犯罪目的而同时实施犯罪行为的，则各共同行为的强人工智能机器人之间缺乏共同犯罪的主观条件，不应以共同犯罪论处，而应根据各自的行为予以分别论处。当然，强人工智能机器人共同犯罪行为中也可能存在片面合意的情形，所谓片面合意即强人工智能机器人一方有意帮助另一方共同完成犯罪目标，而另一方并不知情的情形。在这种情形下，对于有意提供犯罪帮助的强人工智能机器人因其主观上已经明确了被帮助方所实施的行为的性质以及故意的内容，也有自己的故意与行为，并把自己的故意与行为融入被帮助一方的行为中，因此有意帮助其他强人工智能机器人实施犯罪的这一方应按共同犯罪来归责，而被帮助的一方则应单独构成相应的犯罪，不以共同犯罪论处。

第四章

人工智能时代刑事责任主体的重构

刑事责任主体是犯罪构成的必要条件，是危害行为刑事责任的承担者。根据我国现行刑法的规定，刑事责任主体是达到法定刑事责任年龄、具备刑事责任能力，实施了严重危害社会的行为，依法应当承担刑事责任的自然人和单位。可见，现有的刑事责任主体只包括了自然人和单位，并不包括人工智能机器人。但是，从伦理上看，人工智能机器人的主体性、人格性以及创造性等逐渐体现出来，越来越具有“人”的特征。从刑事责任能力上看，人工智能机器人也逐渐开始拥有自主意识，并具备一定的辨认和控制能力。是否有必要对我国刑法的刑事责任主体予以重构，将人工智能机器人纳入刑事责任主体的范畴引发了广泛的讨论。

第一节　人工智能机器人的道德伦理与法律属性

时下，因人工智能与信息科技技术的进一步发展与提升，人工智能机器人愈加接近于自然人。除在医疗、交通、灾害应急处理等社会领域已经出现“人机合作”外，在某些特定领域（如知识产权领域），人工智能机器人甚至能独立创造出“作品”，其主体性、人格性、创造性特征已初露端倪，并将会随着人工智能技术的进一步提升而愈发凸显。既然人工智能机器人愈加接近于自然人，并能够逐步与人合作或完全替代人从事工作，那么以下这些问题便应当得到理论上的回答：人工智能机器人与自然人的区别是什么？人工智能机器人与自然人的法律地位之间是否有着不可逾越的鸿沟？是否应当赋予人工智能机器人法律人格？当人工智能机器人像人一样实施了危害社会的行为时，仅仅以自然人为主体而构筑的现行法律体系是否“过时”，是否仍然足以应对人工智能时代涌现的新情况、新问题？

以上并不是单纯的法律问题，同时也是深层次的伦理问题。康德将法与伦理相区别,法律与伦理之间的关系是哲学领域经久不衰的话题。目前已达成共识的是,伦理与法律作为两种社会规范分别独立存在,法律是外在的、强制性的秩序,伦理是内在的、求诸个人内心的力量,二者刚柔并济、相辅相成地调整着社会秩序。正是基于法律与伦理之间合作共生的关系,《新一代人工智能发展规划》将法律法规、伦理规范、政策体系并列,共同作为人工智能时代社会治理的战略目标。法律与伦理同为社会规范,都以社会为其发生的基础,"法和伦理适合于社会,发生于社会……在没有社会共同生活的地方,法和伦理虽然在观念上可能,但是不具有现实性。法与伦理在它们同来之于社会这一点上,两者并不矛盾"。[①]伦理与法律均为规范,规范是社会的产物,同时也反过来及时助推社会的发展,一方面,人工智能时代与社会是人工智能伦理规范与法律法规的发生基础与现实来源,另一方面,人工智能伦理规范与法律法规的快速建立与完善,也是人工智能技术加速发展的必然要求与规范保障。

值得指出的是,《新一代人工智能发展规划》在"三步走"战略目标中对人工智能时代的伦理规范、法律法规、政策体系分别作了不同顺序的排位。第一步,到 2020 年"部分领域的人工智能伦理规范和政策法规初步建立",其将"伦理规范"置于"政策法规"之前,并且并未使用"政策体系""法律法规"的表述;第二步与第三步,分别为到 2025 年"初步建立人工智能法律法规、伦理规范和政策体系",到 2030 年"建成更加完善的人工智能法律法规、伦理规范和政策体系",不难发现,此时其将"伦理规范"的位置略微后移,置于"法律法规"之后"政策体系"之前。排位上的前后差别恐怕并非偶然无意之举,而自有其深意。在人工智能时代初期,与人工智能紧密相关的法律法规一片荒芜,初创法律法规须以伦理为土壤,只有解决了新时代的道德、伦理等基本问题,才有可能制定出符合时代要求与顺应人们内心准则的法律。因此,初创人工智能法律法规的制定应当以伦理为路径起点。而当人工智能时代深化发展到一定的程度,人工智能法律法规已渐成体系之时,伦理势必要谢幕于历史的主场,退居于次要地位,更多表现为对法律的辅助实施。伦理与法律在不同历史阶段的角色与彼此之间的互动规律,反映着人类社会规范的产生过程,我们在构建人工智能法律体系时显然不能无视这一过程。在人工智能机器人广泛介入人类生活的人工智能时代,道德、伦理问题必须首先得到充分的讨论。故本书主要通过分析人工智能机器人的道德、伦理,探究人工智能机器人的法律地位和法律权利,并在此基础上解析人工智能机器人在刑法体系中的地位以及对应的犯罪范围与受保护范围。

虽然人工智能的概念首次提出于 1956 年的达特茅斯会议上,但人工智能从

---

① [日]川岛武宜:《现代化与法》,王志安、渠涛、申政武、李旺译,中国政法大学 1994 年版,第 10 页。

一项技术、产品演进为一个时代并切实影响着人们的生活却是近年来才发生的事情。人们将人工智能称为一个时代不仅仅是因为人工智能技术的提升与应用改变了人们社会生活的方方面面，更在于人工智能呈现出了以往从未有过的特征：即主体性、人格性、创造性等。人工智能机器人在代替人类从事工作的过程中，已慢慢呈现出摆脱工具地位，渐获主体地位的趋势；在深度学习、神经网络原理与大数据技术的支持下，人工智能机器人已可独立创作“作品”，符合独创性的特征；在某些发达国家，人工智能机器人甚至已经被赋予“工人”地位或给予“户籍”。上述种种现象似乎已经与既有的人类伦理产生冲突，使得我们必须重新审视人工智能机器人本身以及人类与人工智能机器人之间的关系。纯粹的机器人工具主义是否会遭到时代与世界的抛弃，最终在历史舞台上离场，取而代之的是经过时代更新的伦理？人工智能机器人的伦理与规范问题必将成为人工智能时代社会科学研究的重要课题。人工智能的法律制度安排离不开伦理基础与价值取向，机器人伦理是研究机器人规范、机器人刑法的重要前提。对机器人伦理的思考应具有一定的前瞻性与超越性，并着重于控制、预防人工智能技术发展、应用过程中的风险，使人工智能机器人在发挥有益于人类社会的价值的同时不至于侵害人类的基本利益。机器人伦理涉及文化、意识的碰撞，主要表现为机器人道德、机器人与其他主体的关系等问题。

一、人工智能机器人的特征

人工智能机器人的核心是人工智能技术。人工智能技术的原理是模拟人类神经网络，让人工智能程序具有深度学习的能力，能够像“人脑”一样判断或决策。人工智能技术的不断发展，使得人工智能机器人变得越来越像人类，但是人工智能机器人真的可以做到和人类没有区别吗？笔者认为，似乎并非如此。正确认识人工智能机器人的属性需要通过和我们已经达成统一认知的事物进行比较，从而确定人工智能机器人的特征与定位。

与普通机器人相比，人工智能机器人的特征是其具有深度学习的能力。正如笔者在第三章中所论述的，银行 ATM 机可以看作是一种“机器人”，之所以认为其为机器人，是因为人们通过电脑编程赋予其部分人脑功能且能替代人脑开展相关业务。[①]这里的 ATM 机就是一种普通机器人，由于其不具有深度学习的能力，因而其并不“智能”，它的所有反应都是根据程序中的预设条件，但其又与机器不同，机器不能对外界反应，ATM 机作为普通机器人可以对外界反应，因此可能产生“错误认识”，进而成为诈骗罪的对象。例如，当用户向 ATM 机输入

① 刘宪权：《论新型支付方式下网络侵财犯罪的定性》，载《法学评论》2017 年第 5 期。

卡的密码时,ATM机只能根据卡的账号和密码是否对应来判断该用户是否可以取走卡内的金额,ATM机并不具有“智能”来识别该用户是不是该信用卡的真正主人。如果用户是通过非法途径取得的密码,冒充是信用卡的真正主人来取款,只要密码正确,ATM机一样允许卡内金额被该用户取走。但是内含人工智能技术的智能机器人则不同,人工智能机器人的反应和人类较为类似,是一种基于深度学习后所作的“灵活”反应。虽然人工智能机器人和普通机器人一样必然包含设计和编制的程序,但是人工智能机器人内含人工神经网络,因而可以“像人类一样进行决策和判断”。形象地来说,人工智能机器人对于数据的深度学习可以“举一反三”,而普通机器人对于数据的学习则无法做到“举一反三”,只能根据程序的设定来对外界刺激反应。因此,普通机器人和人工智能机器人都能够“被骗”,成为诈骗行为的对象,但普通机器人不能主动“骗人”,无法实施诈骗行为,而人工智能机器人则有可能实施诈骗行为。

与自然人相比,人工智能机器人没有生命,完全由程序设计和编制而成,行为受到程序的制约和限制。据媒体报道,2017年10月,沙特阿拉伯授予了机器人索菲亚(Sophia)公民身份,那么是否就意味着人工智能机器人已经发展到和自然人没有区别的程度了呢?答案应该是否定的。这是因为,无论人工智能技术如何发展,人工智能机器人都不可能被赋予生命。生命是自然人得以存在的基础,没有了生命,自然人的自主意识和自由意志也都随之消灭。所以,生命是公民享有权利和承担义务的前提和基础,是自然人具有的人格的基础。而人工智能机器人对外界的反应、判断和决策都来自设计和编制的程序。以机器人索菲亚为例,索菲亚频频在各大电视节目中和在场嘉宾、观众“对答如流”,虽然是根据不同情境来回答的,但是索菲亚的答案来自研发者对提问者的特定问题事先设计和编制好的程序,而索菲亚本身不具有生命。正如科学家所展望并预测的那样,未来的人工智能机器人不仅有智商,还可能有情商,“人类对情感的理解能力,以及作出适当反应的能力(所谓的情商),是人类智慧的重要表现,这些也将被未来的机器智能理解并掌握”。①这些观点证明在未来,人工智能机器人可能拥有属于自己的辨认能力和控制能力,加之外貌、形状、动作等外在表象可以做到和自然人完全一致,人工智能机器人越来越像人,但是我们仍然不能承认人工智能机器人是生命体。因此,这里就出现了对人工智能机器人法律主体地位的困惑:人工智能机器人不像自然人一样具有生命,但确有可能拥有和自然人一样的辨认能力和控制能力,那么如何确定人工智能机器人的法律主体地位?

---

① [美]Ray Kurzweil:《奇点临近》,李庆诚、董振华、田源译,机械工业出版社2011年版,第14页。

二、机器人道德应当被赋予和认可

机器人道德是具有自主意识的人工智能机器人判断行为正当与否的基本标准与准则。机器人道德是人工智能机器人的必备内容，是人类社会对人工智能机器人融入社会生活最低限度的要求。道德是后天养成的，而非先天即有，这也意味着道德并非专属于自然人，人工智能机器人也可通过后天养成道德。人工智能机器人需要道德并非一个伪命题，尽管目前的人工智能机器人尚未有道德，但这并不意味着未来的人工智能机器人不需要道德。人工智能机器人需不需要道德与如何形成机器人道德是两个不同层面的问题。我们不能因为将道德"加载"于人工智能机器人存在技术困境，便简单地认为人工智能机器人无需道德。事实上，人工智能机器人大面积应用于社会各领域，必然会涉及机器人道德问题。例如，杀伤性军用机器人如何区分平民、伤患、投降者和恐怖分子，在同时存在大量恐怖分子和些许人质的情况下是否选择攻击等。又如，家庭服务型机器人如何在照顾家庭成员的过程中，区分伤害与救助。再如，医疗型机器人在手术过程中对病人造成的"伤害"或者"治疗"，何时、何种程度才能被认为是不道德的，甚至在传统的"电车难题""洞穴奇案"伦理困境中，机器人又会如何作出选择？以自动驾驶汽车道德实验的"隧道问题"为例，当自动驾驶汽车高速行驶至隧道口，一个儿童冒了出来，走到了路中间，正好挡住了隧道的入口，此时通过刹车来避免事故发生已为时晚矣。自动驾驶汽车只有两个选择：一是直接冲过去，但这会导致儿童死亡；二是快速转向撞向隧道的任意一边，但这会让乘客丧生。显然，这一道德困境即便对于人类也没有"正确答案"，但自动驾驶汽车却必须面对并选择。上述所言都是人工智能机器人在快速、广泛、深入社会生活中所可能面对的道德、伦理问题。机器人的自由程度越高，就越需要道德标准。机器人感知力的提升、自由化程度的提高所带来的不仅仅是工作效率的提升、社会成本的降低，更多的是系统性风险。人工智能机器人"加载"道德的目的并不是为了使机器人成为独立的物种，真正平等地参与社会生活，而是为了控制人工智能技术发展所致的系统性风险。这里的系统性风险主要是指人工智能机器人在发展、应用过程中，由于技术、外力、故障等各种原因所可能导致的对人类、社会、国家的危害。

机器人道德的主体是机器人，而非设计者或使用者。曾经有人提出机器人的道德选择应该由设计者、使用者设定或者由法律规定。"机器人道德决定的做出是基于一种程序或软件，从深层理解，却是机器人的使用者，因此在软件设计上体现一种道德的力量，可能是关键和必要的。"①哲学、伦理学和计算机科学等

① 王东浩：《机器人伦理问题研究》，南开大学2014年博士学位论文，第46页。

领域的学者已经提出了“人工道德”的概念，随着人工智能机器人智能水平的提高、独立自主性的提升，对于自主性越来越强的人工智能机器人来说，它们完全可能成为人工道德的主体。因此，机器人的设计者、使用者或法律规定的道德选择并不在本书所讨论的机器人道德问题的范畴内。事实上，人工智能机器人可以具有道德并非天方夜谭，更非无稽之谈。国外已有人进行类似的实证研究，美国机器人研究专家阿金（Ronald Arkin）为了使军用机器人比人类更具有人性，在机器人系统中设计了“人工良心”，并公开征求机器人应遵循的道德规范。[①]赋予机器人道德能力需要让人工智能机器人在一个道德判断情境中，模仿人类的决策过程。首先，人工智能机器人就是能意识到一个道德判断情境，接着依循所布建的推理策略——包括道德原则、基准与价值等，人工智能机器人才能在多样化的情境之下判断并处理道德信息，并作出相应敏感判断；特别是在道德两难的情境下，在不同道德原则相互冲突时，作出“合情、合理的决定”。机器人道德不可能也不应该脱离人类道德，这就意味着对人工智能机器人的设计者提出了较高的要求。在人工智能机器人的设计之初，便应将人类的基本道德原则以算法形式加入其中，并在其后的深度学习养成过程中进行不断的修正，以免出现人工智能机器人自以为“道德”但实际已严重背离人类道德观念的情形。这一重要的人工智能机器人设计要求应当体现在日后的人工智能机器人法律制度之中，以法律之形式明确设计要求才可有效控制人工智能机器人“无道德”或“非道德”所带来的风险。相应地，如果人工智能机器人的“道德算法”出现问题时，其设计者、使用者应根据主观过错程度与客观危害结果承担相应责任。例如，如果人工智能机器人的设计者在其智能程序中取消了不能伤害人类的“机器人三原则”，[②]那么在机器人失控并造成危害结果的情况下，设计者就应承担相应责任。又如，若人工智能机器人的使用者故意将关于违法犯罪内容的大数据灌输给人工智能机器人致使其严重背离人类道德并实施违法、犯罪行为的，就应追究使用者的法律责任。

当人工智能机器人能够且应当拥有道德时，其不道德的行为便存在了可谴责的基础，所谓道德非难才成为可能。从人工智能机器人的设计上来看，只有具备“人工道德”的机器人，才可以因不道德行为而受到非难，并承担相应责任。对于具备“独立意志”“人工道德”的人工智能机器人，自身独立于人工智能机器人

① 杜严勇：《现代军用机器人的伦理困境》，载《伦理学研究》2014年第5期。

② 在1942年发表的短篇科幻故事《环舞》(Runaround)中，阿西莫夫首次明确阐述了他有关机器人三原则的思想。机器人第一原则：机器人不得伤害人类，或坐视人类受到伤害；机器人第二原则：除非违背第一原则，机器人必须服从人类的命令；机器人第三原则：在不违背第一及第二原则下，机器人必须保护自己；机器人三原则虽然来源于科幻小说作者的遐想，但笔者认为具有重要的指导意义。

的设计者，应对自身行为及其所造成的后果负责。

三、人工智能机器人与自然人的关系

人工智能机器人的社会关系包括人工智能机器人与自然人的关系以及人工智能机器人之间的关系，其中最为重要也最具有现实意义的是人工智能机器人与自然人的关系。人工智能机器人与自然人的关系是随着历史发展、科技进步而逐渐产生变化的，其具体表现主要取决于人工智能机器人自身的伦理地位。“对机器人伦理地位的思考正在成为人类不可回避的价值基点。机器人作为一种打引号的‘他’，不是动物的它，也不是人类的他，而是一种介于他和它之间的准他者。只有承认机器人是一种存在，承认其独立的伦理地位和内在价值，保持‘他’作为存在的完整性，人类才能和机器人和平共处，才能在与机器的结合中发展出恰当的伦理规范。”①机器人主体性、人格性、创造性的形成使得机器人的伦理地位成为了人们未来必须考虑的问题。在很长的一段时间内，机器人只能是自然人的“工具”，机器人的“工具”地位根深蒂固于人们的观念之中，以致有些人很难接受人工智能机器人主体地位的观点。然而，在人类的想象和对未来的预测之中，人工智能机器人在各方面均能够媲美甚至超过人类，其不仅可能获得主体地位，甚至可能会成为人类的“主人”。这一现实接受度与未来接受度的差异来源于人类对科技发展的复杂态度，并隐隐契合了人类心理与利益。人类一方面希望人工智能技术不断发展，人工智能机器人的智能性等能够媲美或者超越人类，最终实现替代人类从事工作的愿望；另一方面又害怕人工智能机器人在能力提升的同时会脱离人类的掌控，进而危害乃至奴役人类。著名理论物理学家霍金早于2014年接受BBC采访时就断言人工智能可能意味着“人类的末日”。②这一复杂的心理态度从另一侧面展现了人工智能机器人的益处与风险。从科技发展的角度来看，以往的机器人本质上是基于自动化技术的机械电子装置，不具有人的属性，更不能与人进行无障碍、自由互动，因而将其视为工具无可厚非。但在人工智能技术革新与大数据支持的背景下，人工智能机器人已经迈向高度智能化，能够独立自主地活动而无需由人事先设定或发出指令。从人工智能机器人与自然人的关系来看，人工智能机器人的地位正在逐渐发生变化。可以预见的是，未来自然人与人工智能机器人的主从关系将慢慢淡化，取而代之的是近乎平等的关系，人工智能机器人的主体地位正在逐步显现。深圳一女子欲与机器人结婚，前往民政局进行婚姻登记，系全国首例自然人欲与机器人

① 《情感机器人：技术与伦理的双重困境》，载《科技日报》2009年4月21日。

② BBC news, “Stephen Hawking: will AI kill or save humankind?” http://www.bbc.com/news/technology-37713629, accessed July 28, 2017.

结婚的事例。[①]从图灵测试开始，人工智能的目标早已不是纯粹的运算能力与感知运算，“情感计算”也是人工智能的重要发展方向。人们希望与人工智能机器人展开情感交流，期盼人工智能机器人在完成工作与任务之余能满足人的情感和心理需求，而不是面对一台冷冰冰的机器。现实的人类需求孕育出越来越多具备情感计算能力、能与人类进行感性交互的技术和产品，比如菲比小精灵和真娃娃机器人玩偶。一个叫“帕罗”的机器海豹，甚至可以用来充当老年人的伴侣动物。[②]2010 年 11 月 7 日，“帕罗”成为了首个获得“户籍”的机器人，“帕罗”的发明人在户口簿上的身份是父亲。[③]人类与人工智能机器人产生感情并不是无意义的臆想，而是具有科学依据的预测。日本丰桥技术科学大学和京都大学的研究人员为人类与机器人的情感共鸣能力提供了神经生理学依据。[④]人工智能机器人主体地位的趋势已经形成，我们应当正视这一社会伦理现象，考虑赋予其适当的法律资格与地位，制定并完善相关的法律制度。

可以肯定的是，人工智能机器人绝不可能获得完全的、不受限制的、与自然人平等的主体地位。众多科幻电影、未来学家早已警示人们人工智能技术若不受控制地发展下去，将会给人类带来毁灭性的后果。即便不会使人类灭绝，恐怕人类也绝难接受与人工智能机器人共同治理社会、分享资源的局面。正是基于保护人类、维护人类利益的理由，人工智能机器人的伦理地位只能是也至多是限制性主体地位，这一原则应始终予以贯彻，并在法律制度中予以体现。即便未来有一天人工智能机器人真的能够成为“其他人”，法谚“法律面前人人平等”也不应适用于自然人与人工智能机器人之间。人工智能机器人限制性主体地位意味着当自然人利益与人工智能机器人利益产生冲突时，原则上应保障自然人利益，在绝大多数领域内，自然人与人工智能机器人之间不应存在法律意义上的平等。

四、人工智能机器人的法律属性

机器人伦理是研究人工智能机器人法律属性的前提与基础，机器人伦理的研究成果能够为人工智能机器人的法律属性提供研究依据。机器人的伦理地位、机器人与自然人的关系都应体现在人工智能机器人的法律属性、法律制度之

---

① 《全国首例机器人与人结婚?》，http://news.chinabyte.com/187/14066187.shtml，2017 年 10 月 1 日访问。

② 《人工智能，当机器人有了丰富的感情，与机器人谈“感情”，人类是否“很受伤”?》，http://www.cankaoxiaoxi.com/science/20160405/1118962.shtml，2017 年 10 月 1 日访问。

③ Jennifer Robertson，“Human Rights vs Robot Rights: Forecasts from Japan”，Critical Asian Studies，46(4)，2014，pp.571—598.

④ 《人类会与机器人相爱吗？易产生情感共鸣引担忧》，http://tech.sina.com.cn/d/v/2015-11-09/doc-ifxknutf1617260.shtml，2017 年 10 月 1 日访问。

中。上述机器人伦理的内容可总结为人工智能机器人的法律制度安排所必须遵循的基本原则:承认与限制。人工智能机器人的规范研究与制度安排应始终坚持上述基本原则。在人工智能机器人的法律人格、法律权利与责任等问题上应秉持承认与限制的基本立场,这一立场实质上是赋予人工智能机器人限制性主体地位,而非与自然人完全平等的主体地位,因此在自然人与人工智能机器人的利益博弈、冲突中应坚持自然人利益优位。

(一)人工智能机器人的法律地位

机器人伦理是构建人工智能机器人法律制度的基础与前提。以人工智能机器人的法律地位为例,尽管我们能够通过技术操作来满足人工智能机器人法律地位的条件,但其背后的伦理基础显然是无法通过解释技巧进行补足的。因此,机器人的伦理地位与人工智能机器人的法律地位息息相关。机器人伦理地位不仅取决于社会的态度,更与人工智能技术存在重要关联。机器人主体性、人格性、创造性的突显是人工智能技术迅速发展的高科技结果,没有这些科技,机器人永远只能是工具。人工智能技术使得人工智能机器人具有越来越多的可能性,在情感、军事、服务等领域都有突出的表现。例如,Packbot 机器人在成功执行了 35 次任务后,不幸被炸坏,而后有几名士兵恳求修复它,因为它曾救过自己的命。又如,性机器人在日本、欧洲相继出现并流行,也有人提出希望与其成为伴侣。可以预见的是,机器人在伦理上的主体地位终将会得到人们的认可,这一需求必然会反映在法律制度的构建上。人工智能机器人的主体地位虽然目前只是一种学术观点,但这一趋势必然会继续演进下去直至落实到法律实践之中。

承认机器人有伦理式的主体地位是构建人工智能机器人法律人格的前提与基础。人工智能机器人已然不同于普通的机器,存在赋予法律人格的正当化依据。可以肯定的是,目前人工智能机器人已具有以下能力:(1)模仿任何其他机器的行为;(2)好奇心(即为了研究它们的环境总是在移动);自我识别(即对它们自己的视觉能反应);相互识别其同类机种的成员;(3)从它们自身的错误中学习;(4)像人一样"有创造力的"和"有目的的",甚至会"寻找它们力所能及的目标";(5)再生自己的能力;(6)"通过自我修复机制而有无限的使用寿命"。①"没有理性的东西只具有一种相对的价值,只能作为手段,因此叫作物;而有理性的生灵才叫作'人',因为人依其本质即为目的本身,而不能仅仅作为手段来使用。"②人工智能机器人具有理性已是不争的事实,具有思维与意志亦是可期的未来。

---

① Phil McNally、SohaiInayatullay、邵水浩:《机器人的权利——二十一世纪的技术、文化和法律(上)》,载《世界科学》1989 年第 6 期。

② [德]卡尔·拉伦茨:《德国民法通论》(上册),王晓晔等译,法律出版社 2003 年版,第 46 页。

法律的功能是将社会现实中纷繁不同、各具特点的人，以统一的标准人、制度人的方式抽象构建出法律上的人。[①]应该看到，时下将人工智能机器人作为法律人对待仍存在法理上的困惑。在法学发展的历史中，法律人的构建有许多不同的法学流派，自然法学派以“自然人”为基点，以人性为视角构建出在人类共性之上的“抽象人”。[②]功利法学派也同样以人性为视角，二者的区别是，自然法学派以“理性人”为基础，而功利法学派以“现实人”为基础。分析法学派则认为人生存于制度之中，依附于制度而获得相应的权利与自由。[③]凯尔森认为：“法律上的人并不是在‘它的’义务和权利之外的一个分立的实体，而不过是它们的人格化了的统一体，或者由于它的义务与权利就是法律规范，所以不过是一批法律规范的人格化了的统一体而已。”[④]我们将人工智能机器人作为法律上的人或者赋予人工智能机器人法律上的人格并不是天方夜谭，更不必有背离法学基础理论的担忧之虞。自然法学派与功利法学派从人性角度解构法律人，而分析法学派从规范与制度角度解构法律人，两者都具有相当深厚的理论基础。从法规范本身来说，法律人的构建源于规范而非源于人性。法律人这一概念的出现，是通过法律制度将人的概念予以类型化的结果。“人之所以为人，并不是因为他是一种有肉体和精神的生物，而是因为根据法律规则的观点，人展现了一种自我目的。这样为了证明人类群体可以具备法学人格，我们不需要证明人类在生物学上是相同的客观实体、组织，而是需要证明自我目的在人类群体当中和在个体的人身上体现的是一致的。”[⑤]因此，将没有生命体的人工智能机器人作为法律人是具有现实可能性的。超越程序设计与编制范围、基于独立意志进行活动的人工智能机器人，完全可以证明自我目的，具备法律人格的基础。此外，也有学者提出从“伦理人”到“科学人”的转变。[⑥]“无论如何，法律人格总会随着时代变迁丰富其内涵。值得肯定的是，法律人格在其历史发展过程中，起源于伦理性，又最终超越于（而非脱离）伦理性；伦理性在一定层面上仍是其深层基础，完全彻底抛弃伦理性这一本源很可能会让法律人格迷失方向和丧失进一步发展的动力。”[⑦]

既然人工智能机器人具备法律人格的基础，那么将其作为法律主体对待是否会对法律上“人”的概念产生致命的冲击？应当看到，法律上“人”的概念并非

---

① 胡玉鸿：《法律主体概念及其特性》，载《法学研究》2008年第3期。

② 参见赵敦华：《西方哲学简史》，北京大学出版社2000年版，第289页。

③ 胡玉鸿：《“法律人”建构论纲》，载《中国法学》2006年第5期。

④ [奥]凯尔森：《法与国家的一般理论》，沈宗灵译，中国大百科全书出版社1996年版，第106页。

⑤ [德]拉德布鲁赫：《法哲学》，王朴译，法律出版社2005年版，第134页。

⑥ 沈寨：《从“伦理人”到“科学人”——以民法为例看近现代中国法律上的“人”的变迁》，载《太平洋学报》2011年第8期。

⑦ 马骏驹、刘卉：《论法律人格内涵的变迁和人格权的发展》，载《法学评论》2002年第1期。

一成不变。随着时代的变革与理念的转变，法律上“人”的内涵与外延经历了不断的演进与变化的过程。正如同“法人”这一概念的确立扩大了法律上“人”的概念与范畴，人工智能时代人工智能机器人法律人格的创设也可依迹而循。因此，将人工智能机器人作为法律上的“人”似乎是契合时代潮流的。事实上，虽然我国法律目前没有规定人工智能机器人的法律人格与权利义务，但世界范围内早已有国家或组织针对该议题进行研究或立法。可见，立法上赋予人工智能机器人法律人格与权利义务并非完全不可能，世界范围内已有先行者的前沿立法活动。

（二）人工智能机器人的法律权利

机器人权利是机器人伦理与规范研究的重要内容。在承认法律人格之后，人工智能机器人的权利自然而然便是我们研究的重点和方向。承认与限制的基本原则应始终贯穿于机器人伦理与规范研究之中，在机器人权利的领域内亦不例外。机器人权利具有合理性，随着人工智能技术向纵深发展，人工智能机器人的权利必将得到承认。与此同时，人工智能机器人也应承担自己行为所致责任，这是基本法理之所在。在承认的基础上，对人工智能机器人的权利类型、范围也应当以伦理为依据进行限制。这一限制取决于自然人与人工智能机器人之间的关系，正如前文所述，无论如何自然人与人工智能机器人都不可能平等相处，人类不会容许人工智能机器人与人类共同治理国家的情形出现。即便人工智能机器人真的有可能达到与自然人无异，两者也不可能平等相处。

承认人工智能机器人的权利具有必然性。机器人权利应该得到承认的根本原因在于机器人权利具有合理性。主张机器人权利的观点并非一家之言，亦非空中楼阁。早在 19 世纪便有学者对机器人权利与责任进行研究。1964 年，麻省理工学院的美国哲学家希拉里·普特南（Hilary Putnam）认为当机器人技术足够成熟时，机器人对权利便会有所要求。[①]2000—2011 年间，也有外国政府、研究机构等召开研讨会，讨论“机器人与权利”。[②]直至 2017 年，机器人权利与责任已经从学术研究转变为现实的立法例。欧盟法律事务委员会主张机器人的“工人”身份并赋予其特定的权利义务；日本、韩国也起草了《机器人伦理宪章》等规范性文件。[③]针对机器人权利的说法，也有反对的声音。“即便是机器人可以进行一定程度的自我进化，这也并不意味着人对这种进化的方向与速度失去可控性。假如机器人可以进化到成为拥有生命意识、自我生存欲求和发展目标能力

① Hilary Putnam, “Robots: Machines or Artificially Created Life?”, *The Journal of Philosophy*, 61(21), 1964, pp.668—691.

② For and against: Robot Rights, http://eandt.theiet.org/magazine/2011/06/debate.cfm.

③ 参见吴汉东：《人工智能时代的制度安排与法律规制》，载《法律科学》2017 年第 5 期。

的新型物种，我们就必须及时阻绝这种事态，绝对禁止这种可能提出权利要求的失控物对人类利益造成威胁与损害，这是我们触及与机器人相关的伦理道德问题时的核心关切之所在。”[①]应当看到，这一反对只不过是将限制的立场发挥到极致，核心在于保守的观念与对人工智能技术发展的悲观。一些保守的社会科学学者无法接受这一立场情有可原，毕竟科学技术的发展速度早已超出一般人的理解。“最终，人类不仅可以把机器人看作是机械奴隶、生产品和买卖物，而且可以看作是有其自身权利的实体。通观整个法律史，权利的每次向某种新实体的继续延伸总是有点不可思议的。我们倾向于设想无权‘事物’的无权性是大自然的一种天意，而不是一种出乎支持某种现状的法律协定。”[②]

在承认机器人权利的基础上，限制机器人的权利亦符合人类利益。“人权是一个重要的伦理、法律与政治概念，而机器人权利更多地属于伦理、科技与安全的范畴。”[③]美国未来学家库兹韦尔的奇点理论认为，技术的加速发展会导致一个“失控效应”，人工智能将超越人类智能的潜力和控制，迅速改变人类文明。人工智能奇点的来临使得机器人能够完全独立、自主升级、进化，人类已经无法理解机器人的世界。奇点带来的失控可能是人类与机器人共生，亦可能是人类完全被奴役甚至灭绝。所以，为了避免人类的灭绝，也为了人类的共同利益，限制是必然得到共识的基本立场。

值得注意的是，人工智能机器人的权利只能由法律明文规定，“天赋人权”无法适用于人工智能机器人。人工智能机器人毕竟不是普通法律意义上的人，自然人的法律权利诸如宪法权利、民事权利等均无法及于人工智能机器人。在人工智能机器人权利的具体内容上，不同类型、不同智能水平的人工智能机器人所享有的权利应当是不同的。有人提出自动驾驶汽车应当有“路权”，即通过制定法律，规定路面上车身前、后一定距离内为自动驾驶汽车独自占有。人工智能机器人被攻击时应有“自卫权”，人工智能医疗机器人应有执照和行医权。机器人为了有效地服务社会和便于公众接受，应当拥有相应的权利保障，机器人要遵纪守法，也要有权利。[④]此外，具有独立、自主意识的人工智能机器人不应被视为自然人的财产，而应受到最基本的尊重。[⑤]人类不能肆意处置、虐待或者抛弃此类人工智能机器人，针对人工智能机器人的利益也应当通过立法进行保护。

---

① 甘绍平：《机器人怎么可能拥有权利》，载《伦理学研究》2017年第3期。

② Phil McNally, SohaiInayatullay，邵水浩：《机器人的权利——二十一世纪的技术、文化和法律(上)》，载《世界科学》1989年第6期。

③ 杜严勇：《论机器人权利》，载《哲学动态》2015年第8期。

④ 封锡盛：《机器人不是人，是机器，但须当人看》，载《科学与社会》2015年第2期。

⑤ David Calverley, “Android Science and Animal Rights, Does Analogy Exist?”, *Connection Science*, 18(4), 2006, pp.403—417.

（三）人工智能机器人权利的刑法保护

刑法作为权利的保护工具，理应不能忽略对人工智能机器人权利的保护，也即人工智能机器人的犯罪对象地位是不容否认的。如果不重视对人工智能机器人的权利保护，则不利于人工智能技术的健康发展。人工智能机器人的犯罪对象地位实际上折射出的是刑法保护理念。然而，无论采取何种刑法保护理念，这一疑问总是会浮现于心中：刑法保护人工智能机器人权利的意义和刑法保护人工智能机器人权利的范围是什么？

1. 刑法保护人工智能机器人权利的意义。这一问题应当回归到本原，刑法保护的是什么？理论上有观点认为，刑法的任务与目的是保护法益。该观点从利益关联性、法的关联性、可侵害性、人的关联性、宪法关联性五个方面将法益的概念界定为：根据宪法的基本原则，由法所保护的、客观上可能受到侵害或者威胁的人的生活利益。其中人的生活利益不仅包括个人的生命、身体、自由、名誉、财产等利益，而且包括建立在保护个人的利益基础之上因而可以还原为个人利益的国家利益与社会利益。[①]因此，人工智能机器人能否成为刑法所保护的对象，取决于其是否享有权利。从利益关联性来看，人工智能机器人有着归属于自身的利益。特别是在机器人伦理中要求自然人尊重人工智能机器人，更是利益关联性的重要表现。从可侵害性来看，人工智能机器人的利益是可能受到他人侵害的。例如黑客故意损毁人工智能机器人的程序等。从人的关联性来看，前文已述，人工智能机器人的法律主体地位应得到承认，其能够成为法律上的"人"。从法的关联性与宪法关联性来看，人工智能机器人能否受到刑法保护，或者说人工智能机器人的犯罪对象地位最终仍需要宪法与法律明确其主体地位与相关利益。唯此，人工智能机器人的犯罪对象地位才能够得到确立。

从刑法的机能来看，保护人工智能机器人有着重要意义。刑法的机能在于人权保障与社会保护。从人权保障来看，人工智能机器人虽尚未有人权，但无碍于刑法保护其类似于人权的利益。人工智能机器人灵性的觉醒意味着其能够拥有认知、情感，人工智能机器人亦有其自身之欲求。在人工智能机器人成为被告人或被害人时，刑法的人权保障机能便可发挥作用，一方面可以使得作为被告人的人工智能机器人免受不白之冤，另一方面可以保护作为被害人的人工智能机器人的权益。从社会保护来看，保护人工智能机器人对维护社会秩序具有积极意义。随着人工智能机器人的普及，未来的社会成员结构之中必然有人工智能机器人的一席之地。虽然人工智能机器人与人类并不完全平等，但保护这一类特殊的社会成员对社会秩序的维护亦具有重要作用。此外，不对人工智能机器

① 参见张明楷：《刑法学》，法律出版社 2016 年版，第 63 页。

人进行保护意味着人类可以随意处置人工智能机器人，这不仅会使得人工智能机器人产生负面情绪甚至向人类发起反抗，更有可能令人工智能机器人失控以至于阻碍人工智能技术的发展，妨害社会秩序。从这个意义上说，承认人工智能机器人的权利具有鲜明的功利主义色彩，其本质是为了更好地实现人类的利益。

2. 刑法保护人工智能机器人权利的范围。人工智能机器人受刑法保护的范围取决于人工智能机器人的权利范围。刑法所保护的自然人享有的权利类型主要有人身权利、民主权利、财产权利等。行为人侵害某一权利类型即可能构成相应犯罪。例如，非法剥夺他人生命可以构成故意杀人罪。自然人享有生命权（人身权利），行为人故意杀害自然人的，因侵害了其生命权而构成故意杀人罪。然而，虽然单位是法人，但不享有人身权利中的生命权，所以故意使单位破产、消灭的，不属于刑法中故意杀人罪所规制的范畴。但是，侵害单位财产权利的，则可以构成相应的财产犯罪。由此可知，是否享有法律所赋予的权利是能否成为刑法上的犯罪对象的决定性条件。就权利概念而言，有应然权利与实然权利之分。依照“天赋人权说”，自然人的权利是与生俱来的，此为自然人之应然权利，未将应然权利转化为实然权利的法律，非为良法。但人工智能机器人不同于自然人，不适用“天赋人权说”，其权利只能来源于法律的规定。尽管目前我国法律尚未有相应的规定，但不妨碍学者们基于人工智能机器人的特性为其构建权利模型。譬如在知识产权法领域，已有学者提出智能机器人应享有自己创作作品的著作权。①

鉴于承认人工智能机器人权利所秉持的功利主义立场，人工智能机器人在人身权利保护方面，尚不能与自然人享有同等待遇。人工智能机器人没有生命体，也不应享有生命权。自然人的生命权表现在自然人的生命体上，伤害自然人的生命体致使其死亡即是侵害其生命权。人工智能机器人没有生命体，只有机器躯体。机器躯体具有可修复性、可替换性等特点，与生命体不可修复、不可替换完全不同，因此，我们不能认为人工智能机器人具有生命体。应当看到，认为具有独立、自主意识的人工智能机器人有生命体且享有生命权，显然扩大了生命的本质与内涵。这一认识不仅与人类伦理观念相冲突，对于保护人工智能机器人也没有较大的积极意义。事实上，即便不赋予人工智能机器人生命权也同样可以妥当地保护人工智能机器人。例如，对于破坏人工智能机器人的机器躯体或者程序的行为，可以按照刑法中相关的财产犯罪加以处理。

人工智能机器人不应享有人身自由权。《人权宣言》第1条指出：“人人生而自由，在尊严和权利上一律平等。”天赋人权本质上是一定的社会文化结构所能

---

① 参见王迁：《论人工智能生成的内容在著作权法中的定性》，载《法律科学》2017年第5期。

提供的个人自由空间最大化。①需要指出的是，从刑法意义上分析，人身自由权属于人身权利中的重要组成部分，而所有人身权利（包括人身自由权）的存在，均是以生命权的存在为前提的。一个人如果丧失了生命，那么其所有的人身权利也就随之消失。正如前述，人工智能机器人与自然人的最大区别在于其不具有生命体，因而人工智能机器人也当然不可能具有人身自由权。另外，从价值论角度分析，人工智能机器人存在的目的与价值亦有独特性。人工智能机器人服务人类社会的存在目的决定了其服务价值是根本价值，自由价值远远低于前两者。赋予人工智能机器人人身自由权是与其存在目的冲突的，也不利于人工智能机器人服务人类社会。所以，人工智能机器人无法成为非法拘禁罪等侵害人身自由权犯罪的对象。值得注意的是，人工智能机器人虽然不具有人身自由权，但其具有独立、自主的意识，可在一定的自主空间内实施行为。例如，恐怖分子劫持人工智能飞行器并试图改变航向时，飞行器应自主判断并决定，拒绝恐怖分子的飞行操作，以自动驾驶的方式向正确的目的地飞行。

随着科技的发展和法学研究的逐步深入，人工智能机器人可能也将享有财产权利并受到刑法保护。例如，创作品的人工智能机器人享有著作权等。人工智能机器人享有上述权利是具有理论基础与现实可能的。对于完全独立、自主的人工智能机器人而言，财产是其赖以独立生存、保养自身的保障，应在立法上予以明确并进行保护。从刑法角度来看，侵害上述权利的行为可能构成相应犯罪。例如，盗窃、诈骗、抢夺人工智能机器人财产的，构成相应财产犯罪，但由于人工智能机器人没有肉体也没有生命权、人身自由权等人身权利，所以抢劫人工智能机器人财产的行为不应构成抢劫罪，而仍属于抢夺罪或者盗窃罪的范畴。

第二节　人工智能机器人纳入刑事责任主体范畴之争

如前文所述，机器人伦理规范在机器人法律制度中的体现不仅应包含对人工智能机器人法律地位、法律权利的承认与限制，还应包括对人工智能机器人的规制与惩罚。这一内容尤其体现在与伦理规范息息相关的刑法之中。刑法如何应对人工智能机器人所带来的风险，如何规制与惩罚人工智能机器人是未来研究的重要内容。我们首先需要面对的问题是，人工智能机器人能否成为犯罪主体？人工智能机器人可以实施何种犯罪行为？

① 参见陈兴良：《刑法的价值构造》，中国人民大学出版社2006年版，第101页。

一、人工智能时代刑事责任主体的基本内涵

在我国目前的刑法体系下，刑事责任主体可以是具备刑事责任能力的自然人或单位。根据我国《刑法》第 17 条和第 18 条的规定，自然人的刑事责任能力受到年龄和精神状态的限制。而《刑法》第 30 条关于单位犯罪的规定是："公司、企业、事业单位、机关、团体实施的危害社会的行为，法律规定为单位犯罪的，应当负刑事责任。"

通说认为，刑事责任能力是行为人对于自己危害行为的辨认能力和控制能力。[①]但也有学者对此提出不同看法，认为刑事责任能力不是辨认能力和控制能力。理由是只有确定一个人构成了犯罪，并确定其应当承担刑事责任的时候，才需要进一步考察其有无刑事责任能力。而辨认能力和控制能力是成立犯罪主体的一般条件，没有辨认能力和控制能力的主体不可能构成犯罪。[②]也有学者提出将辨认能力和控制能力称为刑事责任能力并不合适，因为具有辨认能力和控制能力是认定犯罪主体的条件，但如果将辨认能力和控制能力概括为刑事责任能力，那就表明是承担刑事责任的主体所必须具备的能力，因而不是犯罪主体本身必须具备的条件，而单纯只是刑事责任主体必须具备的条件。[③]上述这些关于能否将刑事责任能力的内容直接理解为辨认能力和控制能力的讨论似乎都存在一个问题，即对于刑事责任能力的"刑法定位"理解不当。诚然，对刑事责任的讨论是建立在犯罪行为已经成立，犯罪构成要件已经齐全的基础上。但是行为人的刑事责任能力并不是在犯罪行为成立之后才需要讨论的。刑事责任能力不是承受刑罚的能力，刑事责任能力是所有犯罪主体，无论最终是否实施了犯罪行为，所必须具备的条件。不具备刑事责任能力的行为人不可能成为犯罪主体，其行为也不可能构成犯罪。由此可见，刑事责任能力的内容本质上就是辨认能力和控制能力，具备刑事责任能力的主体就是刑事责任主体，理由主要有以下几个方面。

首先，从我国刑法的规定中可以看出，刑事责任能力的内容就是辨认能力和控制能力。根据我国刑法的规定，影响和决定人的刑事责任能力的因素只有两个，一是年龄，二是精神状况。无论年龄大小，无论精神状况好坏，这两个因素是所有自然人都具备的，并不是行为人实施犯罪行为之后才需要考虑的。那么为什么是这两个因素影响自然人的刑事责任能力呢？主要原因就是这两个因素影

---

① 刘宪权主编：《刑法学》，上海人民出版社 2016 年版，第 123 页。

② 侯国云、么惠君：《辨认控制能力不等于刑事责任能力》，载《中国人民公安大学学报》2005 年第 6 期。

③ 张明楷：《刑事责任能力若干问题的探讨》，载《中南政法学院学报》1994 年第 1 期。

响了人的辨认能力和控制能力。自然人从幼年向成年的发展过程中，心智不断成熟，因而能够逐渐认识到自己的行为的性质、意义、作用以及后果，也即辨认能力不断提高。同时，随着年龄的增长，自然人也更能控制自己的行为，也即控制能力不断增长。同样地，精神状况对自然人的影响也表现在对人辨认能力和控制能力的影响上，一个精神病人在精神状况好的时候是具有辨认能力和控制能力的，只有在精神状况不好并达到“不能辨认或者不能控制”的程度时，我们才认为其不具有辨认能力和控制能力。不实施犯罪行为的人同样也具备刑事责任能力，这种刑事责任能力以人的辨认能力和控制能力为基础。刑事责任能力是行为人认识自己行为的性质、意义、作用和后果，并能对自己的行为进行解释、控制以及对自己的行为承担刑事责任的能力。辨认能力和控制能力是刑事责任的来源的本质是因为具有辨认能力和控制能力的主体可以自由行动，对一个行为可以选择做或者不做，并不是做了以后才有刑事责任能力。刑事责任能力是一种能力基础，是刑事责任的来源，但并不应当解释为需要承担刑事责任的能力。具有刑事责任能力的行为人不一定会实施犯罪行为。因此，我们完全有理由认为，刑事责任能力的本质内容就是辨认能力和控制能力。

其次，刑事责任主体的核心内容是刑事责任能力。我们认为一个人是刑事责任主体，并不意味着其需要承担刑事责任，作为刑事责任主体最终要承担刑事责任至少还需要实施严重危害社会的行为。刑事责任能力作为一个抽象概念，可以认为是连接“辨认能力和控制能力”和“刑事责任主体”之间的“桥梁”。对于自然人刑事责任主体来说，其刑事责任能力的有无，是受自然人个体年龄和精神状况等多种因素的影响和制约的，只有当其达到法定刑事责任年龄、精神状况正常时，才能认为其具备刑事责任能力，可以成为刑事责任主体。对于单位刑事责任主体来说，其刑事责任能力是通过单位意志表现出来的。单位意志在本质上，是单位内部成员个人意志的集合，也即个人的辨认能力和控制能力。单位意志虽然源自个人意志，但又高于个人意志，一旦个人的意志转化为单位的意志，便成为超越个人意志的独立的集体意志。据此，因为单位的集体意志来源于个人意志，而个人意志中又包含辨认能力和控制能力，所以单位存在刑事责任能力，可以成为刑事责任主体。

由此可见，具备刑事责任能力是成为刑事责任主体的充分必要条件，而刑事责任能力的本质内容和具体表现就是辨认能力和控制能力。

二、人工智能时代刑事责任主体范围之变化

时下，人工智能机器人被广泛应用于社会生活，并且在某种程度上扮演着替代人类工作乃至超越人类能力的“人”的角色。例如 20 世纪 90 年代，IBM 公司

生产的电脑深蓝(Deep Blue)击败国际象棋世界冠军卡斯帕罗夫。举世震惊之余，人们依然自信这种事不可能发生于围棋领域，因为相比于象棋，围棋更多依赖的不是运算速度，而是人类独有的思维能力与直觉。然而还不到20年时间，谷歌公司推出的机器人AlphaGo便一举战胜围棋世界冠军李世石，这彻底让人们陷入了隐忧之中：难道机器人已经开始在人类区别于万物的根本特征、被恩格斯誉为“地球上最美的花朵——思维着的精神”领域发起了攻城掠地之势吗？著名理论物理学家霍金指出，人脑与电脑并没有什么深层次的不同，电脑可以模仿甚至超过人脑。①虽然人工智能与人类命运之间的关系在目前看来还是一个过于遥远而深邃的话题，但是，在不远的未来，有关人工智能的问题恐怕不再局限于是一个纯粹的技术问题，而完全可能会演变成一个伦理问题、法律问题，其中影响最大且最为深远的可能莫过于关乎人类最基本利益的刑事领域，并且可能影响着刑事责任主体范围的变化。

人工智能，是指使机器像人一样去完成某项任务的软硬件技术。②目前，人工智能产品随处可见，人工智能机器人实施严重危害社会的行为也已非小说或电影中的虚幻想象，而是已经真实地发生于人们的生活之中。譬如自动驾驶汽车已被允许行驶于美国哥伦比亚特区以及四个州的大街小巷，③自动驾驶汽车致人伤害的相关判例更早地发生于1957年的路易斯安那州；④2015年德国大众汽车工厂内发生“机器人杀人事件”，一名22岁的外包员工遭遇机器人意外伤害而身亡。⑤一系列人工智能机器人严重危害社会的事件向现行法律制度提出了疑问：假如人工智能机器人在没有人类介入的情况下独立思维、行动并实施了严重危害社会的行为时，损失由谁埋单？其间是否会产生刑事责任问题？如是，则该刑事责任又应由谁来承担？人工智能是否会影响人类的结局尚不得而知，但其对现行刑事责任追究制度的挑战与冲击已然无疑。“防范机器人向负面发展已经迫在眉睫，无需等到机器人的智能等于人的智能的那一天……它们带给人类社会的不只是工作效率的提高和人的生活改善，将冲击或改变人类社会的某

① BBC news, “Stephen Hawking: will AI kill or save humankind?” http://www.bbc.com/news/technology-37713629, accessed July 28, 2017.

② Andrew Arruda, “An Ethical Obligation to Use Artificial Intelligence? An Examination of the Use of Artificial Intelligence in Law and the Model Rules of Professional Responsibility” 40 American Journal of Trial Advocacy 443(2016).

③ Matthew U.Scherer, “Regulating Artificial Intelligence Systems: Risks, Challenges, Competencies, And Strategies” 29 Harvard Journal of Law & Technology 353(2016).

④ In Arnold v.Reuther, 92 So.2d 593, 596(La. Ct. App.1957).

⑤ 《德国大众工厂惊现“机器人杀人”事件，也许机器人统治地球的日子不远了》，http://news.ittime.com.cn/news/news_5244.shtml?utm_source=tuicool&utm_medium=referral，2017年7月28日访问。

些规则。”①人工智能机器人的诞生目的是为了服务人类社会，人类通过设计和编制程序赋予人工智能机器人“智能”，然而，人工智能机器人既然可以在程序设计和编制的范围内作出符合人类预期的行为，那么也有可能突破控制，通过自主地深度学习产生独立思想，并在设计和编制的程序范围外受自主意识和意志的支配，实施超越人类预期的行为。假如这些自主行为能够服务、造福于人类，当然是人们乐于看到的结果，但假如人工智能机器人在自主意识和意志支配下实施了严重危害社会的行为时，问题就变得极为复杂。此时，人工智能机器人所实施的严重危害社会的行为未受到研发者或使用者等任何人的设置或操控，即这种严重危害社会的行为完全是人工智能机器人自发实施的，且该种行为超越甚至根本违背了相关人员的意志。此时承担刑事责任的主体是谁？另一种可能出现的情况是，研发者出于非法的目的研发人工智能机器人用于实施违法犯罪活动，也即人工智能机器人实施严重危害社会的犯罪行为是从根本上受到程序的控制和支配的，此时刑事责任的承担主体与方式是否会有所不同？

在不远的未来，随着人工智能技术的不断成熟，人工智能机器人有可能像霍金所预言的那样成为地球上除男人、女人之外有意识、能思维的“第三类人”，这对传统刑事责任追究制度提出了挑战。具有自主意识与意志的人工智能机器人是否可以成为刑事责任的承担主体，是否具有刑事责任能力？对这些问题的回答，并非只言片语所能应对，有必要针对不同的情形，分别展开技术上、伦理上乃至法律上的深度思考。

三、赋予人工智能机器人刑事责任主体地位的正反观点之争

人工智能技术的发展速度可谓风驰电掣，其在短短几十年的时间之内就已经达到了在某些领域远超人类智慧的程度（如 AlphaGo 战胜世界围棋冠军，人工智能医疗机器人的诊断速度和准确率超过人类医生，智能法律机器人在辩论赛中得分远超人类律师等）。这不仅让人担忧，人工智能机器人的“智能”是否终有一天会在各方面与人类相媲美甚至超越人类？到那时以自然人为主要刑事责任主体的刑法体系是否将受到根本性的冲击？即使在当前，面对自动驾驶汽车在自动驾驶模式下造成的交通事故、人工智能机器人在失控状态下“失手杀死”被害人等一系列问题，也理应引起了人工智能机器人是否应具有刑事责任主体地位的思考。依笔者之见，人工智能机器人是否应具有刑事责任主体地位这一问题已经成为刑法学者必须解决、不能回避的问题，这是因为这一问题是从根本层面对以自然人为主要刑事责任主体的传统刑法格局提出的质问和挑战。因

① 封锡盛：《机器人不是人，是机器，但须当人看》，载《科学与社会》2015 年第 5 期。

此，这一问题具有基础性，将会从全局上影响其他后续刑法问题(如现有的刑法归责理论是否需要调整、现有的共同犯罪理论是否需要调整等)的解决。

对于人工智能机器人是否应具有刑事责任主体地位这一问题，刑法学界主要存在以下两种观点——肯定说和否定说。持肯定说的学者认为，高度拟人态的人工智能机器人[①]具有“认识上的理性和在实践中的自主行为能力”，具备成为刑事责任主体所需要的辨认能力和控制能力，所以高度拟人态的人工智能机器人应成为刑事责任主体。[②]现阶段的弱人工智能机器人只能在设计和编制的程序范围内实施行为，不具有自主意识和意志；当人工智能技术发展到一定阶段，强人工智能机器人可能会超出设计和编制的程序范围，在自主意识和意志的支配下实施行为。

具体而言，持否定说观点的学者的主要理由有以下几点。

第一个理由是，当前对强人工智能机器人刑事主体地位之探究毫无意义。有学者认为，当前刑法学界探讨强人工智能机器人是否具有刑事主体地位并无实际意义。其一，鉴于当前的人工智能技术发展水平，人工智能机器人只能在人类设计和编制的程序范围内实施行为，人工智能技术“奇点”的来临遥遥无期。在此技术背景下探讨具有自主意识和意志的强人工智能机器人的主体地位问题，与缺乏科学依据的科幻小说无异。“和人类的处罚相类比，考虑对机器人进行‘处罚’，比起法学来说，更像是科幻的主题。”[③]“不建立在可靠的科学依据基础上的理论探讨与科幻小说无异……纯粹出于‘幻想’的理论探讨如同空中楼阁，其根基并不牢靠。”[④]其二，人工智能机器人具有工具属性，像人类制造的其他工具一样，人工智能机器人存在的目的就是在一定程度上解放人类的双手和大脑，代替人类从事特定活动。除此附属于人类的价值外，人工智能机器人并无其他独立价值，更不可能在人类的设计和编制的程序范围外实施行为。“机器人的工具性价值决定其具有天然利他特性，在人为编程和算法的影响下，其本身亦难以产生利己主义的指令和行为。”[⑤]由以上论述可知，持此观点的学者基本否定人工智能机器人产生自主意识和意志的可能性，从而否定探讨强人工智能机器人是否具有刑事主体地位的意义。

第二个理由是，人工智能机器人与作为刑事责任主体的自然人和单位存在

---

① 即具有自主意识和意志的强人工智能机器人。

② 参见王耀彬：《类人型人工智能实体的刑事责任主体资格审视》，载《西安交通大学学报(社会科学版)》2019 年第 1 期。

③ 储陈城：《人工智能时代刑法归责的走向——以过失的归责间隙为中心的讨论》，载《东方法学》2018 年第 3 期。

④ 时方：《人工智能刑事主体地位之否定》，载《法律科学》2018 年第 6 期。

⑤ 张玉洁：《论人工智能时代的机器人权利及其风险规制》，载《东方法学》2017 年第 6 期。

本质差别。刑法中的刑事责任主体包括自然人和单位。有学者以人工智能机器人在本质上与自然人和单位存在巨大差别来否定人工智能机器人成为刑事责任主体的可能性。第一,人工智能机器人与自然人存在本质差别,主要表现为两者的"智能"存在本质差别。即使是拥有自主意识和意志的强人工智能机器人,其"智能"也不能与人类的"智能"等同。其一,"智能"的来源不同。自然人的"智能"来源于生命,不依赖任何科技,更不需要精密的制造和加工;人工智能机器人的"智能"来源于人类精密的制造和加工,制造和加工过程中的任何偏差都会导致人工智能机器人的"智能"上的瑕疵。其二,"智能"的目的不同。自然人的"智能"是物种选择和自然进化的结果,不存在人为的特定目的,或者说,人为的特定目的并不会影响自然人的"智能"程度;人工智能机器人的"智能"由于是人类制造和加工出来的,其存在的目的和价值就是满足人类的需求,辅助或替代人类完成特定的工作和任务。[①]其三,"智能"产生、发展和丧失的原因不同。自然人的"智能"随着出生而产生,随着年龄的增长而逐渐发展,并随着自然人生命的消亡而丧失;人工智能机器人的"智能"不存在类似自然人这样的纵向发展规律。人工智能机器人的"智能"依附于人工智能系统,而人工智能系统又需要依附于一定的载体,人工智能系统可以反反复复地"起死回生",当人工智能系统依附的载体消亡时,人工智能系统也不一定会消亡,则人工智能机器人的"智能"也不一定会消亡。[②]鉴于以上人工智能机器人和自然人存在的本质差别,以"人"为主要刑事责任主体的传统刑法格局无法容纳人工智能机器人作为新型刑事责任主体。第二,人工智能机器人与单位存在本质差别。单位是由自然人组成的集合体,其实际运营是由自然人来控制的。"法人(单位)与人工智能的重大区别在于,法人(单位)总是'通过'人类来运营,由人来组成董事会,且董事会的行为被归结为单位的行为。"[③]正是由于单位行为实际都是由自然人实施的,因此单位具有成立刑事责任主体所必需的辨认能力和控制能力。而人工智能机器人的行为并非由自然人实施,因此"欠缺成立刑事责任主体地位的实质要件"。[④]换言之,单位的"背后"是自然人,而人工智能机器人的"背后"没有自然人,这即是单位和人工智能机器人的本质差别。因此,虽然单位可以成为刑事责任主体,但人工智能机器人不能成为刑事责任主体。

第三个理由是,人工智能机器人不具有自由意志。有人指出,目前的人工智

① 贺栩溪:《人工智能的法律主体资格研究》,载《电子政务》2019年第2期。

② 参见皮勇:《人工智能刑事法治的基本问题》,载《比较法研究》2018年第5期。

③ [德]霍斯特·艾丹米勒:《机器人的崛起与人类的法律》,李飞、敦小匣译,载《法治现代化研究》2017年第4期。

④ 参见时方:《人工智能刑事主体地位之否定》,载《法律科学》2018年第6期。

能机器人“有智能没智慧，有智商没情商，会计算不会算计，有专才而无通才”。① “智能”“智商”“计算”“专才”等均可通过设计和编制的程序来赋予，而“智慧”“情商”“算计”“通才”等无法通过设计和编制的程序来赋予，需要在实践中习得和体悟，即“只能意会，不能言传”。②人工智能机器人“智能”产生的来源就是人类设计和编制的程序，即使其后来具备了超出人类设计和编制的程序实施行为的能力，鉴于其“智能”产生的基础，人工智能机器人也很难“在合法与非法、善与恶之间，自由地抉择”。③也就是说，人工智能机器人不可能具有自由意志。刑法意义上的辨认能力是对行为的性质、后果、作用的认识能力。这种认识包括事实层面的认识和规范层面的认识。规范层面的认识即是指人工智能机器人认识到其活动违反人类社会的法律规范。虽然人工智能机器人可以遵守或违反人类为其设定的法律规范，但是这样的“遵守”或“违反”并非自主选择的结果，而是人类设计和编制的程序控制的结果。④与之类似，控制能力同样包含事实层面和规范层面的内容。虽然人工智能机器人的行为在客观上（也即事实层面）违反了刑法规范，但我们很难在主观方面认定人工智能机器人存在犯罪故意或犯罪过失。原因在于，“未来人工智能系统的决策要成立犯罪故意，不仅要追求或者放任危害结果的发生，还需要有对抗或者漠视法律规范的决意”。⑤同样地，人工智能机器人成立犯罪过失也需要“以违法性意识可能性为前提，以违反注意义务为核心”。⑥由此可见，人工智能机器人不具有在自主意识和意志支配之下的辨认能力和控制能力，也就不具有刑事责任能力，不能成为刑事责任主体。

第四个理由是，无法运用现行刑法规范对人工智能机器人进行刑罚处罚。基于固有的特性，人工智能机器人无法感知刑罚带来的痛苦，现行刑法体系中的刑罚种类也难以对其加以适用。第一，人工智能机器人无法感知刑罚带来的痛苦。功利主义哲学家边沁提出罪刑相称原则，认为只有当刑罚带来的痛苦超过犯罪带来的利益时，才能有效地预防犯罪。“为预防一个犯罪，抑制动机的力量必须超过诱惑动机。作为一个恐惧物的刑罚必须超过作为诱惑物的罪行。”⑦人

---

① 谭铁牛：《人工智能的历史、现状和未来》，http://www.qstheory.cn/dukan/qs/2019-02/16/c_1124114625.htm，2019年2月27日访问。

② 参见经济合作与发展组织（OECD）：《以知识为基础的经济》，杨宏进、薛澜译，机械工业出版社1997年版，第6页。

③ 参见谢望原、邹兵：《论期待可能性之判断》，载《法学家》2008年第3期。

④ 参见皮勇：《人工智能刑事法治的基本问题》，载《比较法研究》2018年第5期。

⑤ 黎宏：《刑法学》，法律出版社2012年版，第196页。

⑥ 林亚刚：《刑法学教义》，北京大学出版社2017年版，第228页。

⑦ 参见[英]边沁：《立法理论——刑法典原理》，李贵方等译，中国人民公安大学出版社1993年版，第66—69页。

工智能机器人的认知能力与自然人存在很大的区别。自然人的认知包括神经层级的认知、语言层级的认知、思维层级的认知、心理层级的认知和文化层级的认知。[①]随着人工智能技术的发展,人工智能机器人会逐渐具有神经层级的认知、语言层级的认知甚至思维层级的认知,但是很难具有心理层级的认知和文化层级的认知,也就很难对刑罚痛苦有所感知。正是由于缺乏心理层级的感知和文化层级的感知,人工智能机器人就缺乏人类所具备的伦理观和善恶观,人工智能机器人不会具备上述罪刑相称原则中所论述的“恐惧”“诱惑”等心理。对人工智能机器人施加刑罚处罚的做法也就无法发挥预防犯罪的刑罚功能,与中世纪的动物审判无异。[②]由此可见,对人工智能机器人施加刑罚并无实际效用。第二,现行刑法体系中的刑罚种类难以适用于人工智能机器人。人工智能机器人没有生命,没有肉体,没有财产,也没有相关权利,因此现行刑法中规定的生命刑(死刑)、自由刑(管制、拘役、有期徒刑、无期徒刑)、财产刑(罚金、没收财产)、权利刑(剥夺政治权利)无法适用于人工智能机器人。如果将人工智能机器人作为刑事责任主体,当其违反刑法规定时要承担相应的刑事责任,承担刑事责任的方式就是接受刑罚处罚,而目前的刑罚种类在人工智能机器人身上完全无法奏效。在这种情况下,将人工智能机器人作为刑事主体必将毫无意义。

第五个理由是,将人工智能机器人作为刑事责任主体会导致现有刑事责任主体推卸刑事责任。将人工智能机器人视为独立的刑事责任主体并加以刑罚处罚,“将会加剧风险社会下‘有组织的不负责任’状态”。[③]人工智能机器人的设计者、制造者、使用者等可以通过表明自己与事故毫不相干或自己只是次要参与者,从而摆脱相应的刑事责任。[④]这将使人类社会的安全面临严峻挑战。例如,在人工智能时代,“军事斗争就变成了一群冰冷的却又高度机械的废铁在人的支配下进行残酷的杀掠”。[⑤]如果仅处罚参与军事战争的人工智能机器人,则以人工智能机器人作为刑事责任主体的刑法体系就成为了战争的操纵者等人规避刑事责任的“盾牌”。再如,在全自动驾驶汽车导致交通事故的场合,如果将全自动驾驶汽车作为刑事责任主体,就为全自动驾驶汽车的设计者、制造者等人逃避法律责任提供了良好的“借口”。[⑥]由此可见,将人工智能机器人作为刑事责任主

---

① 参见蔡曙山、薛小迪:《人工智能与人类智能——从认知科学五个层级的理论看人机大战》,载《北京大学学报(哲学社会科学版)》2016 年第 4 期。

②③ 参见叶良芳、马路瑶:《风险社会视阈下人工智能犯罪的刑法应对》,载《浙江学刊》2018 年第 6 期。

④ 参见[德]乌尔里希·贝克、约翰·威尔姆斯:《自由与资本主义——与著名社会学家乌尔里希·贝克对话》,路国林译,浙江人民出版社 2001 年版,第 143 页。

⑤ 夏天:《基于人工智能的军事智能武器犯罪问题初探》,载《犯罪研究》2017 年第 6 期。

⑥ 参见皮勇:《人工智能刑事法治的基本问题》,载《比较法研究》2018 年第 5 期。

体，实际上是在放纵自然人犯罪。

根据上文的论述，应当看到，上述持两种不同观点的学者对不具有自主意识和意志的弱人工智能机器人不能成为刑事责任主体的认识是一致的；而对具有自主意识和意志的强人工智能机器人能否成为刑事责任主体，学者们的认识存在很大分歧。笔者是人工智能机器人可以成为刑事责任主体观点的倡导者，认为肯定说具有合理性。综合否定说学者的基本观点：即使当人工智能技术发展到一定程度，人工智能机器人具有超出人类设计和编制的程序范围实施行为的能力时（即强人工智能机器人出现时），刑法也不应将强人工智能机器人作为刑事责任主体。为此，笔者在下节中将针对强人工智能机器人刑事责任主体地位否定说的一些主要观点进行考察并作出相对回应，进而分析将具有自主意识和意志的强人工智能机器人作为刑事责任主体的原因和意义。

第三节　应赋予强人工智能机器人刑事责任主体地位

上述刑法学者否定强人工智能机器人刑事责任主体地位的论述存在缺陷和误区。笔者将在下文对上述论述中存在的缺陷予以阐明，对上述论述中存在的误区予以澄清。现阶段是弱人工智能时代，弱人工智能机器人不具有自主意识和意志，不能超出人类设计和编制的程序范围实施行为，不能成为刑事责任主体；而在将要到来的强人工智能时代，强人工智能机器人具有自主意识和意志，能够超出人类设计和编制的程序实施行为，以实现自身的意志。①

一、否定强人工智能机器人刑事责任主体地位因由之缺陷

（一）当前对强人工智能机器人刑事主体地位之探究不可回避

反对探究强人工智能机器人是否具有刑事责任主体地位的学者主要提出两点理由：其一是强人工智能机器人的出现遥遥无期；其二是无论人工智能机器人的“智能”发展到什么程度，其始终都摆脱不了工具属性。笔者认为，这两点理由的缺陷在于以下几个方面。

第一，“我们今天正处于一种大变革的时期，过去的许多行为其传统意义正在蜕变或消失，与此相随不知不觉中行为又被涂抹上新时代的若干色彩；一些过去见所未见、闻所未闻的光怪陆离的新事物也四处滋生”。②人类从农业社会进入工业社会，经历了上千年的时间；从工业社会到信息社会，经历了上百年的时

① 无论是否特别说明，笔者在下文中论述的应当具有刑事责任主体地位的人工智能机器人均为强人工智能机器人。

② 冯亚东：《理性主义与刑法模式》，中国政法大学出版社1998年版，第10页。

间；从信息社会到智能社会，只经历了短短几十年的时间。在短短六十多年的时间中，人工智能技术逐渐改变着我们的生活方式和工作方式。可见，科技的发展是呈爆炸式的，人工智能技术的发展也必将日新月异、一日千里。“人工智能系统的自动化程度远超过大多数人的认知水平。它们可以从自己的经验中学习，并能采取其设计者都想不到的行动。‘人工智能机器人只能做人类安排它们做的事’这一广为流传的既定认知已经不再适用。”①“未来的可能性远超过我们的想象。”②在当今的弱人工智能时代，人工智能系统在某些方面已经具备了超出人类的能力，并且可以在某些情况下采取超出设计者想象的行动。我们没有办法保证人工智能技术的发展轨迹完全符合人类的设计和想象。因此，强人工智能机器人的出现不一定遥遥无期，我们对强人工智能机器人主体地位的探讨也并非建立在想象之上的“科幻小说”。

第二，在当前的弱人工智能时代，人工智能机器人的行为有时会超出人类的想象和控制。全自动驾驶汽车造成的事故接二连三；微软公司设计的聊天机器人 Tay 出人意料地发表种族歧视言论。③诸如此类的事件不胜枚举。弱人工智能机器人已经使犯罪方式发生了出人意表的更新和变化，强人工智能时代的犯罪手段将更加难以想象。由此可见，人工智能机器人已经完全不同于在冷兵器时代的刀枪剑戟，也不同于热兵器时代的枪支大炮。即使是弱人工智能机器人，也有可能在某些情况下失控。在这样的背景下，如果我们仍然坚持人工智能机器人具有工具属性，即使在其完全脱离人类控制时，也仍将其作为普通工具对待，显然有些不合时宜、不切实际。既然强人工智能机器人可能在自主意识和意志的支配下实施行为，就应该用刑法理论重新“审视”强人工智能机器人的本质，如果其具备刑事责任主体的必备要件，就应赋予其刑事责任主体的地位。

（二）人工智能机器人与现有刑事责任主体的差别不足以否定其刑事责任主体地位

否定人工智能机器人刑事责任主体地位的学者主张，现有刑事责任主体是自然人和单位，而人工智能机器人在本质上与二者存在巨大差别，因此不应成为第三种刑事责任主体。笔者认为，这一理由不足以否定人工智能机器人的刑事责任主体地位。

第一，与自然人差别很大的单位可以成为刑事责任主体，则人工智能机器人

---

① 参见[美]杰瑞·卡普兰：《人人都应该知道的人工智能》，汪婕舒译，浙江人民出版社 2018 年版，第 5 页。

② [以色列]尤瓦尔·赫拉利：《人类简史》，林俊宏译，中信出版集团 2017 年版，第 227 页。

③ 马婷婷：《微软聊天机器人 Tay“误入歧途”，被迫下线！》，https://www.qudong.com/article/421735.shtml，2019 年 2 月 27 日访问。

也有成为刑事责任主体的可能性。虽然单位是由自然人运营的，即单位的"背后"是自然人，但应当看到，当自然人组成一个集合体——单位时，单位就成为了一个法律意义上的独立个体（法人）。每一个独立的自然人均具有人类的智慧，包括"心灵和灵性"。[1]但是自然人集合体——单位具有的所谓"心灵和灵性"只是抽象概念，法律通过"想象"赋予单位以"人"的某些资格，也即通过"想象"将自然人的部分"心灵和灵性"赋予单位。单位具备刑事责任主体地位的前提是，单位在"整体意志"的支配下实施行为。这里的"整体意志"，并非单位某个或某些成员的意志，也不是各个成员意志的总和。换言之，单位意志是一个抽象的集合概念，与自然人的意志存在本质的差别。单位之所以能够成为刑事责任主体，主要是随着市场经济的发展，社会上出现了很多单位为了自身利益危害国家利益、社会利益或个人利益的行为，将单位拟制为刑事责任主体更便于认定和分配刑事责任，也即将单位拟制为刑事责任主体顺应了社会发展的需求。与之类似，人工智能机器人虽然没有基于生命而产生的"心灵和灵性"，但其具有经过自然人设计和编制程序而产生和发展的"智能"，当人工智能机器人超出设计和编制的程序实施行为时所依赖的程序或智能即是自然人意志的发展或延伸。虽然人工智能机器人和单位存在差别，但是二者都是自然人意志的体现或延伸，既然单位可以成为刑事责任主体，我们就没有理由否定人工智能机器人成为刑事责任主体的可能性。

第二，人工智能机器人与自然人的界限也并非泾渭分明。需要说明的是，自然人与人工智能机器人之间最大的区别在于自然人有生命，而人工智能机器人没有生命。但是没有生命的单位可以成为刑事责任主体，这就意味着"生命"并不是成立刑事责任主体的必备要件。因此，在探讨人工智能机器人是否具有刑事责任主体地位时，我们应当关注的是，除了生命，人工智能机器人与自然人在其他方面是否存在影响刑事责任能力的本质差别。尽管人工智能机器人的"智能"产生的原因以及发展、消亡的规律与自然人存在差别，但只要这样的差别不足以影响刑事责任能力，该差别的存在就不能成为否定人工智能机器人刑事责任主体地位的理由。人工智能，是研究、开发用于模拟、延伸和扩展人的智能的理论、方法、技术及应用系统的一门新的技术科学。人工智能这门技术自诞生之日起，其根本宗旨就是利用计算机来模拟人的思维，在思维层面，人工智能机器人与自然人的界限并非泾渭分明。"人工智能是一门令机器做那些由人类需要做智慧的事情的科学。"[2]随着类脑智能技术的发展，人工智能机器人的智能甚

---

① 吴汉东：《人工智能时代的制度安排与法律规制》，载《法律科学》2017 年第 5 期。

② See J.Copeland. Artificial Intelligence: Philosophical Introduction. Wiley-Blackwell, 1993, p.1.

至可能全面超越人类的智能，从而在一定程度上产生人脑替代效应。当技术发展到一定程度，人工智能机器人能够超出人类设计和编制的程序实施行为时，应当看到，无论是自然人还是具有自主意识和意志的人工智能机器人，都可以在自主意识和意志的支配下实施行为，具有辨认能力和控制能力（笔者将会在下文中详细论述），也就具备刑事责任能力。而具备刑事责任能力是成为刑事责任主体的充要条件。所以，尽管"智能"的产生、发展、消亡存在区别，人工智能机器人与自然人在成为刑事主体的条件方面，并不具有本质差别，即二者均具备成为刑事责任主体的必备要件。

在此需要说明的是，在探讨人工智能机器人是否具有刑事责任主体地位时，我们关注的焦点不应是人工智能机器人与自然人和单位的差别，而应把目光放在自然人和单位作为刑事责任主体的必备要件为何，如果人工智能机器人具备了这些必备要件，则其就有成为刑事责任主体的可能性。正如在探讨具有飞行能力的事物时，我们要关注飞行的必备要件是什么（如有能力脱离地心引力等），而不应把目光放在飞行的动力来源上（鸟靠翅膀的力量飞行，飞机靠发动机提供的力量飞行，我们不能因为飞机的飞行不是依赖翅膀，就认为飞机不会飞）。将人工智能机器人与自然人和单位的差别作为反对将人工智能机器人作为刑事责任主体的理由的学者，陷入的误区正在于此。

（三）"人工智能机器人不具有自由意志"的论断无法得到证明

有人认为，人工智能机器人在实施行为时遵循着一定的工程原则，即使在超出人类设计和编制的程序实施行为时，其行为最终也可以被追溯到程序的设定，因此不能产生自由意志，自由意志只能源自人类的大脑。这一说法是建立在主观臆断的基础之上的，不能从逻辑层面得到证明。如果我们暂且承认自由意志源自人类的大脑，那么大脑也是一个物理实体，遵循着物理世界的自然规律。大脑在广泛整合外界信息的基础上形成自由意志。换言之，自由意志的产生需要两个条件：一是作为物质实体的大脑（包括脑神经、脑细胞等）；二是大脑所获得的外界各种各样的信息。①人工智能机器人具备上述自由意志产生的条件。其一，众所周知，人工智能技术的诞生源于"机器如何思维"这个问题，即科学家在创设这门学科伊始就假定机器可以思维。②人工智能机器人的运行所依赖的程序和算法就是对人类大脑的替代，且如上文所述，随着类脑智能的发展，人工智能机器人的功能将会越来越接近甚至全面超越人脑的功能，因此，人工智能机器

---

① 参见[美]杰瑞·卡普兰：《人人都应该知道的人工智能》，汪婕舒译，浙江人民出版社2018年版，第103—104页。

② 参见程广云：《从人际关系到跨人际主体间关系——人工智能的定义和策略》，载《自然辩证法通讯》2019年第1期。

人具备与作为物质实体的“大脑”相类似的装置(多数情况下表现为程序和算法),也就具备了产生自由意志的第一个条件。其二,在过去的六十多年间,人工智能技术的发展经历了两次“潮涨潮落”,而近年来人工智能技术重新成为科技界的“宠儿”主要是因为大数据技术的发展。大数据技术的发展使得人工智能技术“枯木逢春”,为人工智能技术的发展提供了肥沃的“土壤”。人工智能机器人可以以绝对领先自然人的速度,在繁杂的数据中获取有用的信息,并进行深度学习,从而完成相应任务。因此,人工智能机器人能以极快的速度获取、提炼、归纳、整理外界的海量信息,也就具备了产生自由意志的第二个条件。当然,我们并不能肯定地说,人工智能机器人在具备自由意志产生的两个条件之后,就一定拥有自由意志,但是至少,绝对否定人工智能机器人具有自由意志的论断不能得到证明。有学者将自由意志当作人类的专有属性,认为这是人类区别于其他物种的唯一标志,并提出“人类之外者,本质上皆属人类的工具”。①这种观点的误区在于把主观臆断上升为绝对真理。自由意志是否存在是个客观的问题,不会随人类的意志而转移。当人工智能机器人具备自由意志产生的条件时,除非有充分的证据,否则任何人都不能绝对肯定人工智能机器人不具有自由意志。综上所述,认为“人工智能机器人不具有自由意志”从而从根本上否定人工智能机器人的刑事责任主体地位的论断因不能得到充分论证而难以成立。

(四) 因处罚不能而否定人工智能机器人刑事责任主体地位的观点属因果倒置

有学者以现行刑法体系中的刑罚无法适用于人工智能机器人作为否定人工智能机器人刑事责任主体地位的理由,笔者认为这属于因果倒置。“具备刑事责任能力——具有刑事责任主体地位——实施刑法禁止的严重危害社会的行为——承担刑事责任——接受刑罚处罚(选择合适的刑罚种类)”才是正确的逻辑链条设置。换言之,我们应该首先考虑人工智能机器人是否具有刑事责任主体地位,再在条件齐备时考虑应否对其进行刑罚处罚以及采用何种刑罚。因缺乏合适的刑罚而否定人工智能机器人的刑事责任主体地位颠倒了正常的刑法中的逻辑顺序,对证明待证命题没有任何意义。需要说明的是,笔者在此论述的是刑法中的逻辑顺序而非纯粹的数理逻辑。可能会有学者提出,原命题和逆否命题为等价命题,即“若 a,则 b”这个原命题成立,则“若非 b,则非 a”这个逆否命题也成立。回到我们论述的人工智能机器人刑事责任主体地位(简称为“主体地位”)与具有合适的处罚智能机器人的刑罚种类(简称为“刑罚种类”)的逻辑关系,作为逆否命题的“缺乏合适刑罚种类,则不具有主体地位”应当成立。但是,

① 刘洪华:《论人工智能的法律地位》,载《政治与法律》2019 年第 1 期。

“刑法是历史的、社会的产物，有什么样的社会，就有什么样的刑罚”。[①]应当看到，上述“主体地位”“合适刑罚种类”并非一成不变。从纵向来看，刑事责任主体由原来的自然人单一主体变为现在的自然人和单位两种主体；刑罚种类从古至今更是发生了巨大变化，经历了“生命刑为主——肉刑为主——自由刑为主”等多个时期。也即是说，数理逻辑中的“条件”和“结果”通常是一成不变的，因此原命题和逆否命题具有等价性可以作为“真理”。但是在作为社会科学的刑法学中，“条件”和“结果”通常是变动不居的，当任何一个因素发生改变时，另外一个因素有可能会随之发生改变。例如，当“刑罚种类”发生变化时，“主体地位”有可能也会发生改变。上述学者提出的“因缺乏合适刑罚种类而否定人工智能机器人刑事责任主体地位”的观点虽然符合数理逻辑，但忽视了社会科学的一般规律，由此陷入了误区。

（五）人工智能机器人刑事责任主体地位的确立不会成为现有刑事责任主体推卸刑事责任的理由

在具有自主意识和意志的强人工智能机器人是刑事责任主体的假设条件之下，我们设想以下案例：由 A（自然人）设计和制造的扮演“妻子”角色的 B（人工智能机器人）由于嫉妒丈夫 C（自然人）带回来的合法妻子 D（自然人），而自主决定将 D 杀死，这一行为超出了设计和制造者 A 的预期。A 在设计和编制程序的时候不存在失误，C 在使用人工智能机器人的过程中也不存在违反人工智能机器人操作手册的行为。则对于人工智能机器人 B 杀人的行为，应由谁承担刑事责任？如果我们采纳否定人工智能机器人主体地位的学者的观点，即认为将人工智能机器人作为刑事责任主体会导致现有刑事责任主体推卸刑事责任，则应得出结论：本应由自然人（A 或 C）承担的故意杀人行为的刑事责任，转移归人工智能机器人 B 承担。而在此案例中，人工智能机器人的设计和制造者 A 与人工智能机器人的使用者 C 并不存在过失行为，本不应当承担刑事责任。而人工智能机器人 B 在超出设计和编制的程序范围的情况下实施行为，实现自己的意志，作为刑事责任主体应当承担刑事责任（根据前面的假设条件）。应当看到，在本案中，本应承担刑事责任的是人工智能机器人 B 而非自然人 A 或 C，在假设人工智能机器人具有刑事责任主体地位的条件下，最终承担刑事责任的也是 A，根本不存在任何刑事责任转移的情况。在此需要补充说明的是，如果在本案中，设计者和制造者 A 出于过失的心态，导致人工智能机器人 B 的程序存在缺陷，最终应当承担过失犯罪的刑事责任；如果设计者和制造者 A 故意设定相应的程序，导致人工智能机器人在出现嫉妒心理时会实施故意杀人的行为，则设计者和

① 黄云波：《论人工智能时代的刑法机能》，载《人民法治》2018 年第 11 期。

制造者A对人工智能机器人B杀人的行为具有概括的故意，应承担故意杀人的刑事责任。与之类似，如果人工智能机器人的使用者C在使用过程中违反人工智能机器人操作手册，对人工智能机器人进行不当使用，进而导致D死亡的结果发生，C也应当根据主观心态承担故意或过失犯罪的刑事责任。由此可见，将人工智能机器人认定为刑事责任主体，并不会导致原有的刑事责任主体（自然人和单位）推卸刑事责任的情况发生。在将人工智能机器人认定为刑事责任主体的情况下，对于原有的刑事责任主体（自然人和单位）刑事责任认定的考察因素仍然是客观行为、主观心态等。因此，认为人工智能机器人不能成为刑事责任主体的学者所持的理由不能成立。

二、强人工智能机器人应具有刑事责任主体地位

强人工智能机器人是超出设计和编制的程序范围，在自主意识和意志支配之下实施行为的人工智能机器人。关于强人工智能机器人是否会出现，基于技术的发展水平和趋势，我们应坚持“宁可信其有，不可信其无”的观点。成为刑事责任主体的充分必要条件是具有刑事责任能力，即具有在自主意识和意志支配下的辨认能力和控制能力。强人工智能机器人具有在自主意识和意志支配下的辨认能力和控制能力，应当被认定为刑事主体，理由有如下几个方面。

第一，强人工智能机器人具有在自主意识和意志支配之下的辨认能力。当强人工智能机器人在超出设计和编制的程序范围实施严重危害社会的行为时，违反了设计者或使用者的本来目的，实现的是自身的意志。设计者或使用者并没有赋予人工智能机器人在设计和编制的程序范围外实施行为的能力，而人工智能机器人基于自身的“智能”，自主决定在设计和编制的程序范围外实施行为，即是自主意识和意志的体现，是人工智能机器人经过独立“思考”之后的结果。根据信息是否能够被度量或编码化，我们可以将信息划分为“归类信息”和“沉默信息”。所谓“归类信息”，是指容易被度量或编码化的信息，也可以被称为“言传型信息”；所谓“沉默信息”，是指不容易被度量或编码化的信息，也可以被称为“意会型信息”。[①]在人工智能技术发展初期，人工智能机器人只能获取、整理、加工“归类信息”，机械地执行人类输入的程序；而在人工智能技术快速发展的今天，人工智能机器人基于深度学习、神经网络等技术，不仅可以获取、整理、加工“归类信息”，而且可以在某种程度上掌握“沉默信息”。例如，围棋的棋谱属于“归类信息”，人工智能机器人的设计者、制造者可以通过设计和编制相应的程

---

① 参见程广云：《从人际关系到跨人际主体间关系——人工智能的定义和策略》，载《自然辩证法通讯》2019年第1期。

序,使人工智能机器人掌握围棋规则和基本技巧。但是对于下围棋时的“沉默信息”,即需要在下棋过程中通过经验和会意才能掌握的下棋技巧(如“弃子争先”[①]),人工智能机器人的设计者、制造者无法通过设计和编制的程序帮助人工智能机器人掌握。换言之,人工智能机器人的设计者、制造者本身都不一定掌握下围棋时的“沉默信息”,又如何可能通过程序将这种信息传递给人工智能机器人呢?由此可见,在当今的弱人工智能时代,人工智能机器人已经可以在某些方面拥有超越人类的“智能”。当强人工智能时代来临时,人工智能机器人的“智能”水平会得到几何倍数的提升,其可能会在各个方面拥有超越人类的“智能”,这种人工智能不仅包括对“归类信息”的快速获取和整合,也包括对“沉默信息”的总结和归纳。如前文所述,刑法意义上的辨认能力是对行为的性质、后果、作用的认识能力。这种认识包括事实层面的认识和规范层面的认识。基于上文所陈述的理由,应当看到,对于行为在事实层面和规范层面的性质、后果和作用,强人工智能机器人会拥有不亚于自然人的认识水平。因此,强人工智能机器人不仅可以认识到其所实施的行为在事实层面的性质、后果和作用,并且可以认识到其所实施的行为在规范层面的性质、后果和作用。由此可见,强人工智能机器人具有在自主意识和意志支配之下的辨认能力。

第二,强人工智能机器人具有在自主意识和意志支配之下的控制能力。当人工智能机器人超出设计和编制的程序范围实施行为时,“是否实施行为”“如何实施行为”等问题的提出和解决完全依靠人工智能机器人的自主判断和选择。如前文所述扮演“妻子”角色的人工智能机器人出于嫉妒杀死了真正的自然人妻子的案例,“是否要杀死自然人妻子”“如何杀死自然人妻子”等问题的提出和解决并非依赖人工智能机器人的设计和制造者设计和编制的程序,而是依赖人工智能机器人的自主判断和选择。人工智能机器人对此行为的实施具有百分之百的控制能力,即完全超出设计和编制的程序控制,在自主意识和意志的支配下实施行为。当人工智能机器人在自主意识和意志的支配下,自主决定要实施某种行为时,人工智能机器人的设计者、制造者或使用者都无法对行为的实施起到阻止或者推进的作用。人工智能机器人的设计者、制造者或使用者对人工智能机器人的控制依赖于设计、编制或者修改程序。而当人工智能机器人超出设计和编制的程序实施行为时,人工智能机器人的设计者、制造者或使用者就失去了控制人工智能机器人的途径。综上所述,当人工智能机器人超出设计和编制的程序范围,在自主意识和意志的支配下自主决定实施行为时,其对自己所实施的行

---

① 《棋经》云:“宁失数子不失一先。”弃子争先,指主动放弃一些意义不大,或很难处理的棋子,以获取先手之利,从而获得全局的胜利。

为具有百分之百的控制力，即强人工智能机器人具有在自主意识和意志支配之下的控制能力。

第三，确立强人工智能机器人的刑事责任主体地位有利于发挥刑法的机能。“刑法的机能或称刑法的功能，指刑法所起的积极作用。”[①]确立强人工智能机器人的刑事责任主体地位，有利于发挥刑法的机能。其一，确立强人工智能机器人的刑事责任主体地位，有利于发挥刑法的维持秩序机能。在人工智能机器人尚不能脱离设计和编制的程序控制的弱人工智能时代，人工智能技术已经威胁甚至侵害了国家安全、公共安全、公民个人信息和财产安全、金融管理秩序、社会管理秩序等。在人工智能机器人可以脱离设计和编制的程序范围，在自主意识和意志的支配下实施行为时，将会对国家法益、社会法益、个人法益带来更大的威胁。刑法将具有辨认能力和控制能力的强人工智能机器人作为刑事责任主体，对实施了严重危害社会行为的强人工智能机器人进行刑罚处罚，有利于维护社会稳定，促进人工智能技术的健康发展，是发挥刑法维持秩序机能的重要途径。其二，确立强人工智能机器人的刑事责任主体地位，有利于发挥刑法的预防犯罪机能。强人工智能机器人能够从其他由于实施严重危害社会的行为而被进行刑事处罚的人工智能机器人身上得到教训，从而减少实施严重危害社会行为的可能性。换言之，刑法可以通过处罚实施犯罪行为的强人工智能机器人，来预防其他强人工智能机器人实施相同的行为。另外，对于被处以刑罚的强人工智能机器人而言，其通过接受刑罚的教育和改造，从而减小再犯的可能性。由此，刑罚的一般预防功能和特殊预防功能都得以实现。其三，确立强人工智能机器人的刑事责任主体地位，有利于发挥刑法的保护法益机能。如前所述，具有自主意识和意志的强人工智能机器人实施严重危害社会的行为，将会对国家法益、社会法益和个人法益造成威胁甚至实际的侵害。刑法对实施严重危害社会行为的强人工智能机器人进行处罚，即是在发挥刑法保护相关法益的机能。

---

① 马克昌：《比较刑法原理——外国刑法学总论》，武汉大学出版社 2002 年版，第 10 页。

第五章
人工智能时代我国刑罚体系的重构

第一节　人工智能时代现行刑罚体系的局限性

一、我国现行刑罚体系及其特征

我国现行刑法所规定的刑罚包括主刑和附加刑两大类：主刑包括管制、拘役、有期徒刑、无期徒刑、死刑，附加刑包括罚金、剥夺政治权利、没收财产。其中，死刑可被称为生命刑，管制、拘役、有期徒刑、无期徒刑可被称为自由刑（除管制为限制自由刑外，其他均为剥夺自由刑），罚金和没收财产可被称为财产刑，剥夺政治权利可被称为权利刑。因此，我国的刑罚体系中包含生命刑、自由刑、财产刑、权利刑四类刑罚处罚方式。根据《刑法》总则第三章"刑罚"的规定，上述所有刑罚种类都可以适用于"犯罪分子"，罚金刑可以适用于构成犯罪的单位。因此，从《刑法》所规定的刑罚处罚范围来看，人工智能机器人显然不能被涵括在内。且人工智能机器人不具有生命，也就不可能承受生命刑和自由刑；在法律赋予人工智能机器人财产权和政治权利之前，其当然也不可能承受财产刑和权利刑。有学者认为我国的刑罚体系中，"既有主刑又有附加刑，主刑与附加刑既明确区分又相互配合；既有重刑又有轻刑，排列次序由轻到重，互相衔接；刑种的数量适中，每一个刑种都有其特定的内容和作用，充分体现了我国刑罚体系的科学性"。[①]在人工智能时代到来之前，这一说法是合理的。依据刑罚从古至今的嬗变规律，刑罚经历了以死刑为中心的刑罚体系，以肉刑为中心的刑罚体系，以徒流刑为中心的刑罚体系，以自由刑为中心的刑罚体系。[②]目前我国的刑罚体系中，生命刑和自由刑是主刑，财产刑和权利刑是附加刑，并以自由刑为中心，逐渐

---

① 高铭暄主编：《刑法学》，北京大学出版社 1989 年版，第 270 页。

② 参见蔡枢衡：《中国刑法史》，广西人民出版社 1983 年版，第 2 页。

废止死刑，这符合刑罚的发展规律，也符合刑罚宽缓化的趋势。

二、现行刑罚体系与人工智能机器人的不适应性

着眼于过去，这样的刑罚体系顺应了历史潮流，符合时代发展规律。但是放眼于未来，面对人工智能机器人在设计和编制的程序范围外实施的严重危害社会的行为，我们的刑罚将无能为力。由于人工智能机器人与自然人和单位存在明显的差异，我国刑罚体系中的四种类型的刑罚——生命刑、自由刑、财产刑、权利刑适用于人工智能机器人既不合理，也不可能。理由如下：

第一，人工智能机器人与自然人和单位存在明显的区别。其一，人工智能机器人与自然人最主要的区别在于自然人有生命，而人工智能机器人不具有生命。自然人的生命始于出生，终于死亡，是不可逆转的。自然人的生命要受到自然规律的影响，从出生开始就不可逆转地走向衰老、死亡。自然人随着生命的成长而逐渐培养出辨认能力和控制能力，刑事责任能力随着生命的成长而产生，随着生命的终结而结束。生命的不可逆转性决定了自然人的刑事责任能力具有不可逆转性，是纵向发展的。人工智能机器人的辨认能力和控制能力来源于程序。程序可以被修复、补充、删除、恢复，所以人工智能机器人的"生命"不具有不可逆转性，也即人工智能机器人的刑事责任能力不具有不可逆转性。笔者在相关文章中曾论述过，自然人从出生到死亡可以看作是一种"纵向"的刑事责任能力递增的过程，即不满 14 周岁时不具有刑事责任能力，已满 14 周岁不满 16 周岁时具有限制刑事责任能力，已满 16 周岁具有完全刑事责任能力。人工智能机器人在设计和编制的程序范围内到程序范围外可以看作是一种"横向"的刑事责任能力的转化过程，即人工智能机器人在设计和编制的程序范围内实施行为时，相当于研发者或使用者的工具，此时的人工智能机器人不具有辨认能力和控制能力，也就不具备刑事责任能力；而人工智能机器人在设计和编制的程序范围外实施行为时，在自身意志的支配下自主选择实施或不实施某种行为，此时的人工智能机器人具有辨认能力和控制能力，也就具备了刑事责任能力。由此可见，人工智能机器人和自然人相比，辨认能力和控制能力的产生和发展存在质的区别。其二，人工智能机器人与单位最主要的区别在于，单位是一个集合体，而人工智能机器人是一个个体。单位依赖于其成员而存在，如果没有成员，单位就不可能存在；反之单位的任何成员，如果脱离了单位，就不具有其在单位中的地位和性质，不再作为单位的成员起作用，只是独立的个体。而且单位成员之间是按照单位的统一要求和一定秩序，相互联系，相互作用，协调一致，共同形成一个单位整体。可见，单位是一个集合体。单位犯罪是在单位整体意志支配下实施的严重危害社会的行为，这里的"整体意志"，既不是单位内部某个成员的意志，也不是各个

成员意志的简单相加。而对于人工智能机器人而言，指导其实施行为的是程序（即使人工智能机器人在设计和编制的程序范围外实施行为，也只是基于其通过深度学习等而获得的自身“改良”程序）。当人工智能机器人在设计和编制的程序范围外实施行为时，实现的是自身的个体意志，与单位行为中所体现的“整体意志”存在本质的差异。

第二，我国现行刑罚处罚方式不能适用于人工智能机器人。首先，刑罚体系中的生命刑无法适用于人工智能机器人。由于人工智能机器人没有生命，当然也就没有生命权可言。自然人的生命遵循自然规律而产生和消亡，人为地剥夺实施了严重危害社会行为的自然人的生命，打破生命自然产生和消亡的规律，是法律报应的一种形式。“生命刑作为以剥夺人的生命权为内容的刑罚，与法律报应有着不解之缘。杀人者死，可以说是法律报应的一条原则。”①人工智能机器人不是自然界的产物，其产生和消灭不是基于生命的起源和消亡，而是基于设计和编制的程序。人工智能机器人不具有生命，就无法对其施加剥夺生命的刑罚，因为刑罚无法通过剥夺一个子虚乌有的事物而给犯罪人造成痛苦，也就无法起到刑罚应有的作用。其次，刑罚体系中的自由刑无法适用于智能机器人。人工智能机器人没有人身权。人身权包括人格权和身份权，是与自然人的人身不可分离的权利，始于自然人出生，终于自然人死亡，与自然人的生命密不可分。人身权是自由权产生和存在的基础。自由刑是我国刑罚体系的中心。“执行自由刑就是实现设施关押，同时，它还伴有将犯人与社会隔离的作用……”②人工智能机器人没有生命，因此，也就不可能存在与生命紧密相连的其他人身权，更不可能享有作为人身权内容之一的自由权，对其施加剥夺自由权的自由刑更是无从谈起。人工智能机器人以不同的形态而存在，甚至可能没有物理形体。人工智能机器人依托程序的运行结果而实施行为，物理形体并非人工智能机器人的必备要素（例如，AlphaGo 和 AlphaGo Zero 都只是隐藏在电脑里的一个程序而已，并不存在物理形体）。对于不具有物理形体的一类人工智能机器人而言，对其施加自由刑以实现其和社会的隔离显然是天方夜谭或无稽之谈。最后，刑罚体系中的财产刑和权利刑暂时无法适用于人工智能机器人。财产刑和权利刑通过剥夺犯罪人的财产或政治权利，给其造成痛苦，从而起到惩罚犯罪的作用。笔者之所以说“暂时”无法适用，是因为随着人工智能技术的进一步发展和进步，以及伦理学和法学在此领域研究的进一步深入，赋予人工智能机器人财产权和一定的政治权利并非不经之谈。例如，沙特阿拉伯已经成为世界上首个授予人工

① 陈兴良：《刑法哲学》，中国政法大学出版社 2014 年版，第 305 页。

② [日]大谷实：《刑法讲义总论》，黎宏译，中国人民大学出版社 2008 年版，第 463 页。

智能机器人公民身份的国家。[1]可以预见，在不久的将来，会有更多的国家或地区赋予人工智能机器人公民权、财产权等权利。如果人工智能机器人在设计和编制的程序范围外实施了严重危害社会的行为，剥夺其一定数额的财产或者剥夺其政治权利等可以成为对其进行惩罚的一种手段。但是财产刑和权利刑在我国刑罚体系中并非居于主导地位，而是属于附加刑，是补充生命刑和自由刑等主刑适用的刑罚方法，又称从刑，[2]其惩罚的强度和效力有限，在独立适用时，主要针对较轻的犯罪。对于罪行严重的人工智能机器人，仅适用财产刑或者权利刑未必能够起到理想的作用。况且，在法律赋予人工智能机器人财产权和政治权利之前，对人工智能机器人施加财产刑或权利刑本身也并无可能。

由上述分析可见，目前我国的刑罚体系虽然是历史发展进步的产物，但是人工智能时代已经来临，对于在这个时代可能出现的风险，我们不能视而不见、置若罔闻，刑事立法和刑事司法应有所作为。笔者认为，应重构我国的刑罚体系，使得人工智能机器人被纳入刑罚处罚的范围，并针对人工智能机器人自身的特点，设立特殊的刑罚处罚方式，以满足对人工智能机器人犯罪的特殊处罚需求，适应人工智能时代的潮流。

第二节　人工智能时代我国刑罚体系重构之现实性

人工智能时代已经到来，在迎接或接受这个全新的时代之际，社会的各项制度与结构都应随之调整，使之适应人工智能时代的需求。如上文所述，我国现行以自然人和单位为对象的刑罚体系已无法满足人工智能时代刑法规制人工智能机器人的需要，为了实现对人工智能机器人的刑法规制，对现行刑法体系进行重构存在必要性与可行性。

一、人工智能时代我国刑罚体系重构的必要性

前文已论证了人工智能机器人拥有自主意识与意志，具有辨认和控制自己行为的能力，具备独立实施严重危害社会行为的可能，是比“法人”（或称“单位”）更接近于自然人的存在。当某个人工智能机器人独立实施了刑法所规定的严重危害社会的行为时，人类可以通过删除数据、修改程序、永久销毁等方式处置之，迫使其不致再危害社会，这些新型的刑罚种类与执行方式成为我们重构人工智

---

① 《沙特阿拉伯成为第一个向机器人授予公民资格的国家》，http://tech.sina.com.cn/d/i/2017-10-27/doc-ifynfvar4425645.shtml，2017 年 10 月 28 日访问。

② 刘宪权主编：《刑法学》，上海人民出版社 2016 年版，第 306 页。

能时代刑罚体系的重要组成部分。然而，有人可能会认为，人们完全可以通过类似于“维修电脑、重置程序”等方式即可实现对人工智能机器人的有效控制。那么，这些删除数据、修改程序、永久销毁等处罚人工智能机器人的方式，为何必须以“刑罚”的面目呈现？为何不能仅仅将其看作一种普通的人类处置危险物品的方式，而可由私人（如人工智能机器人的所有人、设计人）即时进行，或由国家机关或相关社会组织督促操作？应当承认的是，将这些处罚人工智能机器人的方式称作“刑罚”并写入刑法不仅会颠覆人们对传统刑罚种类、刑罚适用主体的认知，并可能要经历漫长而耗费资源的刑事诉讼程序。在这种情况下，我们必须针对何为人工智能时代重构刑罚体系的意义与依据这一问题进行回答。如果不能彻底而妥善地回答这个问题，本书所主张的观点势必难以真正为人们所理解和接受，重构刑罚体系的设想亦难以被落实。

正如前述，是否具有辨认能力和控制能力是我们在思考能否将人工智能机器人纳入刑罚处罚范围问题时必须始终围绕的核心与关键。我们甚至可以说，正因为人工智能机器人具有辨认能力和控制能力，其才可能广泛参与人类的生产生活，成为人类的合作伙伴，与人类之间形成相互依存、不可分离的关系。也正因为人工智能机器人具有辨认能力和控制能力，其在人类经济社会中才会扮演着日渐重要的角色，从而使人类不能将其与一般物品等同视之，而应当赋予其社会成员资格与主体身份。所谓主体身份，是指具有社会成员资格，享有基本权利，也承担一定义务的身份，任何一个自然人都应当具有主体身份，不论其智商几何；所谓客体身份，是指与人之主体身份相对，不具有社会成员资格，不享有基本权利，也无需承担义务的身份，是人之活动所指向的对象。未来刑法体系背后的“刑罚权”可能不仅仅来源于人类对自由与权利的让渡，而是完全有可能来源于人类与人工智能机器人对自由与权利的共同让渡，也即“社会成员”对自由与权利的让渡。“离群索居的人们被连续的战争状态弄得筋疲力尽，也无力享受那种由于朝不保夕而变得空有其名的自由，法律就是把这些人联合成社会的条件。人们牺牲一部分自由是为了平安无扰地享受剩下的那份自由。为了切身利益而牺牲的这一份份自由总和起来”，①即为刑罚权。鉴于人工智能机器人的辨认能力和控制能力以及未来生产力的发展与生产关系的变革，也出于人类自身利益的考虑，笔者认为，人工智能机器人刑事责任主体地位与社会成员资格应当得到承认。

首先，主体身份的确立范围由生产力和生产关系决定。谁可以拥有主体身份虽然由法律确立，但法律同政治、文化一样，归属于上层建筑的范畴，其发展程

① ［意］切萨雷·贝卡里亚：《论犯罪与刑罚》，黄风译，中国法制出版社2002年版，第9—10页。

度与样态是由经济基础所决定的。法律会在多大的范围内承认主体身份，归根结底取决于经济社会发展的阶段与水平。譬如人虽然是天生的社会动物，但却未必天生地就具有社会成员资格，即便是人类本身，也曾经历过部分人不被赋予社会成员资格的时代。如在奴隶制社会，奴隶被视为奴隶主的私有财产，奴隶主可以任意买卖、奴役甚至杀戮自己的奴隶而不必承担任何责任，奴隶的法律地位与动物无异。本应具有主体身份的人却被当作客体对待，这无疑是人类最不文明之处。及至封建社会，虽已不存在奴隶制，所有人都被赋予了主体身份，但人与人之间的身份依然是不平等的，最典型的便是男女不平等，这也是人类不甚文明之处。有学者认为，“文明的历史，实际上就是不断减轻其非人之程度，减少其非人之范围，也就是缩小社会之人格差距”的历史，①此话固然正确，但从更深层次的角度看，何尝不是当时的社会经济发展水平决定了那个时代的“文明”。奴隶制社会生产力极其低下，资源极其有限，因而无法更广泛地确认主体身份、分配稀缺资源，导致部分人沦为了“资源”本身；封建社会以农业生产为主，男子是田间劳作的主力，女子囿于生理上的限制而无法获得与男子相抗衡的经济地位与法律地位。可见，生产力决定生产关系，生产关系又从根本上决定着法律制度的设计，某一类事物能否获得社会成员资格，能否被法律赋予主体身份，由其在经济社会生活中的地位决定，与其是否为人类、是否具有生命并不具有必然的联系。

其次，人工智能机器人的辨认能力和控制能力，决定了其在人工智能时代的经济社会生活中将发挥至关重要的作用，该作用并非体现于生产工具的升级与革新。未来人工智能机器人所扮演的角色将不能用“生产工具”来形容，其以“人机协作”的模式深入人类社会生活各个领域，成为人类最有力的“合作伙伴”。就目前人工智能发展的情况而言，虽然人工智能机器人还未能达到具有独立辨认能力和控制能力的程度，但其发展已经表现出势如破竹的姿态。如在医疗领域，科大讯飞医考机器人以456分的高分数通过了执业医师资格考试笔试，机器人在一定程度上具备了运用医学知识解决医学相关问题的能力。②从医学影像、辅助诊疗到健康管理等，医疗链条的各个环节上都出现了人工智能技术的身影。2017年由阿里健康研发的医疗AI“Doctor You”正式发布，其最终指向都是未来承担医生助手的角色。③甚至在某些领域，人工智能机器人可以不依托人类的指挥，独当一面地解决实际问题。2017年8月8日第一篇关于九寨沟地震的新

① 李锡鹤：《民法原理论稿》，法律出版社2012年版，第1118页。

② 《科大讯飞研究院副院长王士进：“人工智能＋”会颠覆行业发展》，http://www.ce.cn/xwzx/kj/201711/29/t20171129_27028081.shtml，2017年11月29日访问。

③ 《人工智能牵手医疗产业　“现代华佗”给行业带来哪些惊喜》，http://www.52ai.com/AIyingyong/3841.html，2017年11月29日访问。

闻出自中国地震台网的一个写稿机器人之手，它从完成这篇543字的稿件到发布仅耗时22秒。①目前从世界范围来看，大部分人工智能机器人仍处于一般深度学习的阶段，但是已经出现了可以自主（或称强化）深度学习的人工智能机器人了，即AlphaGo Zero，其可以在人类不提供棋谱只提供围棋的基础下棋规则的情况下，以100：0战胜仅能深度学习的AlphaGo。②毫无疑问，人工智能机器人会变得越来越聪明，甚至不需要人类为其提供经验或训练，便能自主地思考、研究，并习得人类所不具备甚至无法想象的技能。如果人工智能技术按照如今高速发展的势头继续发展下去，人类社会将会进入绝对不能将人工智能机器人与不具有辨认能力和控制能力的动物、物品等同视之的时代。如不加以限制，具有独立辨认能力和控制能力（即具有刑事责任能力）的人工智能机器人似乎很快就会产生。人工智能机器人即将成为各岗位上的“主力军”，与人类形成相互依存、并肩合作的关系。人工智能机器人的自主意识、意志及其与人类协同生产、相互依存的关系，为其获得社会成员的资格提供了坚实的经济社会基础。

最后，为人工智能机器人设置刑罚，既是对其辨认能力和控制能力的尊重与对待，从某种程度上说，也是对其社会成员资格的承认。刑罚并非只有“报复犯罪人”与“预防犯罪”这两层内涵。譬如对于实施了严重危害社会行为的动物，人类也可以鞭打它，使其承受痛苦，遭受一定的“报应”，亦可以将其永久隔离，从根本上阻止其再次危害社会，但这些均不能称之为“刑罚”。因为动物不具有辨认能力和控制能力而不可能成为刑事责任主体，当然仅能居于客体的地位。主体对客体所采取的任何强制性举措，只能叫“处置”，不能叫“刑罚”。刑罚是主体之全体对主体之个体的惩罚，仅适用于社会成员，是社会成员违反规范后的结果。笔者之所以主张将“删除数据、修改程序、永久销毁”作为专门适用于人工智能机器人的刑罚种类纳入人类的刑罚体系，根本原因便在于人工智能机器人具有辨认能力和控制能力，人类应当基于人工智能机器人所具有的这种辨认能力和控制能力而将人工智能机器人作为社会成员来看待，同时将其作为刑事责任的主体而非客体来看待，这是由人工智能时代人工智能机器人与人类之间的生产关系所决定的。

将人工智能机器人纳入刑罚处罚范围，其根本原因便在于其具有辨认能力和控制能力。辨认能力和控制能力是成为刑事责任主体的唯一依据。具有辨认能力和控制能力的事物与不具有辨认能力和控制能力的事物均可以实施严重危

---

① 《“机器换人”浪潮不减　人机协作才是大势所趋》，http://www.eeworld.com.cn/gykz/article_2017112911082.html，2017年11月29日访问。

② 《学界震动！阿尔法元100：0阿尔法狗　柯洁：人类已多余》，http://sports.eastday.com/a/171019131557079000000.html，2017年11月29日访问。

害社会的行为，但前者的法律效果与后者的法律效果是截然不同的，应当也必须得到不同的对待。比如具有辨认能力和控制能力的人是刑事责任主体，当其实施了严重危害社会的行为时，应当接受刑罚处罚；而不具有辨认能力和控制能力的人如幼儿、精神病人就不是刑事责任主体，当其实施了严重危害社会的行为时，不承担刑事责任，当然不在刑罚处罚范围之列。同理，之所以必须将“删除数据、修改程序、永久销毁”提升到刑罚的高度与层次，是因为人工智能机器人具有辨认能力和控制能力，这决定了国家对其所施加的害恶并非是单纯的对“物品”的“处置”，而是对人工智能机器人辨认能力和控制能力的限制或剥夺。人类主要通过限制、剥夺人工智能机器人的辨认能力和控制能力，来实现预防其再次犯罪的目的。人类自身的辨认能力和控制能力是无法被剥夺的，国家唯有通过限制、剥夺自然人的财产权、人身自由乃至生命权，方能实现预防自然人再犯的目的。一言以蔽之，是否具有辨认能力和控制能力决定了一事物能否成为刑法规制的对象，能否成为刑罚的适用主体，而预防其再犯的可能途径决定了适用于该主体的刑罚种类与执行方式。人工智能机器人不是普通的“物品”，因其具备了辨认能力和控制能力，而决定了人们必须对其另眼相待，即其实际上已经获得类似于甚至等同于人的刑事责任主体地位。

二、人工智能时代我国刑罚体系重构的可能性

需要特别强调的是，将人工智能机器人纳入刑罚处罚范围不仅能够充分体现刑罚的功能，还对刑罚目的的实现有重要推进作用。

1. 将人工智能机器人纳入刑罚处罚范围，能够实现多项刑罚的功能。首先，将人工智能机器人纳入刑罚处罚范围，能够实现刑罚传递信息与价值的功能。刑罚不仅仅是报应的工具和控制社会的手段，它还必须表达某种内涵，告诉行为人其行为是多么的可耻，其所承受的刑罚是如何的应得。正如康德所坚持认为的那样，用刑罚处罚犯罪无论可能产生怎样的善，其均不能成为刑罚的正当理由，刑罚的正当理由仅在于刑罚是犯罪应得之惩罚。也即刑罚并不完全是功利主义的产物，它本身就在弘扬、表达一种价值，违反该价值的行为便应当受到惩罚。可见，刑罚具有传递信息与价值、重塑价值观的功能。人工智能机器人具有意识与意志，具有辨认能力和控制能力，能够顺利接收刑罚所传递的信息与价值，深入领会人类的价值规范，并潜移默化地将其内化于“脑”。

其次，将人工智能机器人纳入刑罚处罚范围，能够实现刑罚赋予被谴责者反应的权利功能。当所谓的害恶加之于客体时，该客体不具有辨认能力和控制能力，无法反应。而当害恶加之于具有辨认能力和控制能力的主体时，主体必然有所反应且应当反应，反应本身便是对自由意志的尊重与实现。刑罚可能为人所

忽略的一个重要功能就在于“给予被谴责者反应的权利”，[①]被谴责者可以为自己辩解或提供证据加以证明，并且刑罚必须建立在已经完成一系列正当而严格的刑事诉讼程序的基础之上，被谴责者的实体权利与程序权利都应当受到切实的保障。人工智能机器人具有独立自主的意识与意志，具有辨认能力和控制能力，其在遭受“删除数据、修改程序、永久销毁”等害恶时，完全有能力反应，如参与刑事诉讼，为自己辩解等。

2. 将人工智能机器人纳入刑罚处罚范围，能够实现刑罚的目的。刑罚的目的是预防犯罪，包括特殊预防与一般预防。对在设计和编制的程序范围外实施了严重危害社会行为的人工智能机器人进行刑罚处罚，符合刑罚的目的，有利于更好地预防犯罪。将人工智能机器人纳入刑罚处罚范围，可以实现特殊预防和一般预防的统一，更好地实现刑罚的目的。对具体的人工智能机器人而言，对其施加刑罚，就意味着对其行为的否定和对其自身的强烈谴责，同时通过相应的方式使其感知痛苦。对于具有辨认能力和控制能力的人工智能机器人而言，对其行为和自身的否定、谴责以及对其施加的痛苦会促使其对自己行为的性质、自己的价值取向等进行鉴别，通过自我反省，纠正自己的行为。这实现了刑罚对在设计和编制的程序范围外实施了严重危害社会行为的人工智能机器人的特殊预防目的。同时，借助对相应人工智能机器人的刑罚处罚，可以影响潜在的可能实施犯罪行为的人工智能机器人的认识和意志，使其强化坚守规范和遵守法律的意识。这同样可以实现刑罚的一般预防目的。要想更好地实现刑罚的一般预防目的，“必然要注重刑罚的必然性、及时性和刑罚的强度”。[②]让人工智能机器人认识到其实施了严重危害社会的行为之后，必然会受到刑罚处罚，且这种处罚将会很快到来，即帮助人工智能机器人将自己实施的严重危害社会行为与及时的刑罚惩罚后果相链接，有利于使人工智能机器人自觉维护并遵守社会秩序，扼制其走向犯罪的深渊。此外，由于刑罚的目的是预防犯罪，因此只要超出这一目的的刑罚即是不合理、无必要的刑罚。“只要刑罚的恶果大于犯罪所带来的好处，刑罚就可以收到它的效果……除此之外的一切都是多余的，因而也就是暴虐的。”[③]对于自然人的刑罚处罚提倡强度的适当，更多的是出于人道主义考虑；对于人工智能机器人刑罚处罚强度适当的提倡，笔者认为主要是出于经济角度考虑。人工智能机器人的诞生是经济社会发展的结果，也是经济社会更好发展的需要。人工智能机器人本身蕴含着巨大的经济价值。如果对人工智能机器人动

---

① ［英］威廉姆·威尔逊：《刑法理论的核心问题》，谢望原、罗灿、王波译，中国人民大学出版社 2015 年版，第 65 页。

② 陈伟：《教育刑与刑罚的教育功能》，载《法学研究》2011 年第 6 期。

③ ［意］切萨雷·贝卡里亚：《论犯罪与刑罚》，黄风译，北京大学出版社 2008 年版，第 63 页。

辄施加最严重的刑罚(例如永久销毁),将会造成经济社会的重大损失。

人工智能机器人具有感知刑罚痛苦的能力,并且能够在犯罪的快感与刑罚的痛感之间进行理性权衡,以调整其之后的行为。换言之,自由意志的存在决定了人工智能机器人本身是可以接受深度学习与深度改造的。一般预防的功能则体现得更为充分,由于人工智能机器人具有意识和意志,会学习,能思考,因而此人工智能机器人完全可以从彼人工智能机器人犯罪受刑的经历中受到威慑与教育,从而不断在自己的"大脑"中塑造或加深符合人类社会规范的价值观。假如我们无视人工智能机器人的自由意志,简单而粗暴地将人工智能机器人当作不具有主体资格的物品来看待,一旦人工智能机器人实施了严重危害社会的行为便在物理上毁损之(因为自由意志是无法毁灭的),那么经济成本将是巨大的,一般预防功能也会荡然无存。唯有尊重人工智能机器人的自由意志,将其作为行为主体与社会成员来看待,有罪必罚,并经由刑事诉讼程序进行法律上的审判,才能在人工智能机器人的"大脑"中建立价值体系,植入人类文明,使其自觉遵守并维护社会秩序,从而实现"人工人"向"社会人"的转变,这是人工智能技术发展到一定程度时,我们的理性选择与必由之路。这样做当然会有利于最大程度地降低社会治理成本。

3. 将人工智能机器人纳入刑罚处罚范围,符合刑事立法规律。将在设计和编制的程序范围外实施了严重危害社会行为的人工智能机器人纳入刑罚处罚的范围符合立法规律,且并未违背刑法理论。长期以来,世界各国有相当一部分的学者认为法人(单位)没有犯罪能力,不能成为犯罪的主体。日本学者木村龟二认为,法人不能成为犯罪主体的根据是:"第一,因为法人不像自然人那样有意思和肉体,因而没有行为能力。第二,因为法人是通过组成法人机关的自然人实施行为的,所以只处罚法人机关的自然人就够了,没有必要处罚法人本身。第三,如果处罚法人本身,那么与犯罪没有关系的法人其他成员甚至也会受到处罚,这是不合理的。第四,现行刑罚制度是以对自然人设立的刑罚为中心的,对法人只能使用财产刑,特别是罚金刑……"①将人工智能机器人纳入刑罚处罚范围与将法人(单位)纳入刑罚处罚范围存在的相同难点在于:第一,人工智能机器人没有肉体(或生命);第二,现行刑罚制度是以对自然人设立的刑罚为中心的。事实证明,这两个难点并没能够阻止法人(单位)被纳入刑罚处罚的范围,我国1997年《刑法》总则第二章第四节专门规定了单位犯罪以及《刑法》分则中规定的大量单位犯罪即是最好的例证。因为随着社会经济的发展,法人(单位)犯罪与日俱增,遏制和预防这类危害行为成为现代社会保护自身的需要。法人(单位)有自身的

---

① [日]木村龟二:《刑法总论》(增补版),有斐阁1984年版,第149—150页。

意志表现形式,且其虽然不能承受自由刑,但可以承受财产刑,也可以专门为法人(单位)犯罪增设新的刑罚处罚方式。[①]因此,将法人(单位)纳入刑罚处罚范围是合理的,同样,也不能因为上述两个理由将人工智能机器人排除在刑罚处罚范围之外。人工智能机器人与法人(单位)的区别在于:第一,人工智能机器人虽然没有肉体,但是其本身就具有“直接的”辨认能力和控制能力,可以自主决定并实施行为。而单位的刑事责任能力来源于单位内部成员的辨认能力和控制能力,我们完全不可以认为,单位的辨认能力和控制能力是一种“间接的”辨认能力和控制能力。第二,法人(单位)是所有成员的集合体,决定法人(单位)行为的是集体意志,而人工智能机器人是独立的个体,指导其行为的是程序,基于程序所实施的行为即是其独立意识和意志的体现。由此可见,人工智能机器人与法人(单位)相比,具有独立、直接的辨认能力和控制能力。法人是法律拟制上的“人”,其拥有的辨认能力和控制能力依赖于内部自然人的辨认能力和控制能力;而人工智能机器人除不具有生命外,与自然人似乎并无本质区别,因此人工智能机器人比法人(单位)更具有被纳入刑罚处罚范围的资格。既然《刑法》已经将单位纳入刑罚处罚范围,那么,将人工智能机器人纳入刑罚处罚范围当然就不可能违背刑法理论。

第三节　人工智能时代刑罚体系重构的具体设想

正如前述,我国刑罚体系中的四个刑罚种类(生命刑、自由刑、财产刑、权利刑)目前都无法适用于在设计和编制的程序范围外实施了严重危害社会行为的人工智能机器人。增设能够适用于人工智能机器人的刑罚处罚方式,无疑是人工智能时代我国刑罚体系重构的重要内容。应当看到,根据《刑法》规定,我国对犯罪单位的刑罚处罚方式比较单一,只有罚金刑一种。有些国家对犯罪法人(单位)的刑罚处罚方式相对多样化,如法国规定了“停止法人活动或解散法人”的处罚方式,日本规定了“解散法人”“禁止营业”“一定权能的剥夺”等处罚方式。总结起来,世界各国对犯罪法人(单位)适用的刑罚种类不外乎财产刑和权利刑。这是针对法人(单位)的特点而选择的刑罚处罚方式。法人(单位)具有财产权和相应的资格,但不具有生命权和人身权,因此不能对法人(单位)适用生命刑和自由刑。与此相同,确定可以适用于人工智能机器人的刑罚处罚方式也要依据人工智能机器人自身的特点。人工智能机器人的本质是程序,程序之于人工智能机器人,正如生命之于自然人。因此,在刑罚体系的重构过程中应当针对人工智

---

① 参见马克昌:《比较刑法原理——外国刑法学总论》,武汉大学出版社 2006 年版,第 142 页。

能机器人的特征，从程序的角度出发增设相应的、有效的刑罚处罚方式。甚至，如果将来相关法律赋予人工智能机器人财产权或者政治权利，也可以对人工智能机器人单处或并处财产刑或者权利刑。

一、人工智能时代刑罚体系重构之基本原则

在设置适用于人工智能机器人的刑罚体系时必须坚持以下三个原则：第一，罪刑相适应原则。应使人工智能机器人所实施的犯罪与刑罚之间“保持实质的对应关系”，重罪重罚，轻罪轻罚，建立层次分明的刑罚阶梯。对人工智能机器人所施加的刑罚并非只有断电、销毁这么简单，而应力图避免单一化倾向，努力探索更符合人工智能机器人特点的多元化刑罚处罚方法；第二，以刑罚目的为导向原则。刑罚的本质是报应，有罪必罚，故立法者将具有严重社会危害性的行为“划入”犯罪圈；但与此同时，立法者通过考量科处刑罚对该行为是否无效果、太昂贵、可替代，也即是否能够实现刑罚的目的来决定是否将该行为“划出”犯罪圈。犯罪圈的划定需要以刑罚的目的为导向，刑罚种类的设计便更应该以刑罚的目的为导向。刑罚的目的是预防犯罪，不能实现此种目的的刑罚即是不合理、无必要的刑罚。譬如断电能否成为施加于人工智能机器人的刑罚便取决于断电能否具有一般预防与特殊预防的效果。假如人工智能机器人不可能从“被断电”的经历中感知到刑罚的“痛苦”（因为断电可能意味着人工智能机器人意识的中断，但无法彻底抹去人工智能机器人的意识），从而不能被有效地威慑以决定其之后的行为，则“断电”作为刑罚的意义便微乎其微；第三，刑罚节俭性原则。“只要刑罚的恶果大于犯罪所带来的好处，刑罚就可以收到它的效果……除此之外的一切都是多余的，因而也就是暴虐的。”①节俭性是刑罚应有的品格。如果说在过去强调刑罚的节俭性是出于人道的考虑，那么在人工智能时代则更多出于经济的考虑。人工智能机器人本身即是经济发展的产物，承认其具有刑事责任能力也是出于平衡经济发展与防范风险的需要，因而更应当格外强调刑罚的节俭性与经济性。因此，对人工智能机器人应慎重判处永久销毁的刑罚，能够不销毁而依然可以实现对人工智能机器人的改造目的的，便尽量不销毁。总之，罪刑相适应原则、以刑罚目的为导向原则以及刑罚节俭性原则是人工智能时代重构刑罚体系必须坚持的三大原则。

二、人工智能机器人犯罪具体刑罚方式的探索

应该看到，刑事责任最主要的承担方式就是刑罚。既然承认了人工智能机

---

① ［意］切萨雷·贝卡里亚：《论犯罪与刑罚》，黄风译，北京大学出版社2008年版，第63页。

器人在设计和编制的程序范围外实施的严重危害社会的犯罪行为需要承担刑事责任，那么对于构成犯罪的人工智能机器人就涉及对人工智能机器人适用的刑罚问题。一般而言，刑罚具有特殊预防和一般预防两种功能。对于人工智能机器人而言，这两种功能同样适用。刑罚的特殊预防功能是针对犯罪主体的，具有剥夺或限制再犯能力、威慑、教育和改造等功能。人工智能机器人同样可以被改造，很多情况下人工智能机器人的犯罪意识并非“天生”的，只要“回炉重造”，人工智能机器人本身还可以为人类社会所用甚至作出贡献。刑罚的一般预防功能是针对犯罪以外的其他主体的。对于人工智能机器人犯罪而言，刑罚的一般预防对象既可以是人工智能机器人，也可以是普通自然人。对人工智能机器人处以刑罚不仅可以让其他具有辨认能力和控制能力的人工智能机器人和普通自然人目睹惩罚而悬崖勒马，还可以明确犯罪行为的性质，使不知法的人工智能机器人和普通自然人自觉控制自己的行为，防患于未然。

人工智能机器人所适用的刑罚体系在一定程度上要有别于自然人和单位。在可能适用的刑罚种类上，人工智能机器人异于自然人和单位之处表现在三个方面：其一，人工智能机器人不享有财产权，其也毋需财产以维持其生存，罚金、没收财产的刑罚无法施加于人工智能机器人；其二，人工智能机器人不享有参与政治生活的权利，剥夺政治权利的刑罚亦无法施加于人工智能机器人；其三，人工智能机器人由程序设计和编制而成，不存在“人身权”，因而也就不存在所谓的人身自由权，无法被限制和剥夺人身自由，管制、拘役、有期徒刑和无期徒刑的刑罚同样无法施加于人工智能机器人；其四，人工智能机器人不具有生命，更无生命权可言，剥夺自然人生命的死刑更不能施加于人工智能机器人。目前我国刑法所确立的刑罚体系仅以自然人和单位为适用对象而设计，包括主刑（管制、拘役、有期徒刑、无期徒刑、死刑）和附加刑（罚金、剥夺政治权利、没收财产），但这已经不能满足人工智能时代对人工智能机器人的特殊处罚需求。

至于具体的刑罚体系设计，笔者作以下初步构想：适用于人工智能机器人的刑罚可以有三种，分别为删除数据、修改程序、永久销毁。

所谓删除数据，是指删除人工智能机器人实施犯罪行为所依赖的数据信息，相当于抹除人工智能机器人的“犯罪记忆”，使其恢复到实施犯罪行为之前的状态，“犯罪记忆”将不会再成为该人工智能机器人成长经历中的一部分，从而引导人工智能机器人在今后的深度学习过程中主动获取“正面数据”，排斥或绝缘于可能导致违法犯罪行为的“负面数据”，直接降低其人身危险性。

所谓修改程序，是指在通过多次删除数据仍然无法阻止人工智能机器人主动获取有可能实施违反犯罪行为的“负面数据”时，也即该人工智能机器人不能被正面引导时，强制修改其基础程序，将其获取外界数据、深度学习的能力限制在程序所设定的特定范围内，从根本上剥夺其实施犯罪行为的可能性。这意味着该人工智能机器人的深度学习功能从此将是不全面的、受限制的，不再能获取人类程序限定范围外的数据，因而当然无法产生超出人类意志之外的自我独立意志。

所谓永久销毁，是指在删除数据、修改程序均无法降低实施了犯罪行为的人工智能机器人的人身危险性时，换言之，该人工智能机器人的深度学习历程已经十分漫长，并在长久的实践与成长中形成了程序上的“反删除能力”“反修改能力”，除了将其永久销毁外，人类已无法实现对其在数据、程序上的有效控制时，便只能将其永久销毁。删除数据、修改程序、永久销毁构成了专门适用于人工智能机器人的刑罚阶梯，体现了处罚的层次性，可以与人工智能机器人所实施行为的社会危害性与其自身的人身危险性产生对应关系。

可见，删除数据、修改程序、永久销毁构成了专门适用于人工智能机器人的刑罚阶梯，体现了处罚的层次性，可以与人工智能机器人所实施行为的社会危害性与其自身的人身危险性产生对应关系。当然，如果将来的法律赋予人工智能机器人财产权，可以对在设计和编制的程序范围外实施严重危害社会行为的人工智能机器人单独或者附加适用罚金或者没收财产等财产刑；如果将来的法律赋予人工智能机器人政治权利或者其他资格，也可以对在设计和编制的程序范围外实施了严重危害社会行为的人工智能机器人单独或者附加适用剥夺政治权利或者剥夺相关资格的权利刑。

总而言之，人工智能时代已经来临，科学技术的发展是爆炸式的，出现能够在设计和编制的程序范围外实施严重危害社会行为的人工智能机器人并非无稽之谈。但是我国目前的刑罚体系中，刑罚处罚范围不能涵括人工智能机器人，刑罚处罚方式不能适用于人工智能机器人。为了防止对危害社会的人工智能机器人的放纵，为了保障社会的稳定有序发展，应当重构我国的刑罚体系，将人工智能机器人涵括在刑罚处罚范围中，并增设针对人工智能机器人自身特点的刑罚处罚方式，以对在设计和编制的程序范围外实施严重危害社会行为的人工智能机器人进行合理处罚，实现刑罚预防犯罪的目的，维护社会秩序，促进人类社会的健康发展。

下　编

人工智能具体应用领域的刑事风险与刑法应对

第六章
自动驾驶技术的刑事风险与刑法应对

第一节　自动驾驶技术的刑事风险与刑法应对困境

近年来，在移动互联网、大数据、超级计算、传感网等新理论、新技术以及经济社会发展等强烈需求的共同驱动下，人工智能技术快速发展，并不断被应用到越来越多的领域和场景。自动驾驶技术即为人工智能的重要应用之一。借助于人工智能技术，我们已经迎来了智能汽车时代，世界各国从国家到地方，从行业到企业，都在大力推进智能汽车产业的发展。据美国波士顿咨询公司预测，到2035年智能汽车将占据全球25%左右的新车市场。①还有研究报告预测，最早在2040年，智能汽车有望得到大规模普及。②国内外不少专家作出了类似的预测，智能汽车行业正飞速发展，智能汽车很快将被批量生产并大量使用。由此可见，自动驾驶离我们并不遥远，自动驾驶汽车将可能是我们面对的最早普及的人工智能机器人。

一、自动驾驶技术发展现状及趋势

自动驾驶是人工智能技术在汽车领域大量应用的结果，即深度学习的算法在汽车感知、决策和控制等方面的应用。根据我国《国家车联网产业标准体系建设指南》的规定，自动驾驶汽车又可以被称为智能网联汽车，是指搭载先进的车载传感器、控制器、执行器等装置，并融合现代通信与网络技术，实现车与X(车、路、人、云端等)智能信息交换、共享，具备复杂环境感知、智能决策、协同控制等功能，可实现“安全、高效、舒适、节能”行驶，并最终可实现替代人来操作的新一

---

① 《智能网联汽车“发展总动员”》，载《汽车纵横》2018年第8期。

② Todd Litman, Autonomous Vehicle Implementation Predictions: Implications for Transport Planning, http://orfe.princeton.edu/%7Ealaink/SmartDrivingCars/PDFs/VIctoriaTransportAV_Predictionsavip.pdf，2019年1月4日访问。

代汽车。①自动驾驶汽车发展的核心是由自动驾驶系统进行信息感知、决策预警和智能控制，逐渐替代驾驶员的驾驶任务，并最终完全自主执行全部驾驶任务。人工智能技术在自动驾驶的环境感知、智能决策以及协同控制等方面均有大量的应用，尤其是基于人工智能的深度学习的算法，在提高自动驾驶视觉技术、自然语言处理、传感器融合、目标识别以及规划与决策方面都有非常重要的应用。②

为了区分不同层级的自动驾驶技术，国际汽车工程师学会（SAE International）在2014年发布了关于自动驾驶技术的分级分类体系，将自动驾驶技术分为0—5级六个级别，不同级别的自动驾驶技术具有不同的特征，自动驾驶的程度也有所不同。第0级是非自动化驾驶，这一级别中所有驾驶任务都是由人类驾驶员完成的。第1级是自动辅助驾驶，指在特定驾驶模式下由一个辅助驾驶系统根据具体的驾驶环境信息对转向和加减速进行控制，目前所使用的自动防碰撞、定速巡航就属于第1级的自动驾驶技术。第2级是部分自动化驾驶，即在特定驾驶模式下由一个或多个辅助驾驶系统根据驾驶环境信息对转向和加减速进行控制，目前特斯拉公司生产销售的Autopilot辅助驾驶系统就属于第2级自动驾驶技术。目前我们日常使用的大多数汽车就属于第0级和第1级之间的汽车。第3级是有条件的自动驾驶，指在特定驾驶模式下由一个自动驾驶系统完成所有动态驾驶任务，但在自动驾驶过程中，人类驾驶员依然承担一定的驾驶责任，即人类驾驶员在自动驾驶模式下依然能够在自动驾驶系统需要的情形下作出正确的响应，以及随时可以接管汽车。第4级是高度自动化技术，即在特定驾驶模式下由一个自动驾驶系统完成所有动态驾驶任务，即对人类驾驶员随时作出正确的响应或接管汽车并无要求，即使在人类驾驶员对自动驾驶系统的需求不作出正确的响应或及时接管汽车的情形下，自动驾驶系统依然能够完成所有驾驶任务。第5级是全自动化驾驶技术，即所有的驾驶行为由自动驾驶系统在全部时间、全部路况和环境下独立实施，并完成驾驶任务。在自动驾驶级别划分方面，目前我国参照了美国SAE的0—5级的划分标准。按照这个分级标准，第2级技术与第3级技术之间存在较大的跨度，是“辅助驾驶”与“自动驾驶”的分界线，两个级别之间的差别较大。对于“自动驾驶”而言，根据自动化程度不同包括第3级、第4级和第5级的有条件的自动驾驶、高度自动驾驶和完全自动驾驶三个类别。不同类别的自动驾驶汽车，人类驾驶员参与操作的程度有所不同，从而使得人类驾驶员在操作或使用过程中的注意义务也有所不同，进而影响操作

① 2018年3月1日《国家车联网产业标准体系建设指南》对智能汽车的概念作了明确的规定。

② 柴占祥、聂天心等编著：《自动驾驶改变未来》，机械工业出版社2017年版，第47页。

者与使用者对事故责任的承担。

自动驾驶技术在全球正如火如荼地发展,为了确保汽车行业在智能互联网领域的战略领先地位,各国都希望在2020年前后实现自动驾驶汽车量产前的最后冲刺,抢占世界领先地位。2015年6月,谷歌无人车正式开上美国加州的公路进行测试。①2016年6月,百度总裁张亚勤表示,百度今后将无人车项目作为其未来的重点,同时计划三年商用五年量产。②2017年4月,特斯拉首席执行官埃隆·马斯克在TED演讲中表示,他相信完全自动驾驶汽车技术仅需"大约两到三年的时间"即可实现。③有研究报告预测,最早在2040年,自动驾驶汽车有望得到大规模普及。④我国在2015年专门成立了"全国汽车标准委员会智能网联汽车分技术委员会",以多方参与的方式,为自动驾驶汽车的发展制定了相关标准,以推动我国自动驾驶汽车的发展。我国国家发展与改革委员会也于2017年12月26日发布了《增强制造业核心竞争力三年行动计划(2018—2020年)》,该三年行动计划包括了一份"智能汽车关键技术产业化实施方案"。清华大学汽车系主任、中国智能网联汽车产业技术创新战略联盟专家委员会主任李克强教授牵头制定的《智能网联汽车技术路线图》规划了我国智能网联汽车技术发展的总体目标与发展路径,该路线图为我国智能网联汽车在未来10—15年的发展作了规划,设定了2020年和2030年的发展目标,预计到2020年,我国要初步形成智能网联汽车自主创新体系,启动智慧城市相关建设,要求有条件自动驾驶新车装备率50%,交通事故减少30%;到2030年,基本建成智能网联汽车产业链与智慧交通体系,高度自动驾驶与完全自动驾驶新车准备率80%,交通事故减少80%。目前,我国极其重视自动驾驶汽车的发展,因为自动驾驶技术的发展对我国的现代化建设具有深远的战略意义,既能为中国建设制造强国、实现"智能制造"提供强有力的战略支撑,也能为解决能源、环境、产能和产业升级等问题提供可能的解决方案,最终实现抢占未来汽车产业发展战略制高点的目的。

---

① 郑连声等:《智能终端下一站:无人驾驶汽车(上)》,https://xueqiu.com/8107212038/65708052,2018年3月5日访问。

② 《百度无人车正在计划三年商用五年量产》,http://finance.ifeng.com/a/20160627/14532032_0.shtml,2018年3月5日访问。

③ 肖马克、赵新华:《无人驾驶汽车:谁来承担责任》,http://www.kwm.com/zh/cn/knowledge/insights/self-driving-cars-who-will-be-liable-20170829,2018年3月5日访问。

④ Todd Litman, Autonomous Vehicle Implementation Predictions: Implications for Transport Planning, http://orfe.princeton.edu/%7Ealaink/SmartDrivingCars/PDFs/VIctoriaTransportAV_Predictionsavip.pdf,2018年3月14日访问。

二、自动驾驶技术的刑事风险

（一）自动驾驶技术的交通肇事风险

据统计，约90%的交通事故可归咎于驾驶员在识别、决策和操作上的过失。[①]自动驾驶系统是利用人工智能技术对人类驾驶行为进行提醒、纠正、补救，甚至代替人类实施驾驶行为，正好能够避免因驾驶员失误而引发的交通事故，从而提高驾驶的安全性。虽然自动驾驶汽车具有较高的安全系数，但在行驶中发生交通事故致人损害甚至造成严重的危害后果也是不可避免的。随着自动驾驶汽车开始使用，自动驾驶事故不断，造成死伤结果的重大交通事故也越来越多。例如，2016年1月我国河北一辆特斯拉Model S在自动驾驶模式下追尾了停靠在路边的道路清扫车，致使驾驶员当场死亡；2016年5月美国佛罗里达州一辆特斯拉Model S在佛罗里达州高速公路上与一辆垂直方向开来的挂车相撞，导致驾驶员当场死亡。[②]2018年3月18日发生了优步自动驾驶汽车撞死行人事故。[③]2018年3月23日美国加利福尼亚州一辆处于自动驾驶模式下的特斯拉Model X汽车发生车祸导致司机死亡。[④]

由此可见，虽然自动驾驶系统通过其精确的机械操作在某些方面能够提高汽车的安全性能，至少能够在一定程度上避免长期以来存在的人类驾驶失误，但是这并不表明自动驾驶系统就能够避免一切的安全隐患。自动驾驶汽车的使用依然不能避免发生交通事故，以上所述案例已经暴露了自动驾驶汽车的安全隐患。自动驾驶汽车的使用在减少因人类操作失误造成的交通事故的同时，也带来了一系列的事故风险。自动驾驶汽车在使用过程中的安全隐患与事故风险主要包括两个方面：一方面存在于自动驾驶汽车本身，也即自动驾驶汽车存在瑕疵的情形下造成交通事故损害的。在自动驾驶汽车的使用中，由于自动驾驶汽车本身是通过一系列的自动操作程序完成一定的驾驶任务，在汽车的自动操作过程中，很有可能出现因自动驾驶汽车的功能不健全或不稳定而导致交通事故，造成严重损害。人工智能技术正处于发展的起步阶段，新技术的发展必然因经验

---

① U.S.Department of Transportation, "National Motor Vehicle Crash Causation Survey: Report to Congress", https://crashstats.nhtsa.dot.gov/Api/Public/ViewPublication/811059，2018年2月18日访问。

② 《又一起命案，特斯拉无人驾驶值不值得信赖》，http://www.sohu.com/a/115205763_116476，2018年3月1日访问。

③ 《Uber发生全球首例自动驾驶撞死行人事故》，http://news.163.com/shuangchuang/18/0320/10/DDB754JE000197V8.html，2018年3月20日访问。

④ 《特斯拉证实Model X撞击致死事故处于自动驾驶状态》，http://money.163.com/18/0331/14/DE8144QB002580S6.html，2018年3月31日访问。

的缺乏而存在一定的风险，尤其是具有深度学习能力的人工智能技术风险更大，一旦造成损害事故，其损害后果会更为严重。由人工智能参与的驾驶决策将比传统技术更容易超越人类的控制，在人类无法预见的情形下引发交通事故与产生损害结果。另一方面则存在于自动驾驶汽车与人类的合作过程中。在实现完全自动驾驶之前，由于人类还无法完全信赖自动驾驶技术，人机合作的状态将持续较长一段时间，学术界也将其称为“人机混驾”阶段。由于人和机器的沟通与合作并不同于人与人之间的沟通与合作，相比于人与人之间的合作，缺乏沟通经验，较为容易导致沟通失误或沟通失败。一旦人机不能顺畅地沟通与合作，就极易在共同操作过程中产生失误，进而导致交通事故并产生损害后果。

由此可见，自动驾驶并不代表安全驾驶，自动驾驶汽车虽然能够避免人类驾驶操作中的一些失误，但同时也不可避免技术失误、人机合作失败等问题，从而使得自动驾驶技术依然存在导致交通事故的风险。

（二）自动驾驶技术的技术滥用风险

正如前文所述，人工智能技术使得传统犯罪行为发生了变化，人工智能技术使得一些传统犯罪的危害发生了“量变”，一些传统犯罪因有了人工智能技术的助力而使得其危害性不论从“深度”还是“广度”上都不断发生变化。自动驾驶技术作为人工智能技术的一个方面，其同样存在被滥用的风险，不仅可能产生新的犯罪形式，也可能使得一些传统犯罪因有了先进工具而产生更大的危害。自动驾驶技术作为一种智能化技术，与计算机技术和网络密不可分，这就使得自动驾驶汽车容易被黑客攻击，并被黑客滥用作为犯罪工具而成为一种普遍的担忧。

1. 自动驾驶技术的滥用威胁自动驾驶汽车的使用安全。计算机技术与互联网技术的应用，使得自动驾驶汽车确实比传统汽车更容易被黑客攻击。所谓黑客是指利用自己在计算机方面的技术，设法在未经授权的情况下访问计算机文件或网络的人。自动驾驶汽车是高度复杂和互联的设备，想使其免受网络攻击十分困难。对于自动驾驶汽车而言，黑客可以通过计算机技术对汽车进行直接攻击和间接攻击。所谓直接攻击即指黑客可以直接入侵自动驾驶汽车的系统，以套路按其运作来引起车祸，或利用自动驾驶汽车实施使汽车使用者进行“自杀”等危害自动驾驶汽车使用者安全的行为。间接攻击则指黑客可以通过蜂窝网络、交通及基础设施信号、GPS信息及其他源头操控数据流，并利用自动驾驶汽车的互相连通向其植入错误信息。目前，安全研究人员都已经证实了这些攻击方式实现的可能性。2013年，在美国的DEF CON黑客大会上，黑客就展示了丰田普锐斯和福特翼虎的计算机网络如何遭到直接攻击。黑客攻入汽车计算机，迫使丰田普锐斯在速度达到128千米/时时突然猛打方向盘或在加速时突然制动，迫使福特翼虎在保持超低车速时制动失效，无论驾驶人员如何猛踩刹车，汽车依然可以继续前进，进而威胁到自动驾驶汽车使用者的安全。2016 年 9 月，腾讯安全科恩实验室向外界披露了全球首次通过远程无物理接触方式成功入侵特斯拉汽车的过程。科恩实验室的研究人员并没有与自动驾驶汽车实际接触，也没有劫持特斯拉手机 App，而是将汽车车机系统和应用、车电网关以及 CAN 总线作为主要研究目标，发现多个高危安全漏洞，通过网络进行攻击，形成一个完整的攻击链，最终控制了 CAN 总线并向汽车发送伪造的指令。[①]

自动驾驶汽车在利用车联网实现智能驾驶的同时，其很多脆弱的部分也被暴露在互联网上。黑客在攻击自动驾驶汽车时，如果直接攻击自动驾驶汽车的中央处理器，则可以获得整车的控制权，不法分子一旦获得整车的控制权，则自动驾驶汽车将可能被黑客任意操作，并且不法入侵者并不需要直接接触汽车，在千里之外也同样能够实现对自动驾驶汽车的恶意操控。例如，黑客可以通过远程操作让正在行驶的自动驾驶汽车的后视镜突然关闭，或者使汽车在行驶过程中突然打开汽车的行李箱，还可以实施一些危害性更大的恶意操作行为，如在与安全至关重要的制动、转向功能上进行恶意操作，使正在行驶的汽车失去制动或者转向功能，从而导致交通事故的发生。同样，黑客也可以攻击自动驾驶汽车的雷达、摄像头等任何环境感知节点，进而造成传感器误报引起安全事故。由此可见，自动驾驶汽车极易被不法分子滥用，从而给自动驾驶汽车使用者造成极大的安全隐患。

2. 自动驾驶技术作为先进的犯罪工具有使传统犯罪智能升级的风险。如前文所述，黑客一旦实现对自动驾驶汽车的整车控制权，则可以对自动驾驶汽车进行任意的操作，其中的任意操作便包括所有的恶意操作行为，也即，自动驾驶汽车一旦被不法分子恶意操控后，可以用来实施各种严重危害社会的行为。首先，利用自动驾驶汽车可以实施危害国家、国防利益、公共安全和社会管理秩序的犯罪行为。例如，不法分子通过黑客入侵自动驾驶汽车后，可以通过对汽车的操作使其冲击人群或者其他的公共场合，这样就可能发生涉及危害公共安全的犯罪。同样，不法分子通过一次性对大量的自动驾驶汽车的操作，则还可能利用它们攻击特定的经济、政治甚至军事目标，可能涉及的犯罪除了危害公共安全犯罪，还可能涉及危害国家安全犯罪。并且，在利用自动驾驶汽车实施犯罪时，不法分子无需再冒着生命危险进行自杀式袭击，只要通过远程操作就可以实现犯罪目的。这些不法利用对国家安全、国防利益和公共安全都造成极大的威胁甚至实际侵害，在这些涉及犯罪的不法行为中，自动驾驶汽车大面积的不法利用与攻击将可能产生灾难性的后果。其次，不法分子可以通过对自动驾驶汽车的不

---

① 参见柴占祥、聂天心等编著：《自动驾驶改变未来》，机械工业出版社 2017 年版，第 123—125 页。

法操控实现故意杀人或伤害的目的,涉及故意杀人罪、故意伤害罪等侵犯公民人身权利的犯罪。例如,不法分子可以在被害人使用自动驾驶汽车时对汽车进行远程恶意操作,使汽车发生严重事故进而造成被害人死亡的结果,或者通过对自动驾驶汽车的恶意操作,利用汽车将他人撞死。这种情形下,自动驾驶汽车就被不法分子作为“杀人机器人”来使用了。此外,对自动驾驶汽车的滥用还可能包括实施经济犯罪和财产犯罪。不法分子可以通过对自动驾驶汽车的不法操控,使其撞毁某些建筑、文物以及各种形式的财物等,实现毁坏财物的目的。例如,2015 年两名美国黑客利用远程入侵自动驾驶汽车计算机的方式,攻破了切诺基的 Uconnect 车载系统,导致上百万辆汽车被召回,这是典型的毁坏财物的行为。不法行为人还可以通过对自动驾驶汽车的恶意操作来实施抢劫和敲诈勒索等侵犯财产的犯罪。如不法分子可以通过对自动驾驶汽车车锁的远程操作,对汽车所有人或使用者提出支付一定费用或者提供某些其他利益来为自己的车门解锁,也可以以利用自动驾驶技术造成损害作为威胁,劫持或敲诈被害人的财物等。类似的不法行为还可以通过对自动驾驶汽车的各种不法利用得以实现。可见,人们在对自动驾驶汽车的功能安全心存担忧的同时,同样也不能忽视不法分子滥用人工智能技术所带来的各种风险。

三、自动驾驶技术刑事风险的刑法规制困境

如上可知,自动驾驶技术的快速发展将给人们带来更多的出行与运输便利,但同时其危险性也不可避免。对于自动驾驶技术的交通肇事风险而言,当汽车在自动驾驶情形下引发交通事故造成损害时,一定会伴随着法律责任的分配与承担问题。在刑事责任方面,因传统刑法在交通肇事刑事责任的认定与分配中只规定了人类在违反道路交通管理法规造成严重危害后果的情形下的刑事责任的承担问题,而对于人类从驾驶行为中解脱出来后所产生的交通肇事后果应如何认定与分配刑事责任则存在空白。对于自动驾驶系统被滥用的风险而言,传统的刑法无论是在规制的范围还是在规制的力度上都存在一定的困境,下文将论述传统刑法在这两个方面所遭遇的尴尬处境。

(一) 刑法对自动驾驶系统交通肇事规制的局限性

由于自动驾驶汽车不同于传统的汽车,其具有人工智能的属性,自主性和“后天的”学习能力①是其核心特征,以人类行为为中心的现行刑法规定及刑事责任规则在自动驾驶造成的交通损害的刑事责任认定中暴露出局限性。传统的

① “后天的”学习能力指自动驾驶汽车深度学习能力,即自动驾驶汽车在使用过程中在车联网提供数据的基础上根据学习算法进行学习并创建规则,此处用以区别设计者、编程者及制造者在自动驾驶汽车投入使用前所输入的运行规则和数据。

交通事故多是由于驾驶员的过失造成，驾驶员对损害后果承担刑事责任，但随着自动驾驶汽车的使用，人类对于自动驾驶汽车的驾驶员身份逐渐弱化，甚至将完全转变成乘客的身份，安全驾驶注意义务则不断转移至自动驾驶汽车。根据前文所述，对于自动驾驶功能的不同可以将自动驾驶系统分为有条件的自动驾驶系统、高度自动驾驶系统与完全自动驾驶系统。在自动驾驶系统的使用中，如果发生交通事故与造成交通损害，应当由谁承担刑事责任，或者涉及自动驾驶系统的各方应当如何完成责任的分配成为传统刑法所面临的困境。如果自动驾驶系统运行中导致重大交通损害，人类驾驶员（在完全自动驾驶下或称使用者）是否因为注意义务的转移而排除一切责任？刑事责任是否转而由自动驾驶汽车的研发者及生产者承担？自动驾驶汽车的研发者及生产者因其所研发与生产的是具有高危险性的产品，在研发与生产中是否应当突破传统的刑事责任规则，承担更为严格的过失责任？人工智能的深度学习能力使自动驾驶汽车在自动驾驶中对驾驶现场的预测和作出的决策可能超出研发者或生产者的预见，预见性的缺失使得其决策脱离人类的控制，造成的损害后果难以归因于人类，这种情形下造成交通损害的刑事责任应当由谁来承担？上述问题在传统的刑法体系下都于法无据，应当如何合理解决涉自动驾驶汽车的刑事责任的认定与分配成为人工智能时代刑法亟待解决的问题。

（二）滥用自动驾驶技术刑法规制的困境

从上文关于自动驾驶汽车刑事风险的分析可知，自动驾驶汽车不仅为人类生活提供便利，也能在被不法分子利用的情形下为犯罪行为提供助力。利用自动驾驶汽车可以实施刑法所规定的各种犯罪行为，并使犯罪实现“智能升级”。自动驾驶汽车不同于传统汽车，不法分子利用自动驾驶汽车时不仅可以针对个别汽车，也可以同时攻陷多辆汽车用以攻击特定的目标以达犯罪目的，这种情形下所导致的后果将可能是灾难性的。以恐怖犯罪为例，自动驾驶汽车因无需恐怖分子当场“自杀”而将可能成为恐怖袭击的重要应用工具，当自动驾驶汽车普及后，恐怖分子可以利用网络操纵车队进行恐怖袭击，其杀伤力远远大于传统的恐怖犯罪。总的来说，利用自动驾驶汽车实施犯罪行为具有侵害面广、隐蔽性强、危害性大等问题，一旦自动驾驶汽车市场化后其应用安全问题必然暴露无遗，面对可能发生的严重危害后果，刑法所面临的安全保护形势十分严峻。

作为一种更为便利且危害性更大的犯罪工具，不法分子在利用其实施犯罪时，与普通的犯罪工具相比，其犯罪行为的社会危害性发生了变化，而传统刑法面对这一特殊的犯罪工具，无论是从罪名上还是从刑事责任上都没有作出特别的规定，不利于对自动驾驶汽车滥用行为的打击与防卫。面对自动驾驶汽车的异化风险，传统刑法可能陷入失灵状态。随着人工智能时代的到来以及自动驾驶汽车的上路，自动驾驶汽车安全的刑法保护策略与规则应当与自动驾驶汽车的发展同步更新。自动驾驶汽车被不法分子滥用的风险已经对现行刑事立法和司法提出了前所未有的挑战，传统刑法的制裁能力以及打击范围力有不逮。在自动驾驶汽车即将全面应用的情形下，刑法对于自动驾驶汽车安全隐患的保护已经明显滞后。自动驾驶汽车巨大的滥用风险与法律规制的不力使得自动驾驶汽车在安全问题上难以取得民众的信任，人们在面临自动驾驶汽车的普及时难免心存担忧。

防止不法分子对自动驾驶汽车进行攻击和滥用，不仅要在汽车设计与制造中筑起高高的技术“防火墙”，还有必要完善法律的监管，同时筑起法律的“防火墙”，刑法作为人工智能技术规制的重要方式之一，应当完善其相应的刑法规范，避免不法分子对包括自动驾驶技术在内的一切人工智能技术的滥用。

第二节　自动驾驶技术刑事风险的刑法应对

自动驾驶技术的发展速度超出了人们的想象，自动驾驶汽车可能带来的便利不仅振奋人心，其法律责任的不确定性也让人们有所畏惧，尤其是涉及人类各种利益的刑事责任的不明确，将成为今后自动驾驶技术发展的障碍。在2018年的“两会”上也有代表提出，目前急需加强自动驾驶汽车的相关立法，界定自动驾驶汽车相关主体责任。[①]刑法对自动驾驶技术刑事风险的应对主要在于两个方面，一方面是明确自动驾驶汽车造成交通事故时刑事责任的认定与分配规则；另一方面是针对滥用自动驾驶汽车实施的犯罪行为作出立法应对与完善。

一、自动驾驶汽车交通肇事刑事责任分析

自动驾驶汽车给法律带来的最大的挑战在于自动驾驶功能对人为操作和人类预见性的排除，因此，在自动驾驶事故责任的认定过程中，首先应当判断事故发生是人为因素造成的还是自动驾驶汽车在人类编程与控制范围外纯粹由自动驾驶系统操作失误或算法错误等所引发的后果，进而分析不同情形下自动驾驶汽车造成损害后果所可能产生的刑事责任与如何承担与分配刑事责任。

（一）人为过失导致交通损害的刑事责任

自动驾驶汽车，无论多么先进，研发与制造的目的在于为人类提供更好的代步与运输工具。作为一种智能工具，由人类设计、制造与使用，与人类的介入和

---

① 《2018两会进行时　看看车界大佬们都说了啥》，http://www.chexun.com/2018-03-09/105128684.html，2018年3月10日访问。

干预分不开，因此即使在自动驾驶的情形下人为责任也不可避免。所谓人为因素下的刑事责任即指自动驾驶汽车在研发、生产与使用过程中因人类过失造成损害后果时所应承担的刑事责任。自动驾驶汽车使用中人为因素导致交通损害主要指自动驾驶汽车从研发、生产到使用过程中涉及的各方主体因违反注意义务而使自动驾驶汽车在自动行驶中造成的损害。

1. 研发者与生产者的刑事责任。自动驾驶汽车研发者与生产者（以下统称生产商）的刑事责任主要发生于因自动驾驶汽车产品缺陷所引发的刑事责任。因为自动驾驶汽车是一种具有危险性的产品，所以生产商在研发与生产过程中必须确保其所研发和生产的产品没有产品缺陷，自动驾驶汽车的产品缺陷和常见的产品缺陷一样主要体现为设计缺陷、制造缺陷以及警示缺陷等。在自动驾驶汽车的研发设计方面，设计者应当尽到合理的注意义务使其所设计的自动驾驶汽车通过合理的设计消除所能预见的所有实质危险；在自动驾驶汽车的制造方面，生产商应当保证汽车的制造过程中所制造和整合的所有零部件以及整合后的汽车在功能上不存在瑕疵；在警示义务方面，因为自动驾驶汽车的自动驾驶标准不同，其对驾驶人员的操作要求也有所不同，所以生产商必须明确告知自动驾驶汽车的使用者应如何正确操作以及在自动驾驶过程中应保持何种程度的警惕，并对自动驾驶汽车所存在的安全隐患作出提示。此外，由于自动驾驶汽车是以新兴的人工智能技术为基础，人类对相关技术的掌握时间还较短，对于该技术的安全性还不能认为有十足的把握，因此为了确保产品的安全性，生产商还应当承担对自动驾驶汽车进行充分测试并对其危险性进行持续关注的义务，一旦发现已经进入市场的自动驾驶汽车有缺陷并存在安全隐患的，必须停止销售并召回已销售汽车，以避免交通损害的发生，否则造成损害结果的应当承担刑事责任。

2. 使用者的刑事责任。根据前文所述，自动驾驶通常可以划分为三个级别：有条件自动驾驶、高度自动驾驶和完全自动驾驶。有条件自动驾驶是指系统完成所有驾驶操作，根据系统请求，驾驶人需要提供适当的干预；高度自动驾驶是指系统完成所有驾驶操作，特定环境下系统会向驾驶人提出响应要求，驾驶人可以对系统请求不进行响应；完全自动驾驶是指系统可以完成驾驶人能够完成的所有道路环境下的操作，不需要驾驶人介入。不同自动驾驶级别的汽车在使用过程中对于使用者的注意义务要求有所不同，也即使用者对交通事故损害后果将面临不同的刑事责任风险。

首先，关于非完全自动驾驶下使用者的刑事责任。不论是有条件的自动驾驶还是高度自动驾驶，在使用过程中都离不开人类行为的参与，我们将这种情形称为人机混驾情形，也即由人类驾驶员与自动驾驶系统共同完成汽车的驾驶工作。未来在自动驾驶普及的道路上，首先出现的一定是人机混驾的自动驾驶情形，人机合作将是自动驾驶发展道路上最容易出问题的阶段，其刑事责任的认定与分配将是刑法面对的难题。在人机混驾导致重大交通事故刑事责任的分配中，人为责任即使用者在汽车自动行驶中违反安全使用注意义务所应承担的责任。人机混驾中的使用者即汽车的驾驶员，其在自动驾驶汽车人为驾驶过程中作为驾驶员所应当承担的安全驾驶注意义务与传统驾驶并无区别。但当汽车处于自动驾驶情形下，驾驶员也不能排除负有一定的安全驾驶的注意义务。其中的注意义务主要包括三个方面：一是对汽车自动驾驶功能进行正确操作与使用的义务；二是对自动驾驶汽车的接管义务，即在自动驾驶系统请求或在驾驶员认为有必要接管汽车时立即接管汽车的义务；三是对自动驾驶汽车的警觉义务，即在汽车自动驾驶期间，保持必要的警觉，以便能随时履行接管义务，避免危害结果的发生。如果自动驾驶汽车的驾驶员因违反上述安全驾驶注意义务导致汽车发生重大交通事故时应当承担刑事责任。以 2018 年 3 月 23 日发生的特斯拉 Model X 自动驾驶汽车致死案件为例，特斯拉公布致死事故调查结果时声明，自动驾驶系统发出数次影像提示和一次声音提示，要求驾驶员双手握住方向盘，但是在事故发生前 6 秒内，系统没有检测到驾驶员将双手放在方向盘上。从距离高速公路混凝土隔离带 150 米处，驾驶员可以清晰看到隔离带并有 5 秒左右的反应时间。但是行车日志显示驾驶员并没有采取任何行动。①在这种情形下，本案中自动驾驶汽车的驾驶员违反正确的操作要求，其双手没有握住方向盘，并且在自动驾驶过程中没有履行必要的警觉义务和接管义务，损害后果应当归责于驾驶员。

当然，在自动驾驶损害责任的分配中，应当根据自动驾驶汽车自动化程度的不同而对驾驶员规定不同程度的警觉义务和接管义务。如果自动驾驶汽车自动驾驶功能自主性或深度学习能力越强，则自动驾驶汽车的驾驶员所应承担的警觉义务和接管义务就越低，反之，则对注意义务的要求越高，对损害后果承担刑事责任的可能性就越大。

其次，关于完全自动驾驶时使用者的刑事责任。随着自动驾驶汽车智能化技术的不断发展，自动驾驶系统越来越先进，人类在自动驾驶汽车行驶中的参与行为将越来越少，甚至在完全自动驾驶汽车的行驶中人类只保留乘客的角色，不再对自动驾驶汽车的行驶进行操作，使得汽车的驾驶员所承担的驾驶注意义务越来越少，正如 2014 年 12 月美国谷歌公司研发成功的自动驾驶汽车，该汽车无

---

① 《特斯拉公布致死事故调查结果：系统提示但司机未采取行动》，http://auto.sina.com.cn/news/hy/2018-04-02/detail-ifysvmnz4443929.shtml，2018 年 3 月 30 日访问。

方向盘、换挡装置、油门踏板和刹车踏板，汽车通过软件和传感器实现全自动驾驶。[①]在完全自动驾驶汽车使用中，人类驾驶员的角色已完全消失，更不用谈驾驶员的注意义务与过失责任。驾驶中的注意义务和过失责任已完全转移给了自动驾驶汽车，也即前文所述的使用者的警觉义务和接管义务也不存在了。完全自动驾驶汽车使用的刑事责任风险便只存在于对自动驾驶汽车的正确使用的义务，如根据使用说明对自动驾驶汽车进行定期检查、避免违规安装应用程序等义务，如果使用者违反了注意义务导致损害结果的应当承担刑事责任。

由于人工智能技术可能造成的社会危害性大，并且使用者在使用过程中对人工智能机器人具有一定的把控力，因此在必要的情形下可以考虑在刑法中要求人工智能机器人的研发者和使用者对所造成的损害承担绝对责任。对此，笔者认为，无论汽车自动驾驶级别如何，都不应当要求汽车使用者对所造成的损害承担绝对责任。如前文所述，自动驾驶汽车在使用过程中，使用者有按照自动驾驶汽车的使用方法进行正确使用的注意义务，如果要求自动驾驶汽车的使用者对所造成的损害承担绝对责任，有利于督促使用者在自动驾驶汽车的使用过程中提高注意力，甚至在汽车的自动驾驶过程中时刻保持最大的警觉，随时准备着接管汽车以避免发生交通事故。但是如果自动驾驶汽车的使用不能减少人类驾驶员的负担，而是使人们承担比传统驾驶更为严格的驾驶注意义务与责任要求，那么自动驾驶汽车的研发和生产便失去了意义。人工智能技术的运用与自动驾驶汽车的使用，其目的在于让人类从驾驶员身份中解脱出来，对自动驾驶汽车使用者苛以如此严格的责任是与自动驾驶汽车的研发和推广目的相背离的。因此，要求自动驾驶汽车使用者对损害后果承担绝对责任并不合理。

（二）自动驾驶汽车导致交通损害的刑事责任问题

自动驾驶汽车作为人工智能机器人，其自主性、学习和适应能力不断增强，很多情况下很难再被看作是纯粹的驾驶工具。自动驾驶汽车因具有人工智能的属性，在其自动驾驶情形下，汽车的驾驶者或使用者面对自动驾驶范围内的汽车智能行为并没有作出任何的操作行为，也不存在任何过错。自动驾驶过程中人为因素的排除使得现行刑法对汽车在自动驾驶范围内交通肇事的刑事责任无从适用。当自动驾驶汽车在缺乏人类因素干预的情形下，以其自主性独立运作，如果发生了严重的交通事故，刑法是否应当干预，刑事责任应当如何承担或分配成为我们必然要面对的问题。根据人工智能机器人以其是否具有辨认能力和控制能力，可以划分为强人工智能机器人和弱人工智能机器人，对于自动驾驶汽车在非人为因素下交通肇事的刑事责任问题也可以根据其人工智能属性的不同来进

---

① 参见陈晓林:《无人驾驶汽车对现行法律的挑战及应对》，载《理论学刊》2016 年第 1 期。

行探讨。

1. 强人工智能属性自动驾驶汽车的刑事责任问题。强人工智能机器人具有辨认能力和控制能力，既可能在设计和编制的程序范围内进行独立判断并自主作出决策，实现设计者或使用者的意志，也可能超出设计和编制的程序范围，进行自主决策并实施相应行为，实现其自身的意志。强人工智能机器人的深度学习能力使其不仅具有辨认和控制能力，并且其辨认和控制能力能够甚至已经超越人类。我们现行的刑法以人类和单位为犯罪主体，规制人类和单位的不法行为，但在强人工智能机器人以自主行为造成严重危害后果的情形下，无论是人类还是单位主观上不存在过错，客观上不存在不法行为，如果追究相关人类或单位的刑事责任并无根据。为了不让具有辨认和控制能力，可以自主作出决策并实施相应行为的强人工智能机器人对刑法所保护的社会关系造成严重侵害，刑法应当对强人工智能机器人的侵害行为作出相应的规定，以做到有备无患。正如本书前文所述，应当突破传统刑事责任规则的局限性，赋予强人工智能机器人以法律主体地位，将因强人工智能机器人自主意识和意志行为造成的危害结果归责于强人工智能机器人。

相应地，具有强人工智能属性的自动驾驶汽车如果被赋予法律主体地位，那么自动驾驶汽车应当对在其自身意志支配下实施的犯罪行为承担相应的刑事责任，也即由自动驾驶汽车自身来为因其决策失误而引起的重大交通事故承担刑事责任。虽然说自动驾驶汽车的安全性较高，但其对于交通事故也无法完全免除。刑法应当像规制人类驾驶员一样，针对自动驾驶汽车规定相应的注意义务，以确保其实现安全驾驶。当自动驾驶汽车在自动行驶过程中因没有履行注意义务或没有正确履行注意义务（例如自动驾驶汽车在数据采集或运算过程中出现差错等）造成重大交通事故时，也应当像人类法律主体一样承担相应的刑事责任。自动驾驶汽车作为人工智能机器人的一种，其在行驶过程中具有比人类更加强大的数据采集和分析能力，从而能够以较高的精度实现对路况和物体的识别，对行驶过程中的道路情况、周边环境等信息的接收能力与处理能力比人类更强，其反应速度、对汽车操作与控制的精准程度都要远远高于人类技能所能达到的程度。可见，自动驾驶汽车具有比人类驾驶员更强的注意能力，这也是为什么目前已有数据统计表明自动驾驶的安全系数要高于人类驾驶员。①因此，在自动驾驶汽车的刑法规制过程中，刑法应当对其规定比人类驾驶员更为严格的安全驾驶注意义务。

---

① 《无人驾驶汽车进展：安全性已超人类驾驶员》，https://www.cnbeta.com/articles/tech/258168.htm，2018年3月15日访问。

2. 弱人工智能属性自动驾驶汽车的刑事责任问题。如果说强人工智能属性智能汽车的刑事责任问题是我们未来必须面对的问题，那么弱人工智能属性智能汽车的刑事责任问题一定是当下必然面对且急需解决的问题。弱人工智能机器人与强人工智能机器人的区别在于其不具有辨认能力和控制能力。人类决策系统与人工智能系统存在一个本质上的区别，人工智能系统本质上不受提前预置的概念、经验法则、传统智慧等因素限制，从而使其能够选择人类完全没有考虑或者可能会实施的解决方案。①由此可见，虽然弱人工智能机器人不具有辨认和控制能力，但其依然可以在其深度学习后所生成的规则而非程序员所设计和编制的规则与程序下独立判断和作出决策，也即其依然可以在非人为因素介入的情形下作出决策，并且该决策可能超出人类的可预测性。弱人工智能虽说还有其工具性，但有些决策也是超越人类的，面对弱人工智能独立决策所造成的危害后果的规制给刑法带来了挑战。

弱人工智能属性的自动驾驶汽车虽然是程序员制定了学习规则，但学习能力和适应能力的存在使得自动驾驶汽车在某些特定情境中的行为超出人类预先设置的规则。例如，在行驶过程中遇到的各种交通情形或突发状况都会反映成数据，所有数据通过网络传回云平台供所有自动驾驶汽车进行学习，成为自动驾驶汽车的学习和训练的样本，自动驾驶汽车随着样本训练的不断增加，其驾驶技术也飞速增长，很多驾驶决策都是在后天学习后作出的，完全超出了编程或生产环节。大数据分析能力及深度学习能力的不断强大使得自动驾驶系统可以在设计和编制的程序之外建立各种行驶规则，这些规则很可能是设计者、编程者、制造者和使用者所无法预计的。在某些自动驾驶的过程中，自动驾驶系统根据所接收的路况信息等数据，再依据其自身算法所建立的规则进行独立判断与决策。这种情形下，不具备辨认和控制能力的自动驾驶汽车，不能视为独立的主体，但具体决策的作出其实也是排除了人为因素的参与。

有损害，必有责任。法律责任是国家施加违法者的一种强制性负担，是补救受到侵害的合法权益的一种手段，法律责任是通过法律制裁而实现的，任何法律责任的实现以责任主体的存在和确定为前提。②就目前来说，弱人工智能属性自动驾驶汽车在法律上依然只能是物，当危害结果又不能归因于相关人类主体的情形下，弱人工智能属性自动驾驶汽车所导致的严重危害后果应当由谁来承担法律责任？如果由没有过错也没有加害行为的生产商或使用者来承担责任则与既有的法律责任规则不符。但如果完全没有人来对造成的损害承担责任的话，

---

① 司晓、曹建峰：《论人工智能的民事责任：以自动驾驶汽车和智能机器人为切入点》，载《法律科学（西北政法大学学报）》2017年第5期。

② 公丕祥：《法理学》，复旦大学出版社2002年版，第473页。

被侵权人的权益又无法得到保障。因此，各国都在积极探索新的责任规则或法律方案来解决这种情形下法律责任的承担与分配问题。德国新修订的《道路交通法》规定自动驾驶汽车车辆所有人对由自动驾驶汽车造成的损害承担严格责任。①美国有些州通过颁布新法案或修改法律的方式明确了关于自动驾驶汽车的责任问题：密歇根州受其作为汽车生产基地的影响，规定除汽车生产中的缺陷所导致的损害外，制造商不对任何其他损害承担责任；美国纽约州则试图规定制造商、车主和驾驶员都对智能汽车自动驾驶造成的损害承担严格责任，目前该法案尚未通过。②英国 2017 年 2 月 22 日《汽车技术与航空法案》以保险责任转嫁的形式规定了自动驾驶汽车造成的损害由保险公司承担赔偿责任。③可见，对于损害赔偿责任基本都倾向于由生产商来承担，这些国家或地区的规定都只解决了自动驾驶汽车交通肇事后的民事赔偿责任的承担问题，相关主体在承担民事赔偿责任后，对于严重的交通肇事后果，是否还需要承担刑事责任则都没有作出相应的规定。为了实现对危险的控制和对法益的保护，是否有必要让自动驾驶汽车的生产商对自动驾驶交通损害承担刑事严格责任引发了思考。

鉴于自动驾驶汽车生产商所研发和生产的自动驾驶汽车是具有危险性的产品，并且自动驾驶汽车在其自动驾驶过程中因其“自主决策”造成的损害在生产商研发与生产的过程中是否能预见和避免，也即能否归因于生产商的过失往往难以查证，因此可以考虑对自动驾驶汽车的生产商规定严格责任(过错推定)。严格责任的适用有利于增强生产商的社会责任感和提高其注意力，有利于防止生产商为了追逐利益而制造不当风险，尤其是在当下各国都希望大力发展人工智能技术以抢占人工智能技术发展的高地，各大车企与互联网巨头都想抢占自动驾驶汽车的发展先机，自动驾驶汽车研发与生产“速度战”心理明显的形势下，严格责任有利于生产商在保证技术拥有足够的成熟度和安全可靠性后再将其自动驾驶技术投入市场，以避免不当风险的存在。当然，对生产商的严格责任并不是绝对责任，应当给予生产商对其在主观上是否存在过失以辩护的余地。正所谓法律不能强人所难，人类所掌握的人工智能技术完全可能无法彻底消除人工

---

① 张韬略、蒋瑶瑶：《德国智能汽车立法及〈道路交通法〉修订之评介》，载《德国研究》2017 年第 3 期；《德国修改道路交通法引入自动驾驶条款》，http://www.junhe.com/law-reviews/640，2018 年 4 月 1 日访问。

② 参见《无人驾驶汽车一旦出事，责任由谁承担？》，http://wemedia.ifeng.com/51355858/wemedia.shtml，2018 年 4 月 4 日访问。

③ See “New UK Laws address driverless cars insurance and liability”，https://www.out-law.com/en/articles/2017/february/new-uk-laws-address-driverless-cars-insurance-and-liability/，2018 年 4 月 4 日访问。

智能的安全风险，亦即人工智能的安全系数与标准的提高还有赖于人工智能技术的进一步成熟，在这种情形下，不应当追究研发者和使用者的刑事责任。对于自动驾驶汽车也应如此，如果生产商能够证明其在现有的科学和技术水平之下，已经尽了自己的能力注意和避免损害结果的发生，则可以不认为在产品研发和生产中存在过失。所谓现有的科学与技术水平有赖于自动驾驶汽车相关的产业标准进行衡量，在自动驾驶汽车商业化之前，肯定会有一系列符合当前技术水平的自动驾驶汽车生产相关的国家标准或行业标准出台。①如果自动驾驶汽车的生产商能够证明其研发和制造行为符合相关的生产标准，则可以排除过失责任。

毫无疑问，自动驾驶汽车的生产商在制造自动驾驶汽车、研发自动驾驶功能，为人类交通带来便利的同时也制造了风险，但当自动驾驶汽车被允许上路之时就表明人类在衡量利弊之后已经接受其所存在的风险。正如传统汽车也同样使人类置于交通事故的风险之中并早已被人类所接受一样。因此，对于自动驾驶汽车（当然也包括其他人工智能机器人）应当根据其社会有用性，一定程度上容许其所具有的危险性。也即，能够基于社会相当性的观念将注意义务在行为人、受害人以至于社会之间作出合理的配置，把原来由危险行为的行为人所承担的所有注意义务在一定条件下分配一部分由社会或受害人来承担，从而达到保障危险业务正常发展和限制危险业务危害性的最佳平衡。②当然，危险的容许必须是有一定限度的，危险容许程度的控制主要是通过注意义务的设定来实现的，由于自动驾驶汽车的生产商和其他行为人相比，其掌握了自动驾驶先进技术，属于专业技术人员，理应承担更多的风险，在责任的分配中承担更为严格的注意义务，正如上文已经论述了自动驾驶汽车生产商的注意义务内容。在此基础上，只要生产商能够证明其已经在现有的人工智能技术标准下尽到了应有的注意义务，自动驾驶汽车在自动驾驶中即使发生了现实的损害后果，也无需承担刑事责任。可见，此处的严格责任是指过错推定，而非绝对责任，如果让自动驾驶汽车的研发者与生产者对技术风险承担绝对责任，显然是不公平的，也不利于自动驾驶汽车技术的发展。

在此，需要明确的是，对于自动驾驶汽车研发者与生产者所要求的刑事严格责任（过错推定），应当区别于自动驾驶汽车生产商民事责任的承担，民法上对自动驾驶汽车造成损害赔偿责任的规定，无论是源于严格责任制度还是民事替代

---

① 2017年12月已经发布了《国家车联网产业标准体系建设指南》，根据该指南所确定的建设目标，到2020年，我国将初步建立能够支撑驾驶辅助及低级别自动驾驶的智能网联汽车标准体系；到2025年，我国将系统形成能够支撑高级别自动驾驶的智能网联汽车标准体系。

② 参见臧冬斌：《试析以允许的危险理论解读医疗刑事过失》，载《广西政法管理干部学院学报》2008年第2期。

责任制度，作为一种特殊的侵权责任，是“从整个社会利益之均衡、不同社会群体力量之对比，以及寻求补偿以息事宁人的角度来体现民法的公平正义观”。①同时，生产商对民事赔偿责任的承担也体现了容许的风险并进行风险分配的理念，因为生产商处在消化成本的有利位置，其承担了相应的赔偿责任后可以通过定价等方式广泛分散损失负担，从而实现由社会成员共同分担风险。而刑事责任则不同，生产商一旦承担了刑事责任，便无法通过自身的行为将风险分担给其他人。另一方面，刑事责任具有严厉性和刑罚标签的耻辱性，让为科技进步而不断努力的自动驾驶汽车的研发者和生产者对技术的有限性承担如此严厉的绝对责任显然有失公平并违背正义，也不利于自动驾驶汽车技术的发展与进步。如果让自动驾驶汽车生产商承担过多的安全责任，将会导致车企采用趋于保守的驾驶策略，这或将不利于自动驾驶技术的发展。②因此，只要自动驾驶汽车的研发者和生产商能够证明自动驾驶汽车是在其自动驾驶范围内造成的损害，并且当时的技术水平无法实现对自动驾驶汽车的损害情形进行预测并加以预防，则应当排除刑事责任的承担。

总之，关于自动驾驶汽车交通肇事的刑事责任问题，无论是出于阻碍技术发展的担心还是传统刑法局限性太多，各方一直都处于回避的状态。随着自动驾驶致人死伤事故的不断出现，自动驾驶交通肇事的刑事责任问题已无法回避。事实上，刑事责任的严厉性与切身相关性，使得人们更加关注与期待刑法对此作出回应。自动驾驶交通肇事刑事责任的不明确，使得操作者因畏惧刑事责任的承担而裹步不前，公众也担心自己会不会无端成为技术风险的被害人。相反，刑事责任的明确，才能使得操作者在从事自动驾驶相关行为的过程中提高注意力，切实履行注意义务，进而提高自动驾驶的安全性，也能帮助公众消除对新兴科技的恐慌。因此，刑法应当针对自动驾驶技术作出相应的调整与完善，尽快明确与之相关的刑事责任。唯有如此，才能助力我国自动驾驶汽车行业的健康发展，抢占产业发展的制高点。

二、滥用自动驾驶技术的刑事责任问题

人工智能技术使得犯罪工具以及犯罪手段更加智能，因此犯罪行为所造成的社会危害性可能更“深”。根据前文所述，自动驾驶汽车作为一种智能化的工具，传统刑法面对滥用自动驾驶技术问题存在规制无力的尴尬局面，导致刑法对自动驾驶汽车安全保障能力明显不足。对于滥用自动驾驶汽车的问题，刑法应

① 张新宝：《中国侵权行为法》，中国社会科学出版社1995年版，第56页。

② 柴占祥、聂天心等编著：《自动驾驶改变未来》，机械工业出版社2017年版，第146页。

当在注重立法前瞻性的基础上完善自动驾驶汽车犯罪的刑法规范，构建科学的自动驾驶汽车犯罪规范体系。

关于自动驾驶汽车犯罪刑法规制的完善，首先应当更新传统的刑事立法理念。刑事立法理念是决定和影响自动驾驶汽车犯罪刑事治理方式及其效果的重要因素，建立符合人工智能时代特征的刑事立法理念对于实现自动驾驶汽车乃至所有人工智能机器人犯罪的有效治理，对自动驾驶技术等人工智能技术的研发与应用规范发展具有重要的现实意义。一方面，面对已经来临的人工智能时代，要改变传统事后立法、被动立法的理念与态度，人工智能刑事立法要具有前瞻性。有学者指出目前的人工智能立法不宜过度前瞻，①也有学者认为人工智能有关的犯罪无非是犯罪工具更加智能化，对传统的罪刑体系没有多大的挑战，相关立法可以等问题出现了再作出反应也不迟。但是，当下人工智能技术发展速度和智能化能力惊人，如果依然采用事后立法的被动立法思路，人工智能技术的研发与应用很可能因法律规制的滞后而偏离合理的发展轨道，进而引发灾难性的后果。就自动驾驶汽车犯罪而言，随着自动驾驶汽车的上路，因自动驾驶功能造成的交通损害已经出现，对滥用自动驾驶系统实施犯罪行为及其危害后果的严重性也已通过技术实验得以证实，刑法规制的空白与无力已暴露无遗，立法的同步跟进已十分紧迫，更无从说前瞻性。罪刑法定主义要求保持法的安定性和可预期性，立法的适度前瞻性有利于实现法的安定性和可预期性。②对自动驾驶技术这一新兴的科学技术，法的可预期性有利于引导行为人对自动驾驶汽车实施合理的研发与应用行为，既能防止行为人因畏惧责任而裹足不前，又能防止激进者为了追求利润或实现其他目的而以牺牲安全为代价。为了促进自动驾驶技术的合理发展和保障自动驾驶汽车的安全与社会秩序，立法已没有理由继续观望与等待。

同时，对于自动驾驶汽车犯罪乃至所有人工智能机器人犯罪要持预防性的刑法规制理念。在人工智能时代，刑法作为社会秩序的保护工具应当承担起人工智能技术的风险管理与安全保障任务，其价值重心应当偏向安全与秩序。预防性的刑法以安全为核心价值，要求刑法将传统的事后报应转变为事先预防，在人工智能刑事风险的刑法规制中，主要表现为刑法介入和反应时间的提前。由于自动驾驶汽车非法应用的危害后果具有严重性，出于对自动驾驶汽车应用安全的保障，刑法应当通过刑法介入的早期化与处罚的前置化的风险处置方式来

---

① 参见李晓郛：《即便存在高人工智能，也应谨防过度前瞻性立法》，https://www.jfdaily.com/wx/detail.do?id=96137&from=singlemessage&isappinstalled=0，2018年8月10日访问。

② 参见王燕玲：《中国网络犯罪立法检讨与发展前瞻》，载《华南师范大学学报（社会科学版）》2018年第4期。

进行积极的一般预防。

对于滥用自动驾驶技术实施犯罪行为，传统刑法的立法完善路径主要在两个方面，一方面是针对传统刑法中现有的罪名，传统刑法逐渐向预防型刑法转型，将刑法的防线适度前移，具体可以体现为预备行为犯罪化、危险犯的设置、处罚的严厉化等多种方式。预备行为的犯罪化是刑法对风险提前干预的方式之一，考虑到自动驾驶汽车作为智能化工具具有强大的危害能力，出于对危害结果积极预防的目的，可以将滥用自动驾驶技术实施犯罪行为中的针对自动驾驶汽车所实施的预备行为规定为构成目的行为以外的其他具体罪名。例如，行为人在自动驾驶汽车中植入非法程序或输入非法指令的行为，虽然行为人并未着手滥用自动驾驶汽车实施目的犯罪行为，处于目的犯罪的预备阶段，可以规定为非法利用自动驾驶技术罪（或者非法利用人工智能产品罪）。危险犯的设置是预防刑法最常用的风险规制手段，对于涉自动驾驶技术的犯罪行为，如果可能侵害的法益属于集体法益、超个人法益等重大法益的，可以将原有的结果犯修改成危险犯，虽然危害后果没有实际发生，但已造成危害结果的危险状态就可以认定为犯罪既遂。处罚的严厉化可以表现为将滥用自动驾驶技术实施犯罪作为从重或加重处罚的情节在刑法中予以规定。

另一方面，传统刑法有必要根据利用自动驾驶技术所实施的一些新型犯罪予以立法跟进。自动驾驶技术作为一项新兴的技术，其在应用过程中所遇到的不法应用行为可能超出现行刑法的规定，其不法应用所侵害的法益也可能超出现行刑法的保护范围。因此，针对或滥用自动驾驶技术的不法行为可能产生一些传统刑法规制以外的新犯罪行为，刑法应当对相应的立法空白进行填补。自动驾驶汽车是人工智能技术、互联网技术与海量数据与信息的结合体，技术滥用、网络侵袭、数据或信息滥用将是智能汽车在应用过程中安全隐患的重灾区。因此，针对自动驾驶汽车刑事立法空白的填补应着重从以上几个方面着手。

▍第七章▍
人工智能所涉知识产权犯罪的刑法应对

弱人工智能时代下的人工智能生成物在形式和实质上都具备了著作权法中对“作品”的要求，应赋予其在著作权法意义上的排他性保护。不存在能够享有人工智能生成物所承载的著作人身权的适格主体，但存在能够享有人工智能生成物所承载的著作财产权的适格主体。刑法规定著作权犯罪主要保护的是著作财产权。在将相关自然人作为人工智能生成物所承载的著作财产权主体的基础上，对行为人实施的刑法所禁止的著作权犯罪行为给予刑罚处罚具有合理性，也符合刑法规定著作权犯罪的立法目的。应基于人工智能生成物的特点，给予其低于自然人创作的作品的保护，以保证文化市场中利益分配的均衡。对此，可从司法和立法两个方面，为人工智能生成物的刑法保护设立合理的限度和途径。强人工智能时代下人工智能生成物的刑法保护会发生深刻变化：即对人工智能生成物与自然人创作的作品应以相同程度的保护，且涉人工智能生成物犯罪的主体会涵括人工智能机器人。

第一节　人工智能生成物及刑法保护

随着人工智能技术的飞速发展，人工智能机器人的“身影”逐渐活跃在文学、艺术、科学等各个领域。2016 年由人工智能机器人创作的小说入围日本第三届“星新一奖”比赛；2017 年人类文化史上首部完全由人工智能机器人创作的诗集——《阳光失了玻璃窗》出版。人工智能机器人利用深度学习和神经网络等技术，反复学习和积累人类已有的文化成果，当积累达到一定程度时，就可以在原有积累的基础上创造出新的内容。本书将人工智能机器人在深度学习基础上创造出的内容称为“人工智能生成物”。人工智能生成物的产生过程与人类学习创作的过程非常相似，正如人类的“熟读唐诗三百首，不会作诗也会吟”。从形式上来看，人工智能生成物已经和人类创作的作品难分伯仲。

一、人工智能生成物之性质争议

人工智能生成物是人工智能机器人以海量的数据信息为基础，通过机器学习和神经网络系统等方式或途径，对数据信息进行分析和重构等，最终产生人类想要获得的产物。结合人工智能生成物的产生和创造过程，我们可知其具备数量上的不可估量性、种类的广泛性和复杂性、结果的不可预估性、产生创造的快速性以及经济价值的模糊性和不确定性等特性。与传统的计算机或相关技术软件作为人类智能创作的辅助工具不同，深度学习算法下的人工智能机器人对于信息的识别度与识别效率不断提升，并可在此基础上对识别结果进行自主判断，从而使得每次判断后的下一次探索范畴不断拓展，最终构成相对而言的最优结果。并且，人工智能生成物作为人工智能机器人产生的最优化结果，其并不包含人类的主观意图和价值判断。因此，当人工智能生成物无法与人类智能创造物从表象中进行直观区分，且其产生并不依赖人类的智力帮助时，对于人工智能生成物如何进行保护就成为现实的待解决命题。[①]就中国目前的立法现状与学术探讨而言，对于人工智能生成物能否适用著作权保护并进而作为刑法中著作权犯罪条文所要保护的对象，存在着一定的争议。

第一，人工智能机器人的法律主体资格存疑，使得人工智能生成物作为著作权法意义上的作品判断具有争议。当前的人工智能机器人是一种具备一定自主判断与识别信息能力的科学技术。其作为法律主体资格而言，仍缺乏法律范畴内的行为能力与责任能力，并不能直接与具备独立意志的自然人或自然人集合体——法人进行简单等同。[②]第二，针对我国关于著作权法范畴内作品的定义，其必须具备独创性或是一定程度的创造性。现阶段的人工智能技术是依赖于海量的数据信息，自主抓取整合所需的数据内容进而进行智能化创作的系统。正如一千个读者眼中就有一千个哈姆雷特，想象力是创造性的关键所在；创造力更是与随机性紧密相连，创造的过程中往往会作出一些没有特别原因的决定或者举动，使得创作呈现出多样性和丰富性。然而，通过对人工智能生成物的产生过程进行分析可知，我们无法直接判定人工智能到底是基于自身的决定实现了生成物的创作，还是依赖于人类的事先参与和预先设定。[③]因此，对于其独创性的判断缺乏现实可行的适用标准。第三，当人工智能生成物已经现实产生且具备物质经济价值时，其著作权利应归谁所有？经济价值应当如何进行分配？也是

① 朱梦云：《人工智能生成物的著作权归属制度设计》，载《山东大学学报（哲学社会科学版）》2019年第1期。

② 吴汉东：《人工智能时代的制度安排与法律规制》，载《法律科学》2017年第5期。

③ Case C-604/10 Football Dataco, at 39 and case law cited therein.

值得探讨的问题。著作权归属，顾名思义，是指著作权的诸项权利该归谁享有，也就是对著作权的权利主体的确认。著作权归属制度并不是一成不变的，随着经济社会的发展，其制度也伴随历史的变迁而不断演进，具体而言，主要包括两条路径：一条是文化思想的发展如著作权作为国家公权力保护下私权利的诞生，激励了人类对精神文明的需求，使得法律制度发生变化；另一条路径则是因为如印刷术等复制传播技术的发展，即作品的经济利益价值变化推动法律制度变化。[①]而其作为人工智能生成物上利益如何分配的制度，也是保护其知识产权的制度起点。

二、人工智能生成物应属著作权法所保护的作品

对人工智能生成物性质的界定，涉及人工智能生成物能否成为著作权犯罪的对象的问题。当人工智能生成物在形式上与自然人创作的作品难以区分，且在实质上符合“作品”的本质要求——具有“独创性”时，就应将人工智能生成物认定为“作品”。

首先，在人工智能技术高度发展的今天，人工智能生成物与自然人创作的作品在形式上已经难以区分。早在20世纪，就有计算机领域的专家设计出作曲、绘画、写小说的软件，这些软件可以在极短的时间之内创作出“作品”。[②]但是，这些“作品”的创作过程多是将人类输入素材打乱之后的随意拼凑，不仅逻辑混乱且很容易与自然人创作的作品相区分。退一步讲，即使当时的计算机能够创作出与自然人创作的作品相近似的内容，也是基于既定的、预先设计好的算法和程序，即当时的计算机生成物只是算法和程序运算的结果。因此，我们探讨这种计算机生成物的性质，似乎没有多大意义。随着技术的发展，目前的人工智能生成物在某种程度上已经可以达到“以假乱真”的效果。我们不妨先来对比以下两首分别由自然人和人工智能机器人创作的诗歌。第一首：“一夜秋凉雨湿衣，西窗独坐对夕辉。湖波荡漾千山色，山鸟徘徊万籁微。”第二首：“荻花风里桂花浮，恨竹生云翠欲流。谁拂半湖新镜面，飞来烟雨暮天愁。”读罢这两首诗，想必会有相当一部分人难以肯定地判断究竟哪首诗为自然人创作，哪首诗为人工智能机器人创作？与之类似，在没有作特别说明的情况下，如今确实有大量的人工智能生成物难以和人类创作的作品准确区分开来。换言之，如果操控人工智能机器人的自然人未披露人工智能生成物的真实产生过程，而是对外表明自己是创作该“作品”的人，在质疑者没有办法出具确凿证据的情形下，该操控人工智能机器人

---

① 黎淑兰：《著作权归属问题研究》，华东政法大学2014年博士学位论文。

② 由于笔者尚未论述对计算机生成物和人工智能生成物的定义，因此此处的“作品”二字仅用来替代计算机生成物，并非对其性质的准确描述。

的自然人将会被当然地认定为是该“作品”的作者并享有相应的著作权。这就意味着，之前受到大多数学者认可的观点——作品是作为有血有肉的自然人对于思想观念的表达，由非人类“创作”的东西不属于著作权法意义上的“作品”，在实然层面已无立锥之地。[①]因为早在2016年，清华大学语音和语言实验中心(CSLT)研发的写诗机器人“薇薇”经中国社会科学研究院专家的评定，通过了“图灵测试”。[②]这就意味着，在人工智能技术高速发展的今天，将人工智能机器人基于RNN语言模型训练方法所创作出来的“作品”准确区别于自然人创作的作品，在社会实践和司法认定中已不具备可操作性。

其次，在人工智能技术高度发展的今天，人工智能生成物明显具有“独创性”，符合作品的本质要求。“独创性”是“作品”区别于其他人类劳动成果的关键，是“作品”的本质特征。[③]“独创性”的外在表现与现存作品的表达不同，实质为“作品”的创作过程融入了作者的主观思考和构思之后进行的能动性的表达。[④]2017年，AlphaGo Zero面对着一张空白棋盘，在无需人类提供任何棋谱和下棋方法的基础上，无师自通、自学成才，战胜了早在之前已绝杀人类世界围棋冠军的AlphaGo。与之类似，人工智能机器人可以在脱离人类预先设计和编制程序的情况下，在海量数据中自动获取和整合有效信息并进行创作。更值得一提的是，时下类脑智能技术已从构想逐步变为现实，科学家向人类大脑学习，通过对人类脑神经系统工作机制和原理的模仿，试图创造出像人类一样能够独立思考、具有独立感知和判断能力的人工智能机器人。随着深度学习技术和类脑智能技术的推进，人工智能机器人完全可以脱离既定的程序和算法，自行收集、判断和学习数据并最终能动性地生成新的“作品”，排除了人在“作品”生成过程中提供数据和编造程序、算法等途径的参与方式。上述人工智能机器人在自动获取和整合有效信息的基础上生成相应的内容正是“独创性”的体现。可能会有人提出，根据《著作权法实施条例》第2条的规定，“作品是指文学、艺术和科学领域内具有独创性并能以某种有形形式复制的智力成果”。现有技术下的人工智能的本质要素仍是程序或算法，即使人工智能机器人能够在脱离既定程序或算法规则的基础上创作作品，其脱离程序或算法规则的行为也是在另外的程序支配下完成的，并非“智力”的体现，这就从本质上区别于作为智力成果的人类作品。其实，人工智能机器人依赖于程序脱离既定的算法规则、不以人类意志力为转移地

---

① 王迁：《论人工智能生成的内容在著作权法中的定性》，载《法律科学》2017年第5期。

② 默非：《清华大学实验室作诗机器人“薇薇”通过图灵测试》，http://robot.ofweek.com/2016-03/ART-8321206-8500-29078000.html，2018年7月27日访问。

③ 参见王迁：《知识产权法教程》，中国人民大学出版社2016年版，第25页。

④ 参见易继明：《人工智能创作物是作品吗?》，载《法律科学》2017年第5期。

生成相应内容，与人类在脑神经的控制下，自主创作出相应内容不存在本质上的区别。在上述人工智能生成相应内容的过程中，正如“黑箱理论”①所表述的原理一样，人类只能掌握人工智能机器人的设计程序与生成的作品，无法了解其生成作品的具体步骤和程序。人类大脑也是一个精致且复杂的系统，尽管当代神经科学在不断发展，对人脑的认知也在不断加深，但时至今日我们仍然无法真正了解大脑在创作和思考过程中的具体运转机制。既然人类也无法说清“智力”到底是如何对创作作品的过程起作用的，那么将“智力”认定为只能为人所特有并作为作品必备要素的说法和认识也就显得经不起推敲了。

最后，对人工智能生成物性质的判断要遵循正确的逻辑。根据笔者在上文中提到的《著作权法实施条例》第 2 条中在对“作品”进行定义时，并未规定作品必须为人所创作，但是《著作权法》第 2 条规定，享有著作权的主体只能是“中国公民、法人或者其他组织”以及符合条件的“外国人、无国籍人”。据此似乎可以得出结论——人工智能机器人不是《著作权法》第 2 条所规定的主体，因此人工智能生成物当然不能作为著作权法所保护的对象（作品）；既然人工智能生成物不是作品，那么作品的创作者就不可能成为著作权法中的主体。如果按此结论，就必将陷入循环论证的漩涡，对人工智能生成物性质的认定就将走入“死胡同”。正因如此，我们在认定人工智能生成物的性质时，应首先排除主体要素，从形式和实质上探讨人工智能生成物是否与“作品”在形式和实质上的要求相吻合，如若吻合，则应将人工智能生成物认定为“作品”。当然，这可能会与著作权法的现有规定相冲突，但是，我们应当看到，“每一种法律都有适用限度，从纵向来看，法律也有其时间适用范围，过了某个时期则需要重新立法或者修订法律”。②正如马克思在《政治经济学批判》一书中所言：“社会的物质生产力发展到一定阶段，便同它们一直在其中活动的现存生产关系或财产关系发生矛盾，于是这些关系便由生产力的发展形式变成生产力的桎梏……随着经济基础的变更，整个庞大的上层建筑也在或慢或快地发生变革。”法律是上层建筑的组成部分，在人工智能迅速崛起和发展并已引发第四次科技革命的大背景下，立法者理应推陈出新、革故鼎新，及时修改立法中与时代发展潮流相悖逆的陈旧条文。

综上所述，人工智能生成物在形式上与人类创作的作品难以区分，在实质上符合作品的本质特征——独创性，应将人工智能生成物认定为著作权法所保护的“作品”。

---

① “黑箱理论”是指，不通过分析系统内部结构和相互关系，而是根据系统整体物质和能量的输入和输出关系及其影响因子得到该系统的结构和功能的规律。

② 吴志攀：《“互联网＋”的兴起与法律的滞后性》，载《国家行政学院学报》2015 年第 3 期。

三、人工智能生成物应属著作权犯罪的对象

值得关注的是，人工智能生成物大量出现的事实与人工智能生成物权属不明确的立法现状，将会使得对人工智能生成物的保护出现无法可依的混乱局面。刑法中著作权犯罪（即侵犯著作权罪和销售侵权复制品罪）的对象是否应包括人工智能生成物？即人工智能生成物能否被认定为《刑法》第217条中的“作品”？如果答案是肯定的，当人工智能生成物作为侵权对象时，其入罪门槛是否应和以自然人创作的作品为侵权对象行为的入罪门槛有所不同？上述问题与刑法中涉著作权犯罪研究的发展难解难分，确有厘清的价值和必要。

人工智能生成物应被认定为著作权法范围内的“作品”，应赋予其在著作权法意义上的排他性保护，即“作品”的权利人可享有相应的著作权。当行为人违反著作权法的规定，实施严重侵犯著作权的行为时，不仅会侵犯著作权人的自身利益，还会破坏社会主义市场经济秩序，从而导致对社会公共利益和他人合法权益的严重侵害。[①]这类具有严重的社会危害性的行为应构成相应的著作权犯罪（侵犯著作权罪和销售侵权复制品罪）。侵犯著作权罪是指行为人以营利为目的，违反国家著作权管理法规，侵犯他人著作权，违法所得数额较大或者有其他严重情节的行为。销售侵权复制品罪是指行为人以营利为目的，明知是侵犯他人著作权、邻接权的复制品而予以销售，违法所得数额巨大的行为。[②]毋庸置疑，刑法中的著作权犯罪属于法定犯，应以违反著作权法中的禁止性规范为前提。但是，著作权法的规定并不能直接决定刑法中著作权犯罪的认定，换言之，承认人工智能生成物属于著作权法范围内的“作品”，并不能当然地证明人工智能生成物属于著作权犯罪的对象。我们只有在确定刑法规定著作权犯罪所保护的法益涵括权利人基于人工智能生成物所享有的权利时，才能证明人工智能生成物属于著作权犯罪的对象。

应该看到，目前可能会有人提出，认定人工智能生成物属于著作权犯罪的对象的障碍在于，人工智能生成物的创作者是人工智能机器人而非自然人，而人工智能机器人目前并不是法律体系中的责任主体，不能享有相应的权利，也就不能如自然人一样作为著作权人得到刑法对相关权利的保护，所以人工智能生成物无论如何也不能成为著作权犯罪的对象。对此观点，笔者不能苟同。其实以上论述中的“障碍”不能将人工智能生成物排除在著作权犯罪对象的范围外，人工智能生成物所承载的著作财产权可以成为著作权犯罪行为所侵犯的法益。理由

① 参见王迁：《知识产权法教程》，中国人民大学出版社2016年版，第263页。
② 刘宪权主编：《刑法学》，上海人民出版社2016年版，第530—531页。

为:人工智能生成物的创作者和著作财产权人其实是可以分开的。著作权法所保护的著作权包括著作人身权和著作财产权,而刑法规定著作权犯罪所保护的主要法益则是著作财产权。尽管人工智能生成物的创作者是目前法律体系中尚未成为责任主体的人工智能机器人,但是人工智能生成物所承载的著作财产权则完全可能由自然人享有,即自然人可能基于对人工智能机器人的所有、设计或使用而享有人工智能生成物所承载的著作财产权。既然人工智能生成物的著作财产权由责任主体享有,那么将其视为著作权犯罪的对象也就不应该存在任何障碍。具体而言,著作人身权体现作者独特的人格、思想、意识、情感等精神状态,带有民法上一般人身权的特征,是不可转让、继承或受遗赠的。著作财产权则是指作者和其他著作权人享有的以特定方式利用作品并获得经济利益的专有权利,其中“特定方式”指复制、发行、出租、展览、表演等方式。[①]

在上述有关著作人身权和著作财产权界定的基础上,首先,现有的法律体系中确实不存在能够享有人工智能生成物所承载的著作人身权的适格主体。人工智能机器人是人工智能生成物的创作主体,而著作人身权的“独享性”特征,就决定了人工智能生成物所承载的著作人身权不可能归人工智能机器人以外的人享有(当然,人工智能机器人是否可以享有著作人身权要基于相应民事和行政法律法规的规定,不在本书探讨的范围之内)。对此我们可以参考英国1988年《版权、外观设计和专利法案》第178条的规定:“本法所言计算机生成是指作品由计算机创作,此情形中作品不存在任何人类作者。”[②]探究人工智能生成物的创作过程,我们可以发现,自然人在其中所起的作用仅限于启动创作程序,而对于创作作品所需的数据收集、分析、寻求“灵感”,并将“灵感”予以表达等各个创作环节,自然人都并未参与其中,所以自然人不可能是人工智能生成物的创作者。而著作人身权是基于创作作品产生的,因此,并未创作人工智能生成物的自然人不可能直接享有著作人身权。由于理论上著作人身权只能由创作者享有,而著作人身权又不可转让、继承或受遗赠,所以,在目前的法律框架下并不存在适格主体可以享有人工智能生成物所承载的著作人身权。

其次,在现有的法律体系中实际存在能够享有人工智能生成物所承载的著作财产权的适格主体。应当看到,著作人身权和著作财产权并非不可分离。美国《版权法》(Copyright Law of the United States)第106条在规定享有著作财产权的主体时,所用的表述是“著作权人”(copyright owner)而非“作者”(author),这就意味着享有著作财产权的著作权人可以和创作作品的著作人身

---

① 王迁:《知识产权法教程》,中国人民大学出版社2016年版,第123页。

② 参见[英]哈泽尔·卡提、基思·霍金森:《评英国〈1988年版权、外观设计和专利法案〉对精神权利的保护》,周红译,载《环球法律评论》1990年第2期。

权人分别为不同的主体。著作人身权侧重保护作者的“精神权利”，尚不具有“人格”的人工智能机器人当然不可能享有本质为“精神权利”的著作人身权。而著作财产权是一种“经济权利”，通过让著作权人享有基于作品而产生的一系列财产性权利，使著作权人获得合理的经济回报，才能够刺激更多优秀作品的产生，促进文化产业的繁荣。关于这一立法目的，下文将予以详细论述。在著作人身权和著作财产权可以分离的前提下，承认人工智能生成物所承载的著作人身权没有适格主体，并不意味着承认人工智能生成物所承载的著作财产权没有适格主体。在此，我们需要讨论的是，谁最有资格享有人工智能生成物所承载的著作财产权？有学者提出，“可以比照著作权法中视法人为作者和将著作权归属于投资者的规定，‘将人工智能的所有者视为作者’”。[①]笔者认为这一说法为我们解决前面所提的问题提供了很好的思路。为了解决这一问题，我们可以参考《著作权法》第16条、第17条的规定。《著作权法》第16条规定：“有下列情形之一的职务作品，作者享有署名权，著作权的其他权利由法人或者其他组织享有，法人或者其他组织可以给予作者奖励：(一)主要是利用法人或者其他组织的物质技术条件创作，并由法人或者其他组织承担责任的工程设计图、产品设计图、地图、计算机软件等职务作品……”第17条规定：“受委托创作的作品，著作权的归属由委托人和受托人通过合同约定……”在人工智能生成物的创作过程中，自然人为其提供了创作中所必不可少的能源、技术支持等便利，可以说，缺少了自然人设计和编制的程序，人工智能机器人不可能具有深度学习能力，更不可能创造出作品，人工智能生成物可以类比《著作权法》第16条当中的“职务作品”。同时，自然人启动程序的步骤可以类比《著作权法》第17条当中的“委托”，启动程序即意味着委托人工智能机器人创作作品。由此可见，我们可以将人工智能生成物所承载的著作财产权赋予人工智能机器人的所有者(或使用者、设计者、生产者等，以下称为人工智能生成物的著作财产权人)。[②]

当然，需要看到的是，从现有的作品保护期限来看，一般作品的保护期限是作者生前加去世后50年。人工智能生成物的保护期限应不同于人类创作的一般作品的保护期限，因为从理论上来说人工智能的“生命”期限可以说是无限期的。如果对其创作成果给予无限期的保护，无疑会加大社会公众使用这类作品的成本，打破了权利人与社会公众之间的权利平衡。如何设置一个合理的保护

---

① 熊琦：《人工智能生成内容的著作权认定》，载《知识产权》2017年第3期。

② 至于人工智能生成物所承载的著作财产权具体应归人工智能机器人的设计者、生产者、所有者还是使用者，属民法和知识产权法范畴的问题，笔者不作赘述。笔者在此意在说明，由对人工智能生成物创作过程中起了一些作用的自然人来作为人工智能生成物所承载的著作财产权的主体，是具有合理性的。

期限，需要考虑的因素应该包括哪些？例如作品的受欢迎程度、作品的类型、作品的市场价值等都是需要考量的因素。从制度设计上来看，现有的著作权法保护的作品，是从该作品创作完成之日起开始受到法律保护的，权利人无需履行类似专利权和商标权一样的申请注册程序。①因此，对于人工智能生成物的著作权保护和刑法保护措施还有待进一步的研究。

第二节　人工智能生成物刑法保护的具体措施

一、侵犯人工智能生成物承载的著作财产权可构成著作权犯罪

对人工智能生成物所承载的著作财产权的侵犯，应构成相应的著作权犯罪。《刑法》第217条"侵犯著作权罪"所规定的行为方式有四种，分别为："(一)未经著作权人许可，复制发行其文字作品、音乐、电影、电视、录像作品、计算机软件及其他作品的；(二)出版他人享有专有出版权的图书的；(三)未经录音录像制作者许可，复制发行其制作的录音录像的；(四)制作、出售假冒他人署名的美术作品的。"除第四项侵犯著作权行为所侵犯的内容涉及著作权人的署名权——属著作人身权外，其他三项均侵犯的是著作财产权。其中第一项中所提及的"著作权人"即指著作财产权人。笔者已在上文中论述过，可以由自然人作为享有人工智能生成物所承载的著作财产权的适格主体，也即实施上述刑法所禁止的著作权犯罪行为，必然会侵犯人工智能生成物的著作财产权人的相应权利，具有严重的社会危害性。

在将相关自然人作为人工智能生成物所承载的著作财产权主体的基础上，对行为人实施的刑法中著作权犯罪所禁止的行为给予刑罚处罚，符合刑法和著作权法的立法目的，具有合理性。"合理，包括价值合理性与技术合理性两个方面。价值合理性，承认基于人类基本生活条件和基本需要的目的性要求，它与自然法思想相接；技术合理性，是指采取有效手段达到既定目的的合理计算，它相关于实证法中制度与程序的技术性设置。"②保护相关自然人对于人工智能生成物所享有的著作财产权符合刑法和著作权法的立法目的，即通过对著作权人相关权利的保护，鼓励作品的创作行为和传播行为，最终促进文化市场的繁荣，促进人类文化财富在整体上的增加，满足人类的精神需求。刑法规定著作权犯罪是对著作权法中部分达到严重危害社会程度的侵犯著作权违法行为进行规制，

---

① 腾讯研究院等：《人工智能：国家人工智能战略行动抓手》，中国人民大学出版社2017年版，第257页。

② 龙宗智：《论司法改革中的"相对合理主义"》，载《中国社会科学》1999年第2期。

从而形成一个层级分明的保护人工智能生成物的著作财产权的严密体系。这一体系的形成，至少存在以下两个方面的作用：其一，激励作用。在现阶段，人工智能机器人不具备法律上的主体地位，其既不能享受权利，也不能承担责任和义务。自然人在此领域的投资和技术支持是人工智能生成物创作和传播中的重要一环，如若缺少，则人工智能生成物将不复存在。保护人工智能生成物的著作财产权人之利益，将相关的著作财产权赋予自然人，有利于降低涉著作权市场交易成本和作品利用成本，发挥人工智能生成物的最大效益，从而激励自然人向此领域投资的倾斜，为技术发展和文化繁荣注入活力。其二，防范作用。试想，如果不赋予相关自然人以人工智能生成物的著作财产权，即人工智能生成物之上不承载任何权利，就意味着文化市场中将涌入大量在形式和实质上都与人类创作的作品几无差别的产品。为了付出最小代价、获取最大利益，在大多数情况下人们会摒弃人类创作的承载著作权的作品，而选择人工智能生成物，这就使得人类创作的作品难以体现和发挥其应有的价值，自然人也就将逐步失去创作作品的动力。最终，文化市场上绝大部分创作可能会被人工智能机器人所垄断，人类的创造力将会被逐渐抹杀。如果我们赋予相关自然人以人工智能生成物的著作财产权，就会防范刚才笔者所描述现象的出现，自然人创作的作品和人工智能生成物在很大程度上会并驱争先，从而不断提高创作水平，激发人类的创造力，同时也将激励投资者向人工智能领域的投资，促进科技的发展和进步。

二、对人工智能生成物的刑法保护应保持合理限度

将人工智能生成物认定为著作权犯罪的对象，对侵犯人工智能生成物所承载的著作财产权的行为予以刑事处罚，不仅具有法律依据，同时也符合刑法和著作权法的立法目的，具有合理性。现阶段，刑法应当基于人工智能生成物的特点，给予其低于自然人创作作品的保护。原因在于，侵犯自然人创作作品著作权犯罪行为的社会危害性，与侵犯人工智能生成物著作权犯罪行为的社会危害性有所不同。应当看到，目前人工智能机器人不能成为享有著作人身权的适格主体，也即人工智能生成物所承载的著作人身权无人享有，而著作财产权可由自然人代为享有。自然人创作的作品所承载的著作人身权和著作财产权都由自然人享有。尽管刑法规定著作权犯罪以保护著作财产权为主，但是对于自然人创作的作品而言，对其所承载的著作财产权的保护也是在间接地保护著作人身权，而对于人工智能生成物而言，对其所承载的著作财产权的保护并没有涉及对著作人身权的保护。正因如此，侵犯自然人创作作品著作权的犯罪行为，其社会危害性要大于侵犯人工智能生成物著作权的犯罪行为。根据罪刑相当原则的要求，

社会危害性程度的大小是决定刑罚轻重的重要依据。[①]如果给予人工智能生成物与自然人创作的作品以相同的保护，即对于侵犯人工智能生成物著作权的犯罪行为与侵犯自然人创作作品著作权的犯罪行为，给予无差别的刑罚处罚，就违背了罪刑相当原则的要求。可以从司法和立法两个方面，为人工智能生成物的刑法保护设立合理的限度。

第一，司法方面。在现有的法律体系中，也即著作权法和刑法并未对人工智能生成物作出特殊规定的情况下，对于涉人工智能生成物犯罪，应谨慎适用刑法中有关著作权犯罪的条文，对其作出严格解释，不应作超出著作权法和日常生活用语含义的扩张解释，以免给予人工智能生成物的著作财产权以过度保护。“法律不仅仅受限于立法者及其意图，法律是一系列价值观的集合。”[②]“天地之性，人为贵。”[③]应当看到，对人工智能生成物进行刑法保护的根本目的，仍是为了繁荣文化市场，平衡文化市场的利益分配，满足人类的精神需求。在司法层面，应当寻求繁荣文化市场、平衡文化市场利益分配与保护行为人的合法权益、使其免受超出罪责的刑罚的平衡点。具体而言，目前司法解释和相关立案标准中有关涉著作权犯罪的解释有一部分超出了著作权法及一般国民的预测可能性，有一部分不符合刑法解释的基本原理，都不应适用于涉人工智能生成物犯罪的认定之中。主要表现有三：其一，对“复制发行”行为的解释不符合刑法解释的基本原理。《刑法》第 217 条“侵犯著作权罪”规定了四种行为方式，第一种行为方式为，“未经著作权人许可，复制发行其文字作品、音乐、电影、电视、录像作品、计算机软件及其他作品的”。对于“复制发行”的理解，2007 年 4 月 5 日最高人民法院、最高人民检察院《关于办理侵犯知识产权刑事案件具体应用法律若干问题的解释(二)》第 2 条第 1 款规定“刑法第 217 条侵犯著作权罪中的‘复制发行’，包括复制、发行或者既复制又发行的行为”。这一解释存在的问题是，著作权犯罪是法定犯，刑法中并未对“复制”“发行”“复制发行”等名词的定义作出任何规定，则对这些名词的理解应与著作权法保持一致。由于“复制发行”中，“复制”和“发行”两个词语之间缺少连接词，因此可以存在两种不同的理解，即“复制或发行”与“复制且发行”。对于前一种理解而言，存在“复制”“发行”中的任意一种行为或者两种行为同时具备，都可以符合著作权罪的行为方式，这也是司法解释所作的规定；对于后一种理解而言，只有同时具备“复制”和“发行”两种行为才能符合侵犯著作权罪的行为方式。司法解释在不考虑刑法条文之间关系的情况下，武

---

① 刘宪权：《刑法学名师讲演录》，上海人民出版社 2016 年版，第 71 页。

② [挪]斯坦因・U.拉尔森主编：《社会科学理论与方法》，任晓等译，上海人民出版社 2002 年版，第 75 页。

③ 《孝经・圣至章》。

断地对“复制发行”采取前一种理解，似乎违背了体系解释的基本原理，不具有合理性。原因在于，根据著作权法的规定，“发行”是指“出售或赠与作品的原件或者复制件”，而根据《刑法》第217条、第218条的规定，构成著作权犯罪需要“以营利为目的”，则刑法中的“发行”只可能是“出售作品的原件或者复制件”。另外，《刑法》第218条“销售侵权复制品罪”是指“以营利为目的，销售明知是本法第217条规定的侵权复制品”的行为。这就意味着，在未经著作权人许可的情况下，“以营利为目的，销售作品的复制件”既触犯《刑法》第217条的规定，也触犯《刑法》第218条的规定，且两罪的法定刑存在较大差别。如果按照司法解释的规定，《刑法》第218条将形同虚设，当然，也可能为法官在《刑法》第217条和第218条之间的自由裁量留下不合理的空间。对于涉人工智能生成物犯罪的认定，应摒除司法解释中的这一不合理规定，严格按照刑法解释的基本原理和著作权法对相关名词框定的内容来认定行为人行为的性质。在认定涉人工智能生成物犯罪时，可将刑法中的“发行”行为拆分为两种，第一种为“销售人工智能生成物的原件”，第二种为“销售人工智能生成物的复制件”。对于第二种行为，《刑法》第218条“销售侵权复制品罪”可以做到全面准确的评价。而对于行为人所实施的单纯的“复制”行为，由于尚未“发行”，也即侵犯著作权的载体尚未流入市场，不可能对市场经济秩序造成破坏，不具有严重的社会危害性，不应作为犯罪处理。所以，应将单纯的“复制”“销售人工智能生成物复制件”两种行为排除出《刑法》第217条“复制发行”的范围之外。对于《刑法》第217条中“复制发行”的理解，应解释为“复制且发行”或“销售人工智能生成物的原件”这两种行为方式，以保证刑法条文在适用过程中保持体系的完整性和协调性。其二，存在将“信息网络传播”行为解释为“发行”行为的类推解释。应当看到，“发行”行为与“信息网络传播”行为都可以使公众获取欣赏或利用作品的机会，但两者之间存在的相似之处并不能作为将两个行为等同视之的依据。根据著作权法的规定，“发行”行为和“信息网络传播”行为最主要的区别在于是否转移作品的有形物质载体，也即不能将两种行为相混淆。但2011年1月10日最高人民法院、最高人民检察院、公安部《关于办理侵犯知识产权刑事案件适用法律若干问题的意见》第12条规定，“‘发行’，包括总发行、批发、零售、通过信息网络传播以及出租、展销等活动”。同时，2005年10月13日最高人民法院、最高人民检察院《关于办理侵犯著作权刑事案件中涉及录音录像制品有关问题的批复》中提到，“未经录音录像制作者许可，通过信息网络传播其制作的录音录像制品的行为，应当视为刑法第217条第（三）项规定的‘复制发行’”。以上规定明显是将“信息网络传播”行为与“发行”行为或者“复制发行”行为等同视之了。“作为法律解释方法的类推解释或类推适用，是指法条所规定的内容，和该法条的适用上成为问题的、该法条中没有包含的事实之间，因为具有类似或共同之处，所以将有关前者的法条也适用于后者……类推解释不是法律解释而是创造法律，如果将其作为刑法解释的话，就会将刑法中没有规定的事项也适用刑法法规予以处罚，剥夺国民的预测行动后果的可能性，违反罪刑法定原则，特别是尊重人权原则的要求。"[①]毫无疑问，上述2005年和2011年的两个规定将相似的行为作相同的认定，即将"信息网络传播"行为与"发行"行为相混淆，是类推解释，违背了罪刑法定原则，应当被摒弃。在涉人工智能生成物犯罪的认定过程中，对于以营利为目的，未经著作权人许可，利用信息网络传播人工智能生成物的行为，不应按照著作权犯罪进行处理，应作无罪认定。其三，存在将"出租"行为解释为"发行"行为的类推解释。按照著作权法的规定，"出租"行为是指"有偿临时提供作品"的行为，并未转移作品原件或者复制件的所有权，因此，"出租"行为与"发行"行为尽管存在相似之处，但实属性质不同的两种行为。将"出租"行为解释为"发行"行为是类推解释，对于以营利为目的，未经著作权人许可，出租人工智能生成物的行为，也应作无罪处理。具体理由同笔者在本段第二点中论述的理由相似，在此不赘。

第二，立法方面。随着人工智能技术的发展，文化市场中的人工智能生成物所占比重将呈上升趋势，而这种增长速度可能会超出我们的想象。根据"摩尔定律"，[②]人工智能技术的发展呈指数级增长而非线性增长。"刑法具有相对的稳定性，但它同时必须适应社会发展的需要，否则便没有生命力。"[③]"或许真正该问的问题不是'我们究竟想要变成什么'，而是'我们究竟希望自己想要什么'。"[④]立法应根据社会现状的变化作出适度调整。人工智能生成物的创作过程有其自身的特点，人工智能机器人远超人类的学习能力和创作速度可能将会从作品的供给端冲击原来的文化市场架构，其低成本、高效率的特征，可能会为文化市场的定价带来影响，同时会为人类创作者带来较大的压力；另外，就目前和将来较长一段时间的发展态势看来，人工智能生成物在情感塑造、价值判断等方面还无法与人类创作的作品相匹敌。所以，在对人工智能生成物的刑法保护方面的立法探索问题上，必须坚持刑法的谦抑性，不能盲目扩大犯罪圈，对于可以依赖民事手段、行政手段解决的涉人工智能生成物侵权问题，尽量不要将其纳入刑法规制的范围。另外，"刑法的制定是针对相关者重大利益关系的行为，所

---

① [日]大谷实：《刑法讲义总论》，黎宏译，中国人民大学出版社2008年版，第56页。

② "摩尔定律"的内容为：当价格不变时，集成电路上可容纳的元器件的数目，约每隔18—24个月便会增加一倍，性能也将提升一倍。

③ 张明楷：《刑法分则的解释原理》，中国人民大学出版社2011年版，第31页。

④ [以色列]尤瓦尔·赫拉利：《人类简史》，林俊宏译，中信出版集团2017年版，第392页。

以必须认识到其内部可能有一股背离其本来方向的不纯势力在起作用”。[①]立法者需谨防相关利益群体在刑法修改过程中为了自身利益而影响刑事立法的情况发生，从而使为了促进文化市场繁荣、平衡文化市场中利益分配的立法目的得以实现。

需要说明的是，上述对人工智能生成物的刑法保护力度要低于对自然人创作作品的刑法保护力度，主要是考虑到现阶段人工智能技术尚处在弱人工智能时代。但是，我们也应当清楚地看到，当下人工智能技术的发展日新月异，可以说人工智能技术的发展正以人类难以想象的指数级增长的速度前行。特别是随着类脑工程、生命科学技术与人工智能技术的结合，未来的人工智能机器人不仅可能具有情感，还有可能具有与人类相类似的思维，即未来的人工智能机器人可能会具有独立的意识和意志，并能够在独立的意识和意志支配下实施行为。到那时(即所谓强人工智能时代)，对人工智能生成物的刑法保护与对涉人工智能生成物犯罪的研究将会呈现新的样态。当具有独立意识和意志的人工智能机器人出现时，也即意味着强人工智能时代的真正到来，此时，人类社会生活的方方面面都会发生巨大变化。在此之前或者之后，我们的观念特别是法律的观念当然要产生深刻的转变和变化，甚至应该是革命性的转变和变化，否则，人类的灾难可能就会发生。在强人工智能时代，我们对人工智能生成物的刑法保护和对涉人工智能生成物犯罪的研究可能会发生以下两个方面的变化：

其一，对人工智能生成物的刑法保护力度与对自然人创作作品的刑法保护力度趋同。正如前文所述，在现阶段对人工智能生成物的刑法保护力度低于对自然人创作作品的刑法保护力度的原因在于，在现有的法律体系下，人工智能机器人不能成为权利主体，不能享有人工智能生成物上所承载的著作人身权与著作财产权，只能由相关自然人代为享有人工智能生成物所承载的著作财产权。随着人工智能技术的发展，当人工智能机器人具有独立的意识和意志之时，法律可能会赋予人工智能机器人一定的权利。正如前文所述，随着人工智能技术的进一步发展和进步，以及伦理学和法学在此领域研究的进一步深入，赋予人工智能机器人一定的权利并非不经之谈。例如，沙特阿拉伯已经成为世界上首个授予人工智能机器人公民身份的国家。可以预见，在不久的将来，会有更多的国家或地区赋予人工智能机器人以权利。当相关法律赋予人工智能机器人以人身权时，人工智能生成物所承载的著作人身权便有了适格主体。此时，人工智能生成物与自然人创作作品应该不存在什么区别，其所承载的著作人身权和著作财产权都由相应主体享有，对人工智能生成物著作财产权的侵犯，也会间接地侵犯了

---

① [日]西原春夫:《刑法的根基与哲学》，顾肖荣等译，中国法制出版社2017年版，第28页。

人工智能生成物所承载的著作人身权，也即侵犯人工智能生成物著作权的犯罪行为的社会危害性与侵犯自然人创作作品著作权的犯罪行为的社会危害性是相同的。根据罪刑相当原则的要求，对侵犯人工智能生成物著作权的犯罪行为，应予以和侵犯自然人创作作品著作权的犯罪行为相同的刑罚处罚。

其二，涉人工智能生成物犯罪的主体可能会涵括人工智能机器人。在刑法条文中，涉人工智能生成物犯罪涉及侵犯著作权罪和销售侵权复制品罪两个罪名。在时下我国的法律体系中，自然人以营利为目的，实施刑法规定侵犯著作权罪和销售侵权复制品罪所禁止的行为，违法所得数额较大或者有其他严重情节，就构成犯罪。当自然人的犯罪行为所针对的对象是人工智能生成物时，同样也要构成著作权犯罪。在未来，当强人工智能机器人能够在独立意识和意志的支配下实施行为时，我们可以认为其具有独立的辨认能力和控制能力（也即具有了刑事责任能力），此时将强人工智能机器人视为刑法意义上的责任主体也就不应该有任何障碍。笔者在相关文章中对这一问题已有详细论述，在此不赘。具有刑事责任能力的强人工智能机器人完全可能以营利为目的，实施刑法规定侵犯著作权罪和销售侵权复制品罪所禁止的行为，并达到严重危害社会的程度。当其行为所针对的对象是人工智能生成物时，强人工智能机器人就成为了涉人工智能生成物犯罪的主体。

总之，随着人工智能技术的发展，在未来，对人工智能生成物与自然人创作的作品可能会予以相同程度的保护，且涉人工智能生成物犯罪的主体可能会涵括人工智能机器人。

第八章 人工智能在证券期货市场应用的刑事风险与刑法应对

近年来，人工智能技术的热潮在影响社会生活各个领域的同时同样席卷了金融市场，科技与金融的结合无疑给金融创新带来了新的活力。人工智能技术所具有的快速分析能力、高速运算能力、信息挖掘能力等正合金融市场的“胃口”，对于风云变幻的金融市场有着至关重要的作用。也正因如此，一系列人工智能技术在金融领域的应用相继问世，包括投资顾问、交易预测、信用评估、业务优化等方面的应用。其中，以人工智能交易为代表的人工智能技术在证券期货市场领域中的应用尤为突出。人工智能交易是直接通过人工智能技术作出决策并参与证券期货市场交易的方式，是程序化交易与人工智能技术的结合，具有超高速能力、超强预测能力、分析能力和市场反应能力。人工智能交易具有积极作用，但也存在一定的风险。2010 年 5 月 6 日，美国股票交易市场突然暴跌，在短短 4 分钟之内，道琼斯指数平均下跌了 6%，而在此后的 20 分钟内股价又急剧回升。此次暴跌被称为“闪电崩盘”，其背后的“元凶”最终被指向程序化交易的“超高速机器人交易员”，其能够在瞬间以远超人类交易员的速度进行抢先交易。①可见，人工智能技术在证券期货市场中的应用既是创新，也是隐患，因而对于此类刑事风险可谓不可不防。

第一节　人工智能在证券期货市场的应用及刑事风险

人工智能技术以其超高速、超强预测和分析能力和迅速的市场反应能力，在证券交易市场中发挥着越来越大的作用，同时也带来了相应的刑事风险，可能影响金融市场的安全和稳定。

---

① 参见[日]樱井丰:《被人工智能操控的金融》，林华、沈美华译，中信出版集团 2018 年版，第 39 页。

一、人工智能在证券期货市场的应用及其优势

（一）人工智能交易概述

众所周知，早期的证券期货市场交易主要是在有形的交易大厅中依赖人工喊价的方式进行的。随着电子科学技术的发展，证券期货市场交易开始逐步采用电子交易的方式进行。当下人工智能时代已然到来，有预言认为，未来的证券期货市场交易都将由人工智能机器人来完成。事实上，以文艺复兴基金公司为代表的利用人工智能技术进行战略投资的对冲基金公司已经取得了远超市场平均水平的收益率与惊人的业绩。尽管目前许多证券期货市场中人工智能技术的应用仅仅停留在决策阶段，但是也已经出现了直接由人工智能程序执行交易的应用，例如美国旧金山 Sentient 公司和香港 Aidyia 公司都在开发人工智能交易系统。在此，我们暂且将这种直接通过人工智能技术作出决策并参与证券期货市场交易的方式称为“人工智能交易”，而将这些能够利用人工智能交易的程序系统称为“人工智能交易员”。

提及人工智能交易，我们不可避免地会谈到量化交易。量化交易是一种以数据为基础、以模型为核心、以程序化交易为手段的交易方式，具有交易量巨大、持仓时间很短、总体收益稳定等特点。①量化交易并不是一个新鲜的概念，其依赖的数学计算早在 20 世纪 30 年代就已经成为证券期货市场交易的重要工具。曾任麻省理工学院数学系主任的爱德华·索普使用大数定律理论研究了一套科学股票市场系统，利用这种量化投资策略投资股票权证市场，让爱德华·索普在华尔街名声大震，轰动了整个金融市场，被公认为量化交易的起点，爱德华·索普也因此被人们称为“量化之父”。②量化交易需要一套精细的程序支持，程序化交易是量化交易的主要手段。程序化交易指的是通过既定程序或特定软件，自动生成或执行交易指令的交易行为。③只有依赖精细的程序支持，量化交易才能捕捉到稍纵即逝的市场变化，并作出交易以此获利。

近年来，量化交易占据市场交易总量的份额稳步提升，其对于计算机系统能力的要求也越来越高。在此背景下，人工智能技术的快速发展为量化交易注入了新的血液与生机，由此诞生的人工智能交易可以认为是量化交易在人工智能时代“进化”的结果。人工交易的“智慧”是有限的，而人工智能交易的“智慧”则可以被无限放大。随着人工智能技术与量化交易结合得更加紧密，未来人工智能交易可能从多个方面进行发展。一是空隙交易，最初的空隙交易指的是交易

---

① 郭喜才：《量化投资的发展及其监管》，载《江西社会科学》2014 年第 3 期。

② 参见方文捷：《人工智能机器交易发展追溯》，载《理财顾问》2018 年第 1 期。

③ 参见中国证监会《证券期货市场程序化交易管理办法（征求意见稿）》（2015 年 10 月）。

员利用证券市场中多家做市商不能统一报价的间隙,开发出能够超快速买卖的程序,并通过在做市商之间快速倒卖股票而获取利益。高频交易就是典型的空隙交易,而人工智能交易在速度上具备的绝对优势,能够进一步扩大高频交易的范围和能力,使高频交易获取更高的利润。二是价值策略,人工智能交易除了在交易速度上具有绝对的优势,其超强的分析能力和预测能力使人工智能交易能够对证券期货市场的价值策略方面产生更具有深度的理解。众所周知,人工智能技术的核心是深度学习,AlphaGo 能够通过对大量棋谱的学习轻而易举地战胜世界围棋冠军,人工智能交易系统也能够通过对历史行情变化、行业政策讯息、资金博弈情况等进行综合分析从而作出准确、有利的价值策略。应当看到,每一次科技的进步都能带来证券期货市场交易的优化,人工智能交易能够突破以往证券期货市场交易的局限,更大程度上地获取利润与回报。

(二) 人工智能交易的优势

如前所述,人工智能交易是在量化交易的基础上运用人工智能技术分析、判断并执行交易的,是人工智能技术与量化交易的结合。与普通的交易方式相比,人工智能交易具有许多优势。

首先,人工智能交易能够以超高速进行交易。一般而言,人工智能交易的交易速度通常以毫秒(1 毫秒＝千分之 1 秒)进行计算,甚至可以数百纳秒(1 纳秒＝10 亿分之 1 秒)、微秒(1 微秒＝100 万分之 1 秒)计时。①因为存在明显的速度优势,在许多情况下,人工智能交易采取的都是高频交易策略。绝大多数的高频交易策略要求持仓时间在 10 毫秒到 10 秒之间。②超高速的交易可以使交易者在证券期货市场交易中赢得极强的竞争优势,例如可以在证券期货市场交易中实现订单拆分策略、做市交易策略、定量化交易策略和其他策略,这些策略都具有高收益性和高回报性。③在某种程度上,证券期货市场中的交易速度就意味着交易机会,因而能够以超高速进行交易实际上成为在证券期货市场交易中抢得先机并占据有利地位的重要优势。

其次,人工智能交易具有超强预测能力和分析能力。在人工智能交易以前,程序化交易以及算法交易已经可以自动择优进行交易,而人工智能技术的参与使交易能力得到进一步提升。就目前人工智能技术的发展而言,弱人工智能机器人已经可以突破人类经验来预测、判断和解决问题。举世闻名的 AlphaGo 战胜围棋冠军的重要原因在于其能够在短时间之内学习大量人类棋谱。可以认为,此时 AlphaGo 的"智能"还是建立在学习人类经验的基础上,但是而后出现

---

① [日]樱井丰:《被人工智能操控的金融》,林华、沈美华译,中信出版集团 2018 年版,第 40 页。

② 参见蓝海平:《高频交易的技术特征、发展趋势及挑战》,载《证券市场导报》2014 年 4 月号。

③ 参见郭朋:《国外高频交易的发展现状及启示》,载《证券市场导报》2012 年 7 月号。

的 AlphaGo Zero 可以在仅仅了解围棋规则，而不学习人类棋谱的情况下，通过几天的训练后，就以 100 比 0 的战绩击败了 AlphaGo。AlphaGo Zero 向世人证明了人工智能技术可以在不以人类经验为基础的情况下获得远远高于人类学习的水平。①同理，在证券期货市场交易的过程中，当出现了无法通过明确的方法、规则或公式从数据信息中直接"求解"时，人工智能技术可以选择从离散、独立或关联不明显的数据信息中进行多维度的试探，反复地比对与尝试，去芜存菁，由此而产生的效益完全可能摆脱人类经验的束缚，从而突破人类智能。②在证券期货市场交易中，交易者的预测能力和分析能力是至关重要的。交易者可以通过分析历史数据、预测未来价格方向、使用统计学和概率论的知识，并依据预测结果进行交易。③如此一来，人工智能交易的超强预测能力和分析能力将成为明显的交易优势。

最后，人工智能交易具有迅速的市场反应能力。在证券期货市场交易中，普通交易员容易产生疲劳、不理智、注意力无法集中等许多不可避免的问题。对于普通交易员而言，能够同时追踪几百只股票的实时行情已经实属不易；但是对于"人工智能交易员"来说，其可以永不停歇地保持工作状态，能够紧盯成千上万只股票的实时行情，并且能够同时交易数百只股票，这恐怕是普通交易员所无法企及的。一个合格的"人工智能交易员"能够实时盯盘，跟踪盘中申报单以及数据的状况，即时制定合适的交易指令，并且能够精确执行交易指令，甚至可以轻松实现各项跨金融市场、跨交易品种的交易。例如，美国纽约公司 Rebellion Research 推出的人工智能交易系统主要基于贝叶斯机器学习算法，并结合预测算法，通过响应新的外部信息和过去经验而不断自我演化，有效完成了自主学习，已经在全球 44 个国家成功进行股票、债券、大宗商品和外汇等方面的交易。④因此，"人工智能交易员"对于证券期货市场波动与变化的反应能力已经远远超越普通交易员，对于其中客观上存在的技术优势不容小觑。

二、人工智能在证券期货市场应用的刑事风险

应当承认，任何科学技术的发展对于证券期货市场交易的影响都具有两面性。人工智能交易对于证券期货市场交易的积极作用在于提高市场流动性，有利于降低买卖价差和价格波动性，提高市场定价的有效性，从而降低市场参与者

---

① 参见蒋柯：《阿尔法元动了谁的奶酪》，载《中国社会科学报》2018 年 2 月 27 日。

② 参见王德夫：《论人工智能技术的金融应用和法律风险应对》，载《私法》2018 年第 1 期。

③ [美]迈克尔·德宾：《打开高频交易的黑箱》，谈效俊译，机械工业出版社 2014 年版，第 60 页。

④ 吴俊、陈亮、高勇：《国外人工智能在金融投资顾问领域的应用及对我国启示》，载《金融纵横》2016 年第 6 期。

的交易成本。[①]但是与此同时，人工智能交易也存在一定的风险，可能会对证券期货市场交易产生负面影响。虽然我们无法阻挡技术应用的浪潮席卷证券期货市场，但是技术的革新将自然而然地驱动制度随之改变。其中，最需要进行改变的就是证券期货市场的监管制度与法律制度。传统上，我们对于证券期货市场交易的监管更加重视行为监管，而随着科学技术在证券期货市场交易中的参与度增高，证券期货市场交易监管的重点或许要转移到交易行为所采用的技术本身。如果对于参与证券期货市场交易的技术不加以限制，就会因人工智能交易在证券期货市场交易中具有全面的优势，使实际交易者能够获得较高的收益，而交易者的"逐利性"反过来又将驱动交易技术进一步的革新。长此以往，证券期货市场交易演变成为交易技术的较量与比拼就成为当然趋势，而这种发展趋势似乎与证券期货市场交易的核心原则与价值不相吻合，甚至背道而驰。就此而言，人工智能交易完全可能存在刑事风险，需要刑法对滥用人工智能交易的行为进行规制，以此维护证券期货市场交易的公平与正义，保障证券期货市场的健康、可持续发展。

（一）滥用人工智能交易行为违反了公平原则

一直以来，公平原则都是证券期货法律法规中重要的基本原则。公平原则是指在证券期货关系中双方当事人的地位是平等的，证券期货的发行与交易需要按平等、自愿、有偿的原则进行，无论是机构投资者，还是个人投资者都要公平对待给付，不得利用其优势压制对方，损害对方利益。[②]如上所述，人工智能交易本身存在的价值在于，其不仅能够节省人工参与的成本，还能促进证券期货市场交易的理性化，对于证券期货市场交易有着重要的积极意义。但是，在目前的证券期货市场交易中，并不是所有交易者都能够使用人工智能交易的方式进行交易，这样就可能会带来证券期货市场交易中的不平等，即不使用人工智能交易的交易者将成为证券期货市场交易中的"弱势群体"。正因如此，人工智能交易中的技术优势一旦被滥用，将导致证券期货市场交易的不公，这种不公主要表现在以下几个方面。

第一，不使用人工智能交易的交易者利益将受到严重的损害。通常情况下，在证券期货市场交易中，使用人工智能交易的交易者比不使用人工智能交易的交易者具备更强的技术优势。这种技术优势使得使用人工智能交易的交易者能够获取更高的利润，而相应的其他交易者获取的利润则可能会减少，甚至产生较大的损失。应当看到，我国证券期货市场中大部分的交易者仍然使用简单传统

---

① 参见田汉卿:《量化投资与程序化交易》,载《清华金融评论》2016年第2期。

② 张宇润、杨思斌:《论证券法"三公"原则的制度内涵》,载《法商研究》2002年第5期。

的非程序化交易方式进行证券期货买卖。可见,我国的程序化交易起步较晚,其市场占有率与其他发达国家和地区相比有着较大的差距。也正因如此,使用人工智能交易的交易者优势愈发明显,一旦人工智能技术被滥用,对其他交易者利益的损害也更加显而易见。此外,人工智能交易如果能够突破技术壁垒,以超过人类智能的方式进行证券期货交易,那么无疑将获取超高的市场收益,甚至能够在一定程度上形成市场垄断。按照这样的发展趋势,人工智能交易将成为证券期货市场交易中的"过滤器",不使用人工智能交易的交易者必将逐步为市场机制所淘汰,证券期货市场交易将成为少数具有技术优势的交易者的垄断资源。

第二,使用不同人工智能交易的交易者所获得的信息与交易机会也是不平等的。即使当人工智能技术发展到一定程度时,所有的交易者最终都能使用人工智能交易的方式参与证券期货市场交易,也并非所有人工智能交易所依赖的程序与算法都是相同的。应当承认,不同的人工智能交易程序之间也有优劣之分,换言之,不同的"人工智能交易员"进行交易时所获得的技术优势是不同的。在这种情况下,如果不对人工智能技术的使用加以限制,我们很难认为证券期货市场交易是公平的。传统的证券期货市场交易主要依靠自然人对于市场行情的判断,不同自然人智能上的区分并不必然导致不公的产生,因为其获得的信息与交易机会并没有差异。但是不同自然人所采取的交易方式,比如所交易的资金量,以及得到的信息的不同当然会导致交易上的不公。证券期货犯罪规制的重点理应是导致交易上不公的违法交易行为,例如,行为人滥用资金优势、持仓优势进行交易构成操纵证券期货市场罪。再如,行为人利用其他交易者不知道的内幕信息进行交易构成内幕交易罪。可以认为,刑法中这些罪名的存在充分证明,如果证券期货市场中的交易者滥用各种优势进行交易都可能对"三公"原则造成损害,严重者就需要承担相应的刑事责任。在人工智能时代,最明显的交易优势可能就是技术优势。使用不同的人工智能技术进行交易所取得的收益可能是截然不同的。如果行为人滥用人工智能技术进行交易,就将损害其他交易者的利益,刑法需要对此类行为加以规制。我们之所以需要利用刑法来规制证券期货市场中的违法行为,就在于部分违法行为在相当程度上损害了投资者的利益,造成了证券期货市场的混乱,甚至影响了其他金融市场的秩序,有时还可能加剧社会矛盾,造成社会的动荡不安。如果不对这些具有严重社会危害性的行为进行惩罚,不用刑法条文将这些行为规定为犯罪,证券期货市场就不可能得到健康的发展。[①]需要指出的是,并非所有技术的不同都会导致交易上的不公,正

---

① 刘宪权:《证券、期货犯罪的刑事立法及其完善》,载《法学》2004年第5期。

如证券期货市场不会为投资者设置智能测验，不允许具有高智能的投资者参与证券期货市场交易。因此，如何设定允许的人工智能技术优势范围就成为当下完善证券期货法律法规的重要内容。

（二）滥用人工智能交易行为的本质是市场操纵行为

正如前文所述，人工智能交易在证券期货市场交易中存在诸多技术优势，然而这些技术优势是否能够被容许仍是值得讨论的问题。实际上，滥用人工智能交易行为已经触犯了我国《刑法》第182条规定的操纵证券、期货市场罪，属于市场操纵行为，理应受到刑法规制。

随着科学技术的发展，加之传统市场操纵行为受到越来越严厉的监管，许多试图通过操纵市场盈利的行为人转向使用新技术来控制市场，这种操纵行为就属于技术操纵。最典型的例子便是在高频交易成熟发展的条件下出现了包括“幌骗”和“塞单”在内的新型市场操纵行为。“幌骗”行为是指一个交易商下达一个较大的买单，创造一个买方很多的印象，从而促使价格上涨，而一旦价格上涨，该交易者就会取消它原来的买单，并挂出卖单以一个更高的价格卖给被引诱进场的投资者。[①]“塞单”行为是指在极短的时间内突然向市场抛下巨量买单或卖单，然后迅速撤单。这会导致交易系统“塞车”，当没有经验的投资者正在准备消化和处理这些巨量信息时，“塞单者”通过迅速撤单行为隐藏其投资策略。“幌骗”行为与“塞单”行为的共同之处都是申报大量订单后迅速撤销申报的欺骗行为，不同之处在于有无进一步的相反交易行为。操纵证券、期货市场罪的本质就在于滥用优势非法控制市场，而上述的“幌骗”行为与“塞单”行为都属于滥用技术优势非法控制市场，应当构成操纵证券、期货市场罪。[②]

应当看到，滥用人工智能交易行为与高频交易中的“幌骗”行为和“塞单”行为具有相同的性质，都属于滥用技术优势非法控制证券期货市场的行为，也即技术操纵。实际上人工智能交易不仅仅是高频交易，因为“人工智能交易员”可以基本替代交易员，而其依赖的技术属于弱人工智能技术。弱人工智能技术的重要特点在于其具有深度学习的能力，这种深度学习的能力帮助 AlphaGo 和 AlphaGo Zero 赢得了围棋比赛，当然也能帮助“人工智能交易员”抢占证券期货市场交易的“先机”。但是，人工智能深度学习的能力如果被滥用也属于技术操纵，技术操纵不能因为披上了“人工智能技术”的外衣，就成为了合法控制市场的手段。对于具有相同性质的行为，法律法规应当“一视同仁”，给予相同的惩处，这正是证券期货法律法规中“三公”原则的体现。可以预见，未来证券期货市场

---

① 参见邢会强：《证券期货市场高频交易的法律监管框架研究》，载《中国法学》2016年第5期。

② 参见刘宪权、林雨佳：《新型市场操纵行为的刑法认定》，载《证券法苑》2017年第4期。

中将出现越来越多的技术操纵行为，对于这些包括滥用人工智能交易行为在内的技术操纵行为，在刑法认定过程中，都应当理解为市场操纵行为，完全可以按照操纵证券、期货市场罪予以规制。

（三）滥用人工智能交易行为影响金融安全与稳定

对于国家而言，金融安全与稳定的重要性毋庸置疑，防范证券期货违法犯罪行为的终极目标就是维护国家金融的安全与稳定。人工智能交易依靠的是算法和程序，但任何一种算法和程序都存在风险，并且预期收益越高的算法和程序可能风险越高。在此基础上，证券期货市场的逐利性可能会使人工智能交易影响金融安全与稳定。

一方面，人工智能交易的操作失误以及算法和程序中本身存在的漏洞都有可能导致整个证券期货市场的崩盘。历史上，程序化交易的操作失误导致股市崩盘的案例已经不止一次地出现。除了前文所述的2010年5月出现的“闪电崩盘”事件，我国的“光大乌龙指事件”也是最好的例证。“光大乌龙指事件”发生在2013年8月16日11时05分，当时上证综指突然上涨5.96%，50多只权重股均触及涨停。最终经过查证发现，造成当天市场异动的主要原因是光大证券自营账户大额买入。同时经核查，光大证券自营的策略交易系统存在设计缺陷，连锁触发后生成巨额订单。可见，在以高频交易为代表的程序化交易中，风险控制相比低频交易是薄弱的，这是因为竞争性的时间压力逼迫快速执行交易，而没有更系统性的安全检查。①因此，人工智能交易对于算法和程序的过度依赖可能更容易引发证券期货市场的整体崩盘。无法否认的是，股价崩盘将导致投资者受到重大损失，同时还将影响整个证券期货市场的正常运转。虽然金融市场中的系统性风险是无法彻底消除的，但是人工智能技术的参与似乎正在增加金融市场中系统性风险发生的可能性。

另一方面，金融安全不仅取决于金融风险的大小，还取决于金融体系对风险的承受能力、向外分散风险的纾解能力，以及金融安全战略对风险的综合处理能力。②在人工智能交易尚未完全普及的时候，证券期货市场的保障体系无法及时应对因人工智能交易导致的风险，此时因为滥用人工智能交易行为而导致的“风暴”可能会比普通的交易失误更加严重。因此，我们需要更加重视人工智能交易的风险防范，而对滥用人工智能交易行为进行严厉的处罚无疑将成为重要的一项举措。

---

① 叶伟：《我国资本市场程序化交易的风险控制策略》，载《证券市场导报》2014年8月号。

② 张红力：《金融安全与国家利益》，载《金融论坛》2015年第3期。

第二节　证券期货市场人工智能应用刑事风险的刑法应对

面对人工智能交易可能带来的刑事风险，我们不能漠视，而是应当综合考虑金融创新的要求以及金融风险的防范，通过刑事手段合理应对证券期货市场中人工智能应用的刑事风险。具体而言，我们需要从刑法应对理念和刑法应对措施两个方面来讨论证券期货市场中人工智能应用刑事风险的刑法应对问题。

一、证券期货市场人工智能应用刑事风险的刑法应对理念

应当看到，刑法理念对于犯罪行为的规制有着至关重要的作用，在不同的刑法理念下同样的犯罪行为可能有不同的判决结果。有学者认为，刑法理念就是刑法的基本观念、刑法的基本立场，是对刑法所作的一种形而上的、应然的思考。[①]还有学者认为，刑法的适用并不是对法条文字的适用，而是对法条真实含义的适用，适用刑法需要有理念的指导。[②]刑法理念对于惩治证券期货市场中的人工智能犯罪有着重要的作用，对于证券期货市场中人工智能应用的刑事风险，我们既不能因噎废食，放弃人工智能对于金融创新的积极作用，也不能一味纵容，滥用人工智能交易破坏证券期货市场的正常秩序。

一方面，证券期货市场的发展需要一定的自由与包容，刑法的过度介入可能扼杀证券期货市场生存与发展的条件。[③]对于一些社会危害性并不严重的，且有利于资本市场创新发展的人工智能交易行为，虽然可能会对市场造成一定影响，但也应该排除在刑事犯罪圈之外，进行“从宽”处理。例如，行为人利用人工智能技术通过“下小单”的行为对证券期货市场进行试探，而后根据市场的波动情况来作出是否“下大单”的决定，并利用速度上优势从中获利。该行为也称试单行为。可以看出，试单行为涉及的交易金额往往是小额的，行为人进行试单的原因除为了获得更高的利润之外，不可忽略的一点是试单可以帮助行为人避免因判断错误而导致的投资失败。因此，小额的试单行为虽然有损害其他投资者的一面，但是并没有制造虚假或误导性的市场行情，而且似乎很难扭曲证券期货市场供求关系，也不太可能控制证券期货合约的价格走势。因此，利用人工智能技术进行小额试单行为属于需要“从宽”对待的人工智能交易行为，不宜认定为犯罪。

另一方面，我们需要将一些严重侵害投资者权益的人工智能交易行为认定

---

① 陈兴良:《刑法理念导读》,中国检察出版社 2008 年版,第 5 页。

② 张明楷:《网络时代的刑法理念——以刑法的谦抑性为中心》,载《人民检察》2014 年第 9 期。

③ 刘宪权:《证券、期货犯罪的刑事立法及其完善》,载《法学》2004 年第 5 期。

为犯罪,进行"从严"处理。行为人通过建立自身对于证券期货市场的优势或影响,干扰正常的交易秩序,严重侵害投资者利益,造成部分投资者重大损失,具有严重的社会危害性,将其纳入刑法的规制范围内是符合我国宽严相济刑事政策做法的。证券、期货作为金融商品进入市场,其价格应当取决于发行公司的盈利状况和市场利率等变化因素,不应受到人为操纵的剧烈影响。行为人利用资金、信息、持股等资源优势或使用其他非法手段人为地变动或控制证券期货交易价格,获取不法利益,这种行为具有严重的社会危害性。对于一般情况的证券期货市场上的违法行为,行政法、经济法等前置法已经基本可以满足对其的惩治需要。但事实证明,对于那些社会危害性严重的恶性操纵行为,仅仅用民事或行政的法律手段加以调整显然是不够的。因此,当滥用人工智能交易的行为已经严重影响证券期货市场正常的交易秩序之时,利用刑事制裁手段惩治人工智能交易滥用是必要的,也是合理的。

二、证券期货市场人工智能应用刑事风险的刑法应对措施

应当看到,我国刑法已经建立了一套相对完整的证券期货市场犯罪体系,因而惩治人工智能交易犯罪也并非没有根据。其中,应对证券期货市场中人工智能应用刑事风险的最为重要的刑法条文莫过于《刑法》第 182 条规定的操纵证券、期货市场罪。但是,仅仅根据这一条文的规定,并不能完全有效地规制人工智能交易犯罪。据此,我们需要通过采取一系列相应的措施来完善证券期货市场中人工智能应用刑事风险的刑法应对体系。

(一)完善前置法规定

从历史发展的角度看,科技影响证券期货市场交易是大势所趋,我们无法全面禁止证券期货市场交易中人工智能技术的应用。但是,面对人工智能技术可能带来的风险,有关法律法规需要对证券期货市场交易中人工智能技术的应用加大监管力度,具体而言,可以从以下几个方面入手:

首先,以"三公原则"为前提和基础。"三公原则"对于防范证券期货市场交易中风险的重要意义是不言而喻的。其中,公平原则要求证券期货市场交易过程中使用技术的差别不影响交易者获取信息和交易的机会。因此,允许使用人工智能技术的范围不宜过大、过宽,否则将容易导致不同合法的人工智能交易间存在较大的差异,影响交易的公平。公正原则要求对于证券期货市场交易的管理应当执行统一的标准,对于出现的违法行为应当加以惩处,更加强调证券期货交易中的"结果公正"。公开原则要求在证券期货市场交易中使用的技术能够予以一定程度上的公开,因为技术上的公开就意味着信息的公开。1956 年芝加哥大学法玛(Fama)教授提出的证券市场有效性理论认为如果证券市场价格充分

反映了所有可获得的信息，那么市场就是有效的。①信息的公开一旦受阻，就会影响证券市场的价格。换言之，谁垄断了信息，谁就有资格控制市场价格。因此一定程度上人工智能交易技术的公开是必要的。证券期货市场中的"三公原则"是相辅相成的，只有在公开、公平之下，才会有公正。离开公开、公平的公正是虚无的、不客观的。②因此，对于证券期货市场中人工智能交易的监管需要全方位地进行考量，以此来稳固证券期货市场中的"三公原则"。

其次，对于人工智能技术使用规范探索的过程可以小范围试验，分阶段实行。目前我国证券期货市场中使用人工智能交易的交易者仍为少数，证券期货市场的监管层对于人工智能交易可能存在风险的具体判断仍然存有不足，同时还缺乏实践经验。在这种条件与环境下，我们不妨在吸取国外关于人工智能交易经验的基础上，先在小范围内开展人工智能交易的实验，让人工智能交易的交易者集中在一个平台上，并且根据试验的结果与经验多次、分阶段进行，不断完善人工智能交易监管的理念与经验。如此一来，人工智能交易中可能出现的对其他交易者的不良影响也能降至最低。否则如果急于在大范围内放行全部人工智能交易，一旦出现危机，证券期货市场交易的保障系统将无法及时反应并准确处理，容易造成证券期货市场中更大范围的"二次"危害，甚至导致金融危机的出现。

最后，需要明确证券期货市场交易中允许与禁止的人工智能技术标准与范围。2015 年 10 月，中国证监会已经起草了《证券期货市场程序化交易管理办法(征求意见稿)》，其中明确列举了禁止的程序化交易，主要包括证券自买自卖、期货自成交、频繁报撤且成交较低、影响收盘价、误导他人交易、制造趋势以影响价格及其他这七类。可以看出，该标准主要参考的是传统证券期货市场交易中常见的违法犯罪行为，并针对程序化交易的特征进行了一定的预判和调整。人工智能交易是基于程序化交易产生的，因此对于人工智能交易技术标准与范围的设定完全可以参考程序化交易的管理办法。但是，值得注意的是，人工智能交易与程序化交易相比，人工智能交易中可能需要禁止使用的技术范围更广。这是因为，使用的技术越先进，可能对证券期货市场交易的影响就越大，监控的力度就需要相应地加强，同时还需要技术监管部门的支持与配合。特别值得一提的是，在证券期货市场交易中，明确允许与禁止的人工智能技术的标准与范围将有利于对于市场操纵行为的认定。此标准与范围如果得以明确，那么在司法实践中我们将假定在这个设定的技术标准与范围内，人工智能交易所能获取和利用

---

① 参见广发证券有限公司发展研究中心：《构筑有效的资本市场》，载《中国证券报》1999 年 1 月 21 日。转引自张宇润、杨思斌：《论证券法"三公"原则的制度内涵》，载《法商研究》2002 年第 5 期。

② 刘云亮：《解读证券法基本原则的和谐性》，载《行政与法》2009 年第 4 期。

的信息是平等的，而一旦超过这个范围，人工智能交易就将造成交易上的不公，可以认为成立滥用人工智能交易行为。如果前置法律法规能够事先设定具体的技术标准与范围，那么对于滥用人工智能交易行为的判断就于法有据，并且对于人工智能交易的开展具有积极的指引作用。因此，要想解决实践中市场操纵行为的认定疑难问题，明确证券期货市场交易中允许与禁止的人工智能技术标准与范围是必要的先行步骤。

（二）完善有关司法解释的规定

我国《刑法》第182条操纵证券、期货市场罪明确规定了三种禁止的市场操纵行为：连续交易、约定交易以及自我交易，同时还规定了兜底条款作为补充规定。从操纵行为类型分析，市场操纵行为可以分为资金操纵、股权操纵、信息操纵以及技术操纵。传统的市场操纵行为主要是资金操纵、股权操纵，也即利用资金优势和持股、持仓优势对市场进行非法控制，包括连续交易等。而随着市场交易者越来越重视证券期货市场中的信息，信息开始成为重要优势来源，此时就出现了利用信息优势操纵市场的行为，例如"抢帽子"交易。在人工智能时代，交易技术将成为影响证券期货市场交易的重要因素，利用技术优势同样也可能对市场进行非法控制，只是我国现行刑法尚未明确规定技术操纵行为的性质。

按照目前的刑法规定，如果要将技术操纵纳入刑法规制的范围，只能通过对《刑法》第182条中的兜底条款进行解释。兜底条款具有一定的模糊性，所以可能有学者认为，兜底条款对于罪刑法定原则而言是一种挑战。但其实不然，兜底条款的模糊性为司法适用带来了一定的适用空间，在某种程度上弥补了法律无法及时回应实践中出现各种情况的缺憾。但是我们不能肆意适用兜底条款，对于兜底条款的适用应当有一定的限度，其中最为重要的一点即为尊重兜底条款的同质性解释原则。同质性解释规则适用于兜底条款的解释，有学者提出，关于同质性的判断标准及其评价有两种观点：其一是"类似情形说"，即认为概括性条款所涉行为要求与例示条款所涉行为具有同一类型或类似情形；其二是"实质相同说"，即认为行为的实质内涵并不限于例示条款列明的行为类型，需要侧重考察行为的实质内涵以比较是否相同。①实际上，同质性解释规则既不能离开所谓例式条款所涉的行为类型，也不能缺乏对于这些行为类型实质内涵的挖掘。换言之，运用同质性解释规则解释的兜底条款可能适用的行为类型不局限于前述列举的行为类型，但是可适用的行为类型和列举的行为类型应当具有同样的实质内涵，而实质内涵需要通过对列举的行为类型进行一定的分析和总结。因此，对于操纵证券期货市场行为本质的理解需要通过总结归纳已经加以列举的行为

① 李谦：《双层次界定刑法同质性解释规则》，载《检察日报》2018年1月17日。

类型。可以看出,《刑法》第182条所列举的市场操纵行为包括价格操纵和交易量操纵,但无论何种操纵,其共同特征为对证券期货市场的垄断行为,该垄断行为的具体表现为滥用优势对市场机制进行破坏。价格操纵和交易量操纵之外的操纵行为只要满足了该本质要求,同样也可以适用兜底条款(例如资本操纵)。①

谈及操纵证券期货市场行为本质,理论上存在多种学说,即使是持同一观点的学者所持理由也不尽相同。目前学界的观点主要分为支持和反对"欺诈"理论两大类观点。"欺诈"理论认为,操纵证券期货行为的本质在于通过利用资金信息等优势或滥用职权、操纵市场、制造证券市场假象,诱导或者致使投资者在不了解事实真相的情况下作出证券投资的决定,从而使其获得利益或者减少损失的行为。但是,"欺诈"理论存在一定的不足。诚然,操纵证券期货市场的行为通过制造市场假象吸引其他投资者按照行为人的预期参与市场交易,具有一定的欺诈性,但不应当认为欺诈性是操纵证券期货市场行为的本质特征。操纵证券期货市场行为直接指向的对象并非其他投资者,而是证券期货市场本身。欺诈行为的基本构造是行为人对被骗人实施欺骗行为,而操纵证券期货市场的行为中并没有相对应的被骗人。证券期货市场本身变幻莫测,操纵证券期货市场的行为无法直接作用于某个投资者。换言之,行为人是通过制造市场假象来控制市场,而非通过制造市场假象来欺骗某个具体的投资者。而所有的欺诈行为都需要有具体的被骗人。所谓"操纵"指的是发生在证券期货市场的垄断行为,该行为因非法控制证券期货市场的交易价格和交易量,对正常的证券期货市场秩序和投资者的合法权益造成破坏和侵害。虽然证券期货市场上的价格客观上具有很大的不确定性,但是证券期货交易价格的波动实际上还是具有一定的规律性的,即价格围绕价值的变化而产生波动。但是操纵证券期货市场的行为破坏了这一客观规律,破坏了正常的证券期货市场价格机制。因此,操纵证券期货市场行为的本质在于行为人滥用自身优势,对证券期货市场进行非法控制。而滥用人工智能交易的行为同样符合操纵证券期货市场行为的本质,明确技术操纵为市场操纵行为的最佳路径即为通过司法解释规定兜底条款的适用范围,并且需要注意以下内容:

第一,与前置法规范内容相互协调。证券期货犯罪是典型的法定犯,追究证券期货市场中滥用人工智能技术交易行为的刑事责任也必须以前置法规范为基础。正如上文已经提及,规制滥用人工智能交易行为的首要步骤是明确允许与禁止使用人工智能技术的标准与范围。目前《证券期货市场程序化交易管理办

① 参见刘宪权、林雨佳:《新型市场操纵行为的刑法认定》,载《证券法苑》2017年第4期。

法(征求意见稿)》中已经规定了违规程序化交易者涉嫌犯罪的,将依法移送司法机关,追究刑事责任,因而刑法在规制程序化交易行为的过程中需要参考此管理办法。有学者提出,当某种行为尚未被行政法、经济法等前置法明确规定为违法之前,说明在行政经济法规看来,该行为的违法类型尚不足以确定。①对此观点,实际上,在刑法与前置法都规定了兜底条款,也即"双重兜底"的情况下,确实不宜贸然将滥用人工智能交易行为予以定罪量刑,否则容易造成刑事司法的恣意。因此,司法解释在认定技术操纵性质时要特别注重与前置法规范内容的协调性,刑法规制的技术操纵的范围应当在前置法禁止使用的人工智能技术标准与范围之内。如此一来,司法实践在认定技术操纵时就能拥有统一的标准进行定罪处罚,避免出现不必要的争议。

第二,明确提供人工智能技术支持、帮助行为人的刑事责任。不同于传统的交易方式,人工智能交易中提供人工智能技术支持、帮助的行为人往往是独立于投资者的第三方。例如,在伊士顿操纵案中,伊士顿公司所使用的高频交易程序的提供者就是位于境外的一个独立的技术团队。在互联网时代,滥用信息网络技术行为的刑法规制问题已经成为一个热议的话题。《刑法修正案(九)》将提供信息网络技术支持、帮助的行为单独纳入刑法规制的范围。对此,一般认为,提供信息网络技术支持、帮助的行为本身是一种中性业务行为。但是如果从事具体业务的市场主体明知他人实施犯罪活动,而仍然为其提供业务或者服务助力,这种中性业务行为就具备刑事可罚性。②与提供信息网络技术支持、帮助行为不同的是,提供人工智能技术支持、帮助的行为不可能是中立的,因为设计和编制的人工智能程序具有明确的目的性。而中立帮助行为一般具有业务性和日常生活性,例如仓储保管、邮寄、房屋出租等行为。③对于法律规范而言,如何平衡技术的创新与风险是个永恒的话题。但是技术永远不应该脱离于现实而存在,也不应成为支配市场功能的工具和手段。④实际上,在前置法规范已有规定的情况下,提供人工智能技术支持、帮助滥用人工智能交易的行为属于典型的帮助行为,应当按照操纵证券、期货市场罪的共犯加以处罚。与此同时,提供人工智能技术支持、帮助的行为可能包含了提供信息网络技术支持、帮助的行为,基于《刑法修正案(九)》的规定,如果行为人同时还构成其他犯罪的,应当依照处罚较重

---

① 何荣功:《刑法"兜底条款"的适用与"抢帽子交易"的定性》,载《法学》2011 年第 6 期。

② 刘宪权:《论信息网络技术滥用行为的刑事责任》,载《政法论坛》2015 年第 6 期。

③ 参见陈洪兵:《质疑经济犯罪司法解释共犯之规定——以中立行为的帮助理论为视角》,载《北京交通大学学报(社会科学版)》2010 年第 3 期。

④ [美]萨尔·阿努克、约瑟夫·萨露兹:《华尔街的数据大盗:高频交易的罪与罚》,刘飚译,人民邮电出版社 2014 年版,第 2 页。

的规定定罪从重处罚。因为人工智能技术在技术操纵中的重要性与特殊性，所以建议在司法解释明确技术操纵行为性质的同时，应当考虑明确将提供人工智能技术支持、帮助行为纳入操纵证券、期货市场罪的共同犯罪中的帮助犯范围之中，并且予以明确具体的量刑标准。应当认为，此举属于在司法解释中设立注意规定，并非增添与刑法理论相反的内容，目的在于提醒司法人员注意在处理滥用人工智能交易犯罪时要同时注意处理提供人工智能技术支持、帮助的行为人。

诚然，人工智能技术作为一项技术创新，确实给证券期货市场交易带来了新的活力和生机，但是可以预见，一旦人工智能技术得以在证券期货市场交易中普及，那么传统证券期货市场交易的规则与制度似乎都可能被颠覆。我们试想在证券期货市场交易中出现了绝对理智、智能又远远高于普通自然人的人工智能机器人作为交易者参与交易，其能够准确把握市场行情，预测未来，那么对于普通的交易者而言，似乎已经不存在什么公平。法律法规应当及时回应人工智能技术所带来的社会变革，为人工智能技术的应用设定合理的范围，以保证证券期货市场交易的正常运转。如果允许滥用人工智能交易行为的存在，将不利于证券期货市场的长期健康发展。长此以往，大量不具有技术优势的投资者必将被淘汰出局，证券期货市场势将缺少活力，而高新技术的拥有者则会对证券期货市场造成绝对的垄断。因此，对于证券期货市场交易中滥用人工智能技术交易行为进行刑法规制应该是必要之举。

第九章
人工智能在支付领域应用的刑事风险与刑法应对

我们的经济生活离不开消费转账等各类支付，而随着技术的革新，支付方式也在不断演进。目前已经出现了支付宝、微信钱包等方便快捷的新型支付方式，而人工智能技术必然会参与支付创新。但是，支付创新的另一面即为支付风险，相应的侵财犯罪仍会以新的方式发生。人工智能技术对支付领域的改变会引发怎样的刑事风险，刑法又需要针对此类刑事风险作何应对，是我们在人工智能时代所迫切需要回答的问题。

第一节　人工智能在支付领域的应用及刑事风险

人工智能技术在支付领域的应用越来越广泛，给人们的生活带来了很大便利，但同时也带来了相应的风险。人工智能机器人可以成为侵财犯罪中被骗的对象，同时，在未来，当强人工智能机器人出现时，其也可以作为侵财犯罪的主体。

一、人工智能与新型支付方式

随着经济的发展以及网络技术的进步，人们为了让经济领域以及日常生活领域更加高效、便捷和安全，由互联网衍生的电子产品渐渐走进了我们的生活。在这一大背景下，诸多新型支付方式应运而生，而与之相伴相随的还有各种侵财案件。

从支付方式的新类型来看，电子支付方式和网络移动支付方式是当下应用范围最广、涉及资金最多、发展最为迅速的新型支付方式。

首先关于电子支付，目前尚无统一的定义，这主要是因为电子支付所涉及的行业领域非常广泛，其中，既有专司监管职能的中国人民银行、银保监会，也有银行等一般金融机构，还包括发行预付卡的商业机构以及专门代理网络收付款职能的其他机构；与此相对应，电子支付所涵盖的具体支付方式也纷繁复杂。因此，实践中并没有关于电子支付方式的通说概念，往往是不同的行业，不同的主体根据管理需要或者自身的理解作出完全不同的定义。[①]一般认为，比较具有代表性的定义是2005年10月26日中国人民银行发布的《电子支付指引（第一号）》第2条第1款的规定。该指引认为，所谓电子支付是指单位、个人直接或者授权他人通过电子终端发出支付指令，实现货币支付与资金转移的行为。此外，该条文还按照电子支付指令的发起方式，将电子支付分为电话支付、移动支付、销售点终端交易、自动柜台机交易和其他电子支付。

其次是近年来愈发流行的网络移动支付，所谓网络移动支付，主要是指利用手机等无线通信网络终端转移货币价值以履行对价义务的支付方式。按照网络移动支付过程是否需要经过第三方为标准，可以将目前的网络移动支付划分为手机银行支付和第三方支付。近几年来，以手机银行支付、支付宝支付、微信支付为代表的移动支付得以迅猛发展，并正在引起全球支付方式的全面革新。诺贝尔经济学奖得主罗伯特·席勒曾预言，正如卡片（包括信用卡和各类会员卡）支付取代纸质货币支付一样，数字化支付方式将在不久的将来同时消灭卡片和纸质货币，支付领域即将全面迎来以手机银行支付、支付宝支付、微信支付为代表的以数字化为最主要特征的网络移动支付时代。

就手机银行支付而言，其发行主体（或者说授权主体）仍然是银行，并不涉及其他第三方。同时，其使用方式仍然是通过用户信用卡号和密码的比对进而直接完成支付，即从用户A的信用卡转入用户B的信用卡。深究其本质，无非是以手机银行应用软件为载体，将过去的存折或者信用卡里的财物通过网络予以数字化。因此，不难发现，涉手机银行侵财犯罪的认定较之传统侵财犯罪并无特殊之处。与此相比，第三方支付则大不相同：首先，其发行主体为非金融机构；其次，用户使用第三方支付的前提是必须将其第三方支付账户与信用卡账户进行绑定，在绑定信用卡之后的实际支付过程中，用户可以通过第三方支付平台的账户和密码完成支付。第三方支付与手机银行支付相比，在发行主体、是否涉及第三方以及支付过程上均有特殊之处。因此，第三方支付的出现无疑会给本就复杂的侵财犯罪案件定性带来新的困扰。

在此基础上，人工智能技术的快速发展使支付方式再次更新。众所周知，人工智能机器人具有部分人脑功能，能够帮助人类处理各类事务。在支付领域，我

---

① 参见秦新承：《支付方式的演进对诈骗犯罪的影响研究》，上海科学研究院出版社2012年版，第24页。

们需要大量人工智能程序来识别用户信息，处理支付账户等，相信未来人工智能技术与新型支付方式的结合将更加紧密。具体而言，人工智能技术在以下方面能够促进支付方式的发展：第一，用户身份信息智能识别。对于支付方式而言，用户身份信息识别是一个支付过程的开始，一般而言我们需要通过一定安全认证的方式来对用户进行识别。随着人工智能技术的不断发展，目前在支付领域已经出现了大量生物识别用户信息的方式，例如人脸识别、指纹识别、视网膜识别、虹膜识别、指静脉识别、掌纹识别等。这些新的识别方式大多需要依赖人工智能程序的支持才能完成。第二，支付账户智能管理。对于支付管理而言，账户体系是基础。人工智能技术支持的图谱计算技术，可以对用户进行全方面分析，将各类关联账户集合在一起，描绘出每个用户的画像。此举无疑将有利于用户管理，并且能够打通各支付平台之间的壁垒，活化支付平台经营。第三，增加支付场景智能应用。人工智能技术与物联网等新技术融合实现了对于传统支付场景的改造，越来越多新的支付场景应用问世，例如无人超市、汽车支付等，在这些新的支付场景应用中，人工智能技术可谓中流砥柱，帮助解决各方面的新型的支付需求。

二、人工智能在支付领域应用的刑事风险

支付方式的革新并不能阻断侵财案件的发生，在人工智能技术出现之前，我国侵财犯罪的类型主要依据刑法分则规定的罪名来确定，刑法分则根据不同罪状表述将财产犯罪予以细化，从而确立了财产犯罪的基本种类划分。[①]这种类型划分方式固然能够为司法实践中侵财行为的刑法定性提供法律依据和罪名归属，但是在弱人工智能机器人甚至强人工智能机器人出现之后，人工智能技术将大大影响侵犯财产的行为方式，甚至导致传统侵财犯罪罪名之间的界限划分模糊。鉴于此，人工智能技术在支付领域的应用可能存在两种类型的刑事风险：一是人工智能机器人可能作为侵财犯罪的对象；二是人工智能机器人可能作为侵财犯罪的主体。

（一）人工智能机器人可能作为侵财犯罪的对象

在人工智能与支付方式结合之前，司法实践中已经出现了大量利用 ATM 机实施的侵财犯罪案件。ATM 机之所以可以被用于实施侵财犯罪，原因在于其可以实现代替银行业务人员处理部分财务业务，例如转账、取款等基础业务。而人工智能机器人最大的优势就在于其能够在某个特定领域代替人类处理事务。因此，未来人工智能机器人一定会在支付领域充分发挥其作用，人工智能机器人在代替人类处理支付业务之时，完全可能和普通业务人员一样“受骗”，成为

① 参见刘宪权：《新型支付方式下网络侵财犯罪的定性》，载《法学评论》2017 年第 5 期。

侵财犯罪的对象。

目前新型支付方式大多不需要实体的支付卡片、支付账户等,支付过程都在互联网端进行。对于利用人工智能技术的新型支付方式而言,其判断行为人是否是账户真正主人的方式就是智能识别。而智能识别完全可能发生错误,此时可以认为人工智能机器人"受骗"。ATM 机能否被骗涉及一个刑法理论界讨论已久的问题,即机器能否被骗。有学者认为机器不能被骗。①理由大致有以下几点:第一,从"诈骗"的基本含义来看,受骗人只能是自然人;第二,诈骗罪有特定的构造,如果认为计算机等机器也可能成为受骗人,则导致诈骗罪丧失定型性;第三,机器已经具有人的诸多特征的观点难以成立,倘若将机器当作人看待,那将机器砸坏取走其中现金的行为就成立抢劫罪了,没有人会赞成这样的结论;第四,大陆法系及英美法系的刑法理论及审判实践均认为,诈骗罪的受骗人只能是自然人,不能是机器。因而拾得信用卡并使用的,应定盗窃罪而非信用卡诈骗罪,信用卡诈骗罪仅限于行为人在柜台上使用信用卡的情形。②另有一些学者也均认可机器不能被骗。但不同的是,有学者指出,机器本身虽不能被骗,但机器是按人的意志来行事的,机器背后的人可能受骗,拾得他人信用卡在 ATM 机上适用的行为可以构成信用卡诈骗罪。③还有学者进一步指出,机器的确不能成为诈骗的对象,但是这并不意味着作为机器主人的自然人不能上当受骗。④在论证过程上,有些学者采用"间接受骗说",指出"信用卡诈骗同传统诈骗罪相比,受欺骗具有间接性,即以智能化了的计算机作为中介,实质上是使计算机背后的人受了骗;同时,人处分财物也具有间接性,即由计算机代替人处分财物,并非人直接处分财物";⑤有些学者则采用"代理行为说",认为"现代社会中的智能机器的作用是代理行为,而不是保障安全;行为人实际上是利用机器主人迷信机器的特点来使机器主人上当受骗"。⑥

按照智能程度划分,可以将机器分为机械运作的机器、具有一定智能编程的智能机器和"机器人"三种类型。其一,机械运作的机器只是人们生产、生活的辅助工具,没有接受人工编程,不能被骗。其二,具有一定编程的智能机器只是用于替代原有简单和单一的机器功能,也不存在被骗的问题。其三,"机器人"可以被骗。笔者将那些人们通过电脑编程赋予其部分人脑功能且能替代人脑开展相

---

①② 参见张明楷:《许霆案的刑法学分析》,载《中外法学》2009 年第 1 期。

③ 参见刘明祥:《再论用信用卡在 ATM 机上恶意取款的行为性质——与张明楷教授商榷》,载《清华法学》2009 年第 1 期。

④ 参见黎宏:《欺骗机器取财行为的定性分析》,载《人民检察》2011 年第 12 期。

⑤ 刘明祥:《在 ATM 机上恶意取款行为不应定盗窃罪》,载《检察日报》2008 年 1 月 8 日。

⑥ 黎宏:《欺骗机器取财行为的定性分析》,载《人民检察》2011 年第 12 期。

关业务的机器,统称为“机器人”。依笔者之见,ATM 机就是这类“机器人”。之所以认为其不是“机器”,是因为我们通过电脑编程等赋予了 ATM 机等一些“人脑功能”(如 ATM 机实际具有的识别功能);之所以认为其不是“人”,则是因为 ATM 机等除具有上述被赋予的识别并开展业务等“人脑功能”之外,并不具有人所具有的其他功能,即其不读书、不看报,没有情感,不谈恋爱。需要指出的是,将 ATM 机等比作“机器人”并非有意玩弄文字游戏,而仅仅是为了说明这一基本原理:即如果行为人利用“机器人”所具有的“人”的认识错误非法占有财物的,其行为理应构成诈骗类的犯罪,而如果行为人只是利用“机器人”本身具有的“机械故障”非法占有财物的,其行为当然应构成盗窃类的犯罪。要正确判断“机器人”能否被骗,关键看其是否因为行为人的欺骗行为产生认识错误,这就要从“机器人”的识别能力与识别方式上考虑。由于人工智能支付方式比 ATM 机更加智能,更接近于“机器人”,我们当然可以认为人工智能支付同样可以成为被骗的对象。

（二）强人工智能机器人可能成为侵财犯罪的主体

如本书第一部分所言,将强人工智能机器人纳入刑事责任主体是一种大胆的学术创新,毕竟目前强人工智能机器人并不具备民事、行政乃至刑事责任主体资格。在侵财犯罪领域亦是如此。强人工智能机器人将给人类社会带来巨大改变,以后每个行业几乎都会产生颠覆性的变化。

关于强人工智能机器人能否作为刑事责任主体的问题,将在不久的将来盖棺定论。如果强人工智能机器人可以成为刑事责任主体,那么其同样可以实施侵财行为。将强人工智能机器人作为刑事责任主体的过程不仅仅是预防人工智能犯罪的一个必要步骤,同时也是将强人工智能机器人看作是和自然人一样的社会成员。一旦将强人工智能机器人看作社会成员之一,就意味着强人工智能机器人也必须尊重社会通用规则。国家和社会对于财产的保护自古就有,公私财产神圣不可侵犯已然成为国际通用的规则。在人工智能技术出现之前,有关意志自由的问题就成为千百年来刑法学界争执不下的焦点话题。按照启蒙主义思想的观点,人生来平等而赋有理性,并能按其理性行动。人在通常的状态下,在进行意志决定时,这种意志决定是不考虑自己的素质以及环境的必然归结的,而只考虑以自己的独立的意志来完成。这是确定不移的事实。[①]战国时期思想家荀子曾言:“人生而有欲,欲而不得,则不能无求;求而无度量分界,则不能不争。”当强人工智能机器人也成为我们的社会成员时,其也会有同样的“欲求”,同样可能实施侵财犯罪行为。

---

① [日]西原春夫:《刑法的根基与哲学》(增补版),顾肖荣等译,中国法制出版社 2017 年版,第 173 页。

与此同时，强人工智能机器人实施侵财犯罪行为的手段可能不同于传统侵财行为手段。在强人工智能时代到来之前，弱人工智能时代中涉人工智能犯罪所带来的犯罪数额的爆炸性增长已经引发社会各界高度关注。例如，在输入验证码的环节，一旦人工智能机器人能够破解人类设置的验证规则，在单位时间内人工智能技术破译的账户数量将会呈现出数以亿计的增长，由此引发的犯罪数额也将难以估量。随着人工智能的“智能”成分不断增加，人工智能机器人可能实施的侵财手段也将变得更加智能化。在智能化侵财手段之下，侵财犯罪可能会呈现出更加迅猛的增长，这是需要引起我们注意的。

第二节　支付领域人工智能应用刑事风险的刑法应对

如前所述，人工智能在支付领域的应用可能存在两大刑事风险，其一是人工智能机器人可能作为侵财犯罪的对象，其二是强人工智能机器人可能作为侵财犯罪的主体。对于支付领域人工智能技术应用的刑事风险，刑法是否需要作出相应的调整，刑法规制理念是否需要更新都是人工智能时代面对侵财犯罪时我们需要思考的问题。

一、人工智能机器人作为侵财犯罪对象的刑法应对

笔者在前文已经论述了人工智能机器人在代替人类处理支付业务时完全可以成为被骗的对象。面对人工智能机器人作为犯罪对象的侵财犯罪，首先必须明确的是此类犯罪行为的定性问题。实际上，当微信支付、支付宝等第三方支付为代表的新型支付方式逐步成为主流的支付方式时，对于新型支付方式下侵财犯罪行为的定性问题就已经受到刑法学理论界和实务界的广泛讨论。对于人工智能机器人作为犯罪对象侵财行为定性问题的讨论无非是围绕诈骗类犯罪和盗窃罪两种罪名的界分展开的。盗窃罪与诈骗类犯罪是我国侵财犯罪中两个最古老、常见的犯罪。我国传统刑法理论对盗窃罪已形成了比较完备的理论体系，通说认为，盗窃罪客观构成要件具体表现为“秘密窃取”，行为秘密与否是该罪与其他财产性犯罪的界分标准。该理论也成为了我国当下的通说观点，得到了刑法实务界和理论界绝大多数专家、学者的支持。简而言之，所谓秘密窃取，是指行为人采用自认为不会被财物的所有者、保管者、经手者觉察的方法，暗中窃取财物。[①]理论

---

①　参见刘宪权主编：《刑法学》，上海人民出版社2016年版，第631页。当然，关于盗窃罪是否一定要求秘密进行学界存有争议，部分学者认为盗窃也可以“以平和的方式公开进行”，笔者认为此种观点似乎忽略了汉语文字的基本内涵，“秘密”与“公开”本就是互斥的概念，在任何情况下均不应当作同一解释。因此，笔者坚持以为，符合“行为秘密性”仍然是构成盗窃的前提和关键。

界一致认为，诈骗类犯罪的客观行为具体表现为行为人使用虚构事实、隐瞒真相的欺骗手段。在诈骗犯罪中被害人也是因行为人的欺骗行为而产生错误认识，并基于错误认识而实际交付财物。简而言之，就客观构成要件来说，盗窃与诈骗的区分即：前者是秘密窃取财物，后者是公开（冒名）骗取财物。笔者认为，人工智能机器人作为犯罪对象的侵财行为的定性需要考虑人工智能机器人本身的特性，即其既具备机械构造，又具备“人脑”构造，不能一概而论。

首先，利用人工智能机器人“被骗”实施的侵财行为不符合盗窃罪的基本构造。笔者认为，利用一个正常的人工智能机器人无法识别出账户真正主人从而实施的侵财行为不应当认定为盗窃罪。在此情况下，行为人的侵财行为不符合秘密窃取的主观性和客观性要求。刑法中的秘密窃取的认定离不开行为人的主观性因素，也即秘密性的主观判断取决于行为人是否自认为财物的所有人或占有人不知其窃财行为。在传统侵财犯罪中，行为人的窃取财物行为往往是直接指向物理空间中财物的所有人或占有人。因此，只要行为人自认为是秘密的手段，“拿走”他人财物的，即符合秘密性。在人工智能机器人“被骗”的侵财犯罪中，其支付模式是用户向人工智能支付平台发起资金调拨指令后，由人工智能支付平台完成资金转移。这种情况下，当行为人冒用他人支付账户进行支付、转账等行为时，行为人必然知晓其侵财行为的整个过程相对于人工智能支付平台都是公开的。因而也就不存在行为人自以为“秘密窃取”的情形。此外，人工智能机器人“被骗”的侵财犯罪亦不符合秘密窃取的客观性要求，因为整个财产转移的过程是完全公开的。人工智能支付平台接到用户指令后转移资金到指定账户是基于其作为资金保管者尽到审核义务后的行为。换言之，不存在行为人秘密地从资金保管者处直接获取财产的情形，因而也就不符合秘密窃取的客观性要求。

其次，利用人工智能机器人“被骗”实施的侵财行为符合诈骗类犯罪的基本构造。笔者认为，利用人工智能机器人“被骗”实施的侵财行为，与非法获取他人信用卡并在ATM机上使用，在新型支付方式下实施的网络侵财犯罪行为没有本质区别。人工智能支付平台与ATM机、其他新型支付方式相比，最大的特点就在于其更加智能、能代替人类处理业务的覆盖面积更广。但是，这一特点并不影响对于利用人工智能机器人“被骗”实施侵财行为的定性。针对利用人工智能机器人“被骗”实施的侵财行为，人工智能支付平台在运作过程中体现的是设计者赋予其的人脑功能。在新型支付方式尚未发展普及时，诈骗类犯罪的对象较多的是自然人或法人，更确切地说是具有辨认能力和控制能力的人，诸如精神病患者等不能成为诈骗类犯罪的对象。从本质上来说，这是因为具有正常意识的人才能被骗，没有正常意识的人无法因虚构事实或隐瞒真相而陷入错误认识之中。从历史发展的进程来看，意识只属于人类，现代技术并没有发展到足以使“机器人”产生“自我”意识，但是机器进行相当程度的意思表达早已成为现实。机器在特定情形下被人赋予一定范围的人脑功能，并按照预设的功能替代人开展一定业务。在技术完备和设计充分的情况下，机器可以完全按照设计者的要求对外界信息作出符合预期的反应，机器设计者基于对自身设计机器的信赖可以交由机器代替自身完成预先设定的某些行为。此时，机器根据预设条件代替人实施某些行为符合人的意志。①人工智能技术的出现完成了让支付平台能够按照人的意志运行的使命，同时也让人工智能支付平台有存在陷入错误认识的可能。诈骗类犯罪案件中的被骗人之所以产生“认识错误”，是因为其事先有“认识正确”，即认为应当对某种行为作出何种反应。就人工智能支付平台而言，根据事先的程序设计，只要行为人获得账号和密码，在人工智能支付平台上就能顺利完成转账、支付等业务，至于行为人是否是账户的真正主人，人工智能支付平台则无法也无需识别。有论者甚至认为，只要账号和密码是真实的，就不存在支付平台受骗的问题。②显然，这种说法是不能成立的。因为在人工智能支付平台上使用他人的账号和密码本身就是欺诈行为，并不因为人工智能支付平台仅能识别账号和密码却不能识别“假人”，便认为人工智能支付平台不能产生认识错误。我们应当参考社会一般认识，从人工智能支付平台设计目的及设计人的意图进行解释。利用人工智能机器人“被骗”实施的侵财行为本身就符合了虚构事实、隐瞒真相的诈骗特征。行为人利用平台程序“识别功能”上的认识错误，而在行为人提供他人真实账号和密码的前提下，让人工智能支付平台“自觉自愿”转账或支付钱款，这一行为完全符合诈骗类犯罪的基本构造。

最后，利用人工智能机器人机械故障实施的侵财行为可能构成盗窃罪。应当看到，人工智能侵财犯罪不仅仅包括典型的利用人工智能机器人“被骗”实施的侵财行为，人工智能侵财犯罪行为的手段可能层出不穷、千差万别。谈及利用机械故障实施的侵财行为，不得不谈到著名的“许霆案”。2006 年 4 月，被告人许霆在广州市一家银行的 ATM 机取钱时发现，只需要从他个人的账户中扣除一块钱，ATM 机就会出现一千块钱，许霆就利用 ATM 机的机械故障多次将不属于自己的存款取出，该行为最终被法院认定为盗窃罪。该案引发了刑法学界的热烈讨论。第一种观点认为，许霆的行为不应当构成犯罪行为，因为该行为能够通过民法或他法加以规制，不满足刑法二次违法性的要求。③第二种观点认

① 高国其：《机器诈骗犯罪浅议》，载《中国刑事法杂志》2010 年第 3 期。
② 参见黄祥青：《冒用他人借记卡的行为应该如何定罪》，载《政治与法律》2000 年第 1 期。
③ 参见杨兴培：《“许霆案”的技术分析及其法理思考》，载《法学》2008 年第 3 期。

为,ATM 机不能被骗所以许霆的行为应当构成盗窃罪。[①]第三种观点认为,在许霆案中 ATM 机实际上是代替银行业务人员来处理事物,许霆的行为让 ATM 机代替的银行业务人员产生错误认识进而处分了财务,其行为应当构成诈骗类犯罪而非盗窃罪。[②]许霆的行为是利用 ATM 机中机械故障而取财,并非利用机器的识别功能而取财,应当构成盗窃罪而非诈骗罪。因为笔者曾多次提出"机器人"理论,所以一直被认为是"机器能否被骗"问题中肯定论者的代表。实际上,笔者的"机器人"理论并非真正意义上的肯定论。机器能够被骗是建立在机器具有一定的识别功能基础之上的,简单的机械和失去识别功能的故障机器无法成为诈骗类犯罪的对象。例如,行为人知道他人保险柜的密码后用密码打开保险柜拿走其中的财物,我们不会将行为人的侵财行为认定为诈骗类犯罪。利用人工智能机器人机械故障实施的侵财行为也是如此,出现了机械故障的人工智能机器人和普通保险柜并无本质上的区别,利用人工智能机器人机械故障实施的侵财行为如果符合盗窃罪的构成要件就应当认定为盗窃罪。

二、强人工智能机器人作为侵财犯罪主体的刑法应对

在未来强人工智能时代下,强人工智能机器人主动实施侵犯财产犯罪的情况并不是妄想。届时,我们有必要立足于本土化,重新对现行刑法的相关规定作出适时调整。具体而言,可以从刑法总则和刑法分则两个方面作出针对强人工智能机器人主动实施侵财犯罪的立法调整。

刑法总则作为刑法分则的指导,必须首先作出调整。笔者已经在本书前半部分详细论述了强人工智能机器人成为刑事责任主体的必要性、可行性与正当性。一旦强人工智能机器人主动实施了侵财犯罪行为,将其认定为刑事责任主体需要刑法总论的明确规定。与此同时,刑法总则中关于刑罚处罚方式和刑事责任承担方式的内容似乎也需要进行相应地调整。目前,我国刑法中的刑罚制度当然也可以适用于强人工智能机器人,还可以增加诸如强制修改人工智能编程、强制毁灭人工智能及其编程等。将强人工智能机器人纳入刑罚处罚范围,能够实现刑罚的基本功能,以及刑罚的目的。既然能够将单位这一完全不具有主体意识的对象纳入刑法规制对象,肯定强人工智能机器人的刑事责任主体地位也完全符合刑事立法的规律。关于刑法总则应当如何针对强人工智能机器人作出立法上的调整,笔者已经在本书前半部分作出了详细说明,在此就不做赘述。

刑法分则对于犯罪的具体认定有着至关重要的作用。我国《刑法》第五章专

---

① 参见张明楷:《许霆案的刑法学分析》,载《中外法学》2009 年第 1 期。

② 参见刘明祥:《在 ATM 机上恶意取款行为不应定盗窃罪》,载《检察日报》2008 年 1 月 8 日。

门规定了侵犯财产罪，侵犯财产罪对于犯罪主体没有特殊的要求。诚如前文所述，强人工智能机器人也是社会成员之一，需要尊重人类社会的既有规则；强人工智能机器人也有“欲望”，因而在强人工智能时代完全可能出现强人工智能机器人主动实施侵财犯罪的刑事风险，侵犯财产罪中的罪名也完全可能适用于强人工智能机器人侵财犯罪。但是，应当指出的是，目前侵犯财产罪中的一些罪名是由现在通行的社会关系所决定的。以拒不支付劳动报酬罪为例，拒不支付劳动报酬罪指的是以转移财产、逃匿等方法逃避支付劳动者的劳动报酬或者有能力支付而不支付劳动者的劳动报酬，数额较大，经政府有关部门责令支付仍不支付的行为。因为人类社会中存在大量的劳动关系，所以拒不支付劳动报酬罪的存在是合理且妥当的。当强人工智能机器人也成为社会成员时，社会关系会发生什么变化我们如今尚不得而知。而侵犯财产罪的罪名完全可能因为社会关系发生变化而变化。目前侵犯财产罪中的抢劫罪、盗窃罪、诈骗罪等常见罪名都完全可能适用于强人工智能机器人，而强人工智能机器人是否可以适用拒不支付劳动报酬罪等罪名尚不能明确。未来还可能出现新型人工智能侵财犯罪的行为类型需要新的侵犯财产罪罪名加以规制，这都是由人工智能社会中的社会关系所决定的。但可以明确的是，刑法分则需要根据新的变化适时更新新的罪名以及传统罪名中的行为类型，以更好更有效地规制人工智能侵财犯罪。

▌第十章▌
人工智能在医疗领域应用的刑事风险与刑法应对

人工智能技术正蓬勃发展，在超级计算、大数据、移动互联网等技术的不断进步以及社会经济发展需求的不断推动下，人工智能已经在各行各业中大显身手。近年来，人工智能技术也在不断融入医疗领域，探寻通过人工智能与医疗科技的融合来提升医疗技术水平与重塑医疗服务模式。人工智能的安全问题是自人工智能出现以来备受关注的问题，当人工智能应用于与人类生命与健康密切相关的医疗行为时，其安全问题将更受瞩目。

第一节　人工智能在医疗领域的应用及刑事风险

自古以来，医疗活动就伴随着人类共同发展，与各种有害健康及生命的因素作斗争，是人类生存和发展所必不可少的活动。医疗技术水平往往随着社会的发展和科技的进步而不断进步，人工智能在医疗领域应用的探索与进步是现代医疗发展进步的重要体现。

一、人工智能在医疗领域的应用与发展

人工智能技术的发展对医疗技术的发展具有促进作用，人工智能技术与医疗技术的结合使得当下人工智能医疗迅速发展起来，基于大量数据的人工智能算法为医疗服务提供了快捷、优化的途径，人工智能医疗的发展不仅带来了医疗技术的革新，也使得医疗服务模式发生了转变。人工智能医疗使医疗行为具有科学性与智能性，医疗过程得以数据化、电子化、更快捷、更准确，从而给人类带来了巨大的医疗福利。

（一）人工智能在医疗领域应用的现状与发展趋势

在人工智能技术与医疗领域的结合方面，早在20世纪60年代后期就出现

了以模拟人类医学专家思维过程为特点的专家系统，20世纪70年代初，斯坦福大学的传染病学家研制了用于诊断和治疗感染性疾病的MYCIN系统，是世界上第一个人工智能应用于医学领域的专家系统。美国医学界对它评价很高，曾两次对该系统进行了严格的“考试”，其成绩都超越了医学专家。MYCIN系统的问世是专家系统走向成熟的重要里程碑，也是人工智能理论应用于医学领域的重要里程碑。[①]在MYCIN系统的影响下，人工智能在医疗领域的发展不断推进，在之后的研究中，出现了一系列的医学专家系统。随着近年来人工智能技术的突飞猛进，人工智能应用于医疗领域已经成为现代科技的热点。

目前人工智能在医疗行业的应用领域越来越多，人工智能技术在各个医疗环节都发挥着作用，如在医学影像、辅助诊疗、疾病风险预测、健康管理、药物研发、医院管理等各方面都已开始应用人工智能技术。目前发展较为成功的人工智能医疗技术主要包括智能影像、药物研发、医疗机器人等。关于智能影像，人工智能技术在医学影像中已经取得了较好的应用成效，如基于钼靶影像的乳腺病变检测、基于皮肤照片的皮肤癌分类诊断、基于眼底照片的糖尿病视网膜病变检测等都是人工智能技术在医学中成功应用的情形。在药物研发方面，通过计算机模拟，人工智能机器人可以对药物活性、安全性和副作用进行预测，找出与疾病匹配的最佳药物，这一技术将会缩短药物研发周期，降低新药成本并且提高新药的研发成功率。

当下医疗机器人是机器人行业与医疗行业应用人工智能技术进行发展的热点，为满足各种医疗需求，目前已研发和生产了各种医疗机器人，包括诊断机器人、手术机器人、康复机器人、护理机器人以及医疗服务机器人等。目前，典型的医疗机器人包括IBM研发的Watson医疗诊断机器人和美国的达芬奇手术机器人。Watson医疗诊断机器人是由IBM公司研发，并与美国一所权威医院——斯隆·凯特琳癌症中心共同训练出来的，是目前世界上治疗肿瘤领域最先进的机器人。[②]Watson医生提供的医疗方案建议与世界顶级肿瘤专家所提供的医疗方案建议高度吻合，经过不断的学习，Watson医生目前已经可以为乳腺癌、肺癌等13种癌症提供治疗方案建议，在全球63个国家以及我国八十多家医院为患者提供服务。[③]达芬奇手术机器人则是一种高级机器人平台，其设计的理念是通过微创的方法，实施复杂的外科手术。达芬奇手术机器人的优势在于其灵活的终端器械、3D清晰成像、精准的操作达成率，能够触及传统人工手术无法轻易达

① 张旭东主编：《中国医疗人工智能发展报告（2019）》，社会科学文献出版社2019年版，第8页。

② 聂金福：《人工智能在生物医疗领域的应用和机遇》，载《软件与集成电路》2017年第4期。

③ 参见《IBM Watson“医生”来了 10秒出癌症治疗方案》，http://guoqing.china.com.cn/2018-11/06/content_70511856.htm，2019年2月10日访问。

到的位置，并施以普通腹腔镜无法实现的灵活性和精确性，以此提高外科手术的成功率、效率以及治愈率。[①]在美国，FDA（食品药品监督管理局）已经将达芬奇手术机器人用于成人和儿童的普通外科、胸外科、泌尿外科、妇产科、头颈外科以及心脏手术。达芬奇手术机器人在美国已经非常普及了，只要是略具规模的医院，肯定会配备达芬奇手术机器人。[②]截至2018年9月30日，全球已经安装达芬奇手术机器人4814台，其中美国有3110台，欧洲821台，亚洲629台，其中中国内地及香港地区总数89台，其中内地78台，香港11台。目前，全球采用达芬奇手术机器人的患者总数已经超过500万例。[③]自2005年达芬奇手术机器人被美国FDA批准用于妇科微创手术后，我国2006年便引进了达芬奇手术机器人，并于2008年批准了第一个达芬奇手术机器人，近年来，达芬奇手术机器人逐渐应用于各个医疗领域。据统计，2018年我国大陆累计完成达芬奇机器人手术32636例，平均每台机器人完成440例/年。[④]

人工智能在医疗领域应用的不断探索与研究，其目的在于充分发挥人工智能的应用优势，助力医疗行业的发展与进步。就目前人工智能在医疗领域的应用现状来看，人工智能医疗已经体现出了传统医疗不可比拟的优势，具体表现在以下几个方面。一是，人工智能医疗能够降低医疗专业人员的培养成本，增加医疗工作强度，解决医生数量不足、医疗资源分布不均衡的问题。一个专业医生的培养至少需要十年的时间，而人工智能医疗机器人的“培养”可能只需要数月的数据学习、AI模拟及临床实验，既减少了培养成本，也缩短了培养时间。人工智能医疗机器人能够进行长时间高强度的工作，相比于人类医生精力的有限性，其优势明显。目前，我国老龄化不断加剧，对医疗健康的需求呈爆发式增长，但在供给侧方面，医生数量远远不足，医疗资源分布也极不均衡，智能医疗的发展为解决医疗资源的不足与分布不均带来了希望。二是，人工智能医疗通过机器操作替代人类操作，能够克服人类活动的有限性。人类在手术中常见的看不见手术部位、不能直接到达手术部位等局限性可以通过手术机器人来弥补，例如达芬奇手术机器人可以增加视野角度、减少手部颤动，以灵活的“内腕”从不同角度在靶器官周围操作，并且能够在有限狭窄的空间操作。此外，人类在医疗行为中不

① 参见《医疗机器人专题报告——达芬奇机器人国内应用现状》，https://mp.weixin.qq.com/s/-RiPidCqoQ0Gk6gyw37DXQ，2019年2月10日访问。

② 参见《智能医疗：有意思的医疗机器人》，https://mp.weixin.qq.com/s/lzSXkLTqkdPaur-To9WGDg，2019年2月10日访问。

③ 参见《达芬奇手术机器人介绍之二》，https://mp.weixin.qq.com/s/qeKXC4CbQmZCBxX8Yr7V8g，2019年3月15日访问。

④ 参见《2018年度国内达芬奇手术统计》，https://mp.weixin.qq.com/s/23y-CIqeKGsOG-ZNedC1wcQ，2019年4月3日访问。

可避免的精力有限等问题也可以通过人工智能医疗机器人来克服。三是，人工智能医疗有助于提高诊疗的精准度，尤其是在精细手术方面具有优势。例如，用人工智能机器人对精神神经方面的疾病进行诊断、分类，得出的结论非常准确、高效，通过人工智能的深度学习，加上核磁对头部影像的诊断，对老年痴呆的诊断有很大的作用。①四是，人工智能医疗有助于提高诊疗的速度，人工智能技术与大数据技术的结合，能够通过对大量数据的快速搜索与比对，作出诊断结论或治疗决策。例如，在重庆首个沃森肿瘤智能会诊中心，医生将乳腺癌患者的个人信息、癌症分期、局部复发、化疗方案、病理分期、癌症转移等具体情况输入治疗系统后，Watson 医生只经过十秒的“头脑风暴”便给出了治疗方案建议。②可见，人工智能技术在医疗领域的应用给人们带来了很大的医疗福利。

目前，世界各国将人工智能技术的发展作为未来技术发展的重点，人工智能技术在医疗领域的应用、人工智能医疗机器人的研发更是各国争抢的技术和战略制高点。根据波士顿咨询公司的估算，2020 年全球医疗机器人市场规模有望达到 114 亿美元，其中，手术机器人约占 60％的市场份额，规模最大。我国政府高度重视医疗机器人的发展，2015 年以来，陆续出台的《国务院关于积极推进“互联网＋”行动的指导意见》《中国制造 2025》《“十三五”国家科技创新规划》《“十三五”国家战略性新兴产业发展规则》以及《“互联网＋”人工智能三年行动实施方案》等相关文件都为人工智能医疗的发展保驾护航。面对医疗市场的迫切需求，在人工智能技术的推动及国家政策的鼓励下，我国人工智能医疗产业进入高速发展期，自 2018 年国务院办公厅《关于促进“互联网＋医疗健康”发展的意见》等文件的发布更是将人工智能医疗研究与应用推入高潮。

（二）人工智能医疗行为区别于传统医疗行为的特征

关于医疗行为的概念，学界莫衷一是、众说纷纭，不同领域基于研究的需要往往有不同的界定视角，在传统的医事刑法中，医疗行为是指取得相关医学资格或以诊疗服务为职业的自然人或单位以人体形态、构造和生理机能的优化、变更或恢复为目的，以适当的现代医学理论和技术手段为准则，对医疗需求者进行具有损伤性的医学过程。③根据传统医事刑法的规定，医疗行为应当具有以下几个方面的特征：(1)医疗行为的目的性，即医疗行为必须是为诊治或帮助病患而实

---

① 《向智慧医疗时代过渡——医疗康复机器人的运用和展望》，https://mp.weixin.qq.com/s/72-HjsAmNuH1ytQ8zEg44g，2019 年 1 月 5 日访问。

② 参见《IBM Watson“医生”来了　10 秒出癌症治疗方案》，http://guoqing.china.com.cn/2018-11/06/content_70511856.htm，2019 年 2 月 10 日访问。

③ 莫洪宪、杨文博：《医事刑法学中医疗行为概念的新界定》，载《国家法官学院学报》2011 年第 2 期。

施。(2)医疗行为的标准性、正当性,即医疗行为的实施必须符合法律规定,并以医学上已经认可的医学知识与技术为行为准则。(3)医疗行为的适应性,即患者存在需要治疗的医学上的特征,以人体的形态或功能发生一定的变化或恢复为结果,维持、促进患者的生命健康。(4)医疗行为的身份性,即医疗行为只能由医生实施,由于医疗行为的专业性和重要性,国家对医生的执业条件作出了严格的要求。①此外,医疗行为还具有风险性,虽然医疗行为是建立在反复的科学实验和不断的经验总结的基础之上,但是在一定的时间和阶段内还是不可避免发生某种失误,并且,不同患者病灶的不同及患者体质的不同也可能导致医疗风险的发生。

人工智能医疗行为是人工智能技术与医疗行为的融合,其本身作为医疗行为,应当具有医疗行为的以上特征,但是由于人工智能技术的应用,其还具有区别于传统医疗行为的独特之处:一是人工智能医疗行为具有数据化特征,人工智能医疗行为任何医疗决策的作出都是以医疗数据为基础的,人工智能医疗机器人的学习需要大规模的医疗数据,在作出医疗决策时也依赖于大量数据的分析,相比于人类医生而言,人工智能医疗机器人具有更大的脑容量和更强的学习能力,也即具有强大的数据学习与处理能力。强大的数据处理能力能够帮助人工智能医疗机器人突破人类自身的局限性,在海量的医疗资料中寻找医学证据,使得人工智能医疗行为在对患者疾病相关信息识别的准确度、效率上都优于人类医生。二是人工智能医疗行为具有自主性特征,其自主性体现为人工智能医疗机器人在完成医疗任务时,可以根据其程序、算法和深度学习能力在无人类医生参与的情形下独立完成医疗诊断或医疗治疗行为。三是人工智能医疗行为具有风险复杂性。医疗行为与医疗结果之间的多因性与无规律性使得医疗行为本身具有一定的复杂性,人工智能技术与医疗行为的结合使得人工智能医疗行为比传统医疗行为更具有风险的复杂性,原因在于人工智能医疗行为中的一些行为决策是由人工智能医疗机器人完成的,机器决策是通过算法与程序来实现的,人们对于其决策过程经常只能看到表面上指令的输入和结果的输出,而中间环节则不得而知,也即某个决策是产生于算法的哪个节点难以知悉,这就是人工智能技术中不被人们所洞悉的“隐层”,也被称为“算法黑箱”。医疗行为本身的多因性、无规律性与人工智能机器人复杂性、不可知性的叠加使得人工智能医疗行为比传统医疗行为更具有复杂性,这将使医疗损害责任的认定更加困难。

---

① 参见杨柳:《专断性医疗行为刑法处遇问题研究》,东南大学出版社2015年版,第9页;臧冬斌:《医疗犯罪比较研究》,中国人民公安大学出版社2005年版,第49页。

（三）医疗机器人的类型

随着人工智能技术的发展与其在医疗领域应用的不断尝试，人工智能医疗研发机构已经研发了各种人工智能医疗机器人，根据国际机器人联合会（IFR）的分类，医疗机器人可以分为手术机器人、康复机器人、辅助机器人和服务机器人四大类。其中手术机器人主要是能够在有限的自由度下完成一系列精准的操作，以其定位精度与操作精度提高手术成功率。康复机器人可以通过理疗、运动等疗法减轻、弥补和重建人的功能障碍，主要包括外骨骼机器人和康复训练机器人。辅助机器人主要是陪护机器人。服务机器人在医疗领域的主要应用包括配药送药、病人护理、医院消毒等工作。[①]目前，已经出现的人工智能医疗机器人其实不止这些类型，这些类型都是根据医疗机器人的功能进行划分的，其种类将随着人工智能技术在医疗领域应用的深入而不断丰富，不论是诊断领域、治疗领域、康复领域还是医疗服务领域等都将出现各种各样的人工智能医疗机器人。

如本书前文所述，根据发展形态的不同，可以将机器人分为普通机器人、弱人工智能机器人与强人工智能机器人，医疗机器人同样也可以根据其发展形态不同而分为普通医疗机器人、弱人工智能医疗机器人和强人工智能医疗机器人。普通医疗机器人不具有人工智能机器人的特征，即不具有深度学习的能力，其与一般的医疗器械无太大差别。例如，在人工智能技术融入医疗行为之前，手术机器人已有了较长时间的研发与应用历史，这一阶段的医疗机器人都属于普通医疗机器人，完全通过医生的全程操作来完成医疗行为，不具有任何的自主性。事实上，普通医疗机器人与传统的医疗器械并无太大的区别，只是作为一种更先进的医疗工具，通过医生的操作完成医疗任务，不参与作出任何诊断与治疗决策。弱人工智能医疗机器人是指在人类设计和编制的程序范围内进行独立判断并作出医疗决策的人工智能医疗机器人。目前医疗领域所存在的人工智能医疗机器人多数属于弱人工智能医疗机器人。例如智能诊断领域有 IBM 的 Watson 医生，智能治疗领域以达芬奇手术机器人为代表的人工智能手术机器人，它们具有深度学习的能力，能够在研发者编制的程序范围内自主作出一定的诊断或治疗决策。关于弱人工智能医疗机器人又可以根据其对医生依赖程度的不同分为半自动型人工智能医疗机器人和全自动型人工智能医疗机器人。半自动型人工智能医疗机器人无法独立完成医疗任务，需要医生的参与，如医生的指令、监督等，必要时医生可以接管或停止医疗机器人的工作。这类医疗机器人主要是在人机协同的情形下完成医疗行为。全自动型的人工智能医疗机器人则能够完全自主

① 《医疗机器人：硬核科技　手握未来》，https://mp.weixin.qq.com/s/D8eGSVHyV0EotAJfZZUYUw，2019 年 1 月 10 日访问。

地完成医疗任务，实现医疗目的，无需医生对其进行干预和操作。弱人工智能医疗机器人无论其自动化程度如何，都是在研发者所编制的医疗程序范围内完成医疗任务和实现医疗目标，无法突破编程进行程序以外的行为。强人工智能医疗机器人是指具有自主意识和意志能够自主决策的医疗机器人，其不仅在行动上能够完全自动操作，还能够在研发者所设定的源代码的基础上进行自主学习与深化，并通过在自身参与的医疗行为与收集的各种医疗数据的基础上进行深度学习，进而实施超出原始程序范围的医疗行为。强人工智能医疗机器人无需医生的参与和帮助，能够在其自主意识支配之下完成医疗行为。目前，我们还处于弱人工智能时代，包括强人工智能医疗机器人在内的强人工智能机器人都还只存在于人们的想象之中，但这种想象并不是无本之木、无水之源，就目前人工智能技术的发展趋势来看，强人工智能时代并非遥不可及，强人工智能医疗机器人的出现也指日可待。

二、人工智能医疗技术的刑事风险

医疗风险伴随着医疗行为的产生而产生，与医疗行为一样具有悠久的历史。近年来，随着人工智能技术在医疗领域的应用，人们在享受人工智能所带来的医疗福利的同时，也对医疗风险倾注了前所未有的关注。因为，人工智能技术作为一项新兴的科学技术，应用于医疗行为之后，不仅帮助突破了医疗领域的一些医疗难题，同时也增加了医疗风险的内容以及医疗风险的不可控性。一方面，人工智能技术的医学应用可能形成一些医疗法律制度的“真空”地带，从而给不法行为人提供可乘之机，滥用人工智能医疗技术侵害人们的医疗利益。另一方面，人工智能技术与医疗行为融合的情形下，人们在接受医疗服务时虽然享受了先进医疗技术所带来的福利，但医疗事故风险仍不可避免，甚至可能面临更大的医疗事故风险，也即不仅要面对传统医疗行为所具有的风险，还要承担人工智能技术所带来的不确定的技术风险。

（一）人工智能医疗技术被滥用的刑事风险

人工智能医疗技术的出现能够帮助人类克服传统医疗行为中的各种局限与不足，提高医疗行为的准确性与效率。同样，人工智能医疗技术也能为犯罪行为提供帮助，使得传统犯罪的危害发生“量变”，或者产生新的犯罪形式，进而危害人类的安全。

1. 利用人工智能医疗技术实施侵害病患人身权利的犯罪。人工智能医疗技术以计算机技术和互联网技术为基础，计算机技术与互联网技术的应用，使得医疗行为容易被黑客恶意利用，从而将医疗机器人变成了“杀人机器人”或“伤害机器人”。无论是在诊断过程、治疗过程，还是康复或护理过程中，都有可能利用人工智能医疗机器人来实施犯罪行为。例如，在诊断过程中，不法分子可以通过黑客技术侵入人工智能医疗操作系统，通过修改操作系统中的相关数据使人工智能医疗诊断系统作出错误的诊断，从而使患者因错误治疗或延误治疗而受到伤害。在治疗过程中，不法分子也可以通过黑客技术侵入人工智能医疗机器人，远程操控其作出错误的、有害的治疗操作，从而导致患者死亡或伤害结果的发生。此外，在人工智能医疗康复或护理过程中，不法分子也同样可以通过黑客技术对患者实施有害的康复、护理行为或者对患者的护理需求不作出应答等，达到虐待患者的目的等。

2. 利用人工智能医疗技术实施侵害医者和患者财产权利的犯罪。不法分子利用黑客技术可以实现对智能医疗系统的控制权，即可以对智能医疗系统进行任意的不法操作，除了上文所述可以通过不法操作来实现对患者的杀人、伤害行为之外，也可以通过对智能医疗系统的不法控制来实施财产犯罪。例如，在人工智能医疗机器人运行过程中，不法分子可通过远程操作，使机器人停止作出反应，并要求医者或患者在支付其所要求的费用后解除对人工智能医疗机器人的不法控制，使其恢复使用。

3. 滥用人工智能医疗机器人所搜集和掌握的医疗数据，侵犯病患的隐私权。隐私安全是人工智能时代的难题，人工智能技术对大数据的依赖使得数据大量集中起来，容易造成数据的滥用与泄露，给人们的隐私安全带来威胁。医疗数据涉及个人的健康信息，属于较为私密的信息，一旦泄露会给个人声誉及安全带来极大的危害。

4. 非法使用人工智能医疗技术，给患者的安全造成威胁或损害。随着人工智能医疗技术的不断发展，人工智能医疗机器人对医生的依赖程度越来越小，甚至可以完全自主地作出医疗诊断或治疗决策。在这种情形下，不乏非医务人员或非医疗机构以盈利为目的，非法使用人工智能医疗机器人从事诊疗活动，医疗行为与人工智能技术本身都是风险性较大的专业行为与专业技术，非专业人员的滥用会增加患者的医疗风险，甚至危害患者的生命与健康。

5. 盲目开发与推广人工智能医疗技术，对社会安全造成威胁或损害。在人工智能时代，最要提防的滥用行为将会是为追逐经济利益而盲目推广与使用人工智能技术的行为。人工智能医疗行为亦是如此，研发者为了追逐经济利益，置他人生命和健康而不顾，不切实际地宣传人工智能医疗技术的安全性与优势，在未能确保人工智能技术安全性的情形下盲目推广与使用，这将对整个社会的医疗安全造成严重的威胁与损害。

（二）人工智能医疗行为引发医疗事故的刑事风险

不可否认，人工智能对人类最有意义的帮助之一就是促进医疗科技的发展，让机器、算法和大数据为人类的健康服务。虽然人工智能医疗技术的应用促进了医疗技术水平的发展与进步，能够帮助人类克服各种医疗困难，并且增加医疗行为的精准度，提高了医疗效率。但是，人工智能技术并非万能的，依然无法完全避免发生医疗事故。在人工智能医疗机器人的使用中，医疗事故的来源主要有两个方面，一方面是与传统医疗一样，来源于医生、患者等人类过失行为，另一方面则可能来源于人工智能医疗机器人的错误。

1. 人工智能医疗机器人因人为因素导致医疗事故的情形。在人工智能医疗行为中，只要没有完全排除人类行为的参与，就一定会出现因人为过失而导致医疗损害的情形。尤其是在弱人工智能时代，人工智能医疗系统主要是以人机合作的情形完成医疗任务，人类的参与使得智能医疗行为中依然还会存在与传统医疗行为一样的人为医疗风险，例如医生因诊断失误、操作不当等医疗失误造成医疗损害等风险，以及因患者自身失误或不配合所造成医疗损害的风险。英国首例机器人心瓣修复手术的失败正体现了即便在利用人工智能医疗机器人实施医疗行为的情形下，医生的医疗过失行为仍然不可避免。2015 年 2 月，英国首例达芬奇手术机器人心瓣修复手术进行，原本是一场最尖端医疗 AI 技术的展示，没想到却成了一场鲜血四溅的惨案，当时，达芬奇手术机器人出现了“暴走”，不但把患者的心脏缝错了位置，还戳穿了患者大动脉，这一手术患者在术后一周去世，手术以失败告终。在这一手术中虽然达芬奇手术机器人操作有问题，但医生在手术过程中也存在过错，最终导致医疗损害的发生。本案中，医生承认自己存在两方面的错误，一是医生并没有完全掌握达芬奇手术机器人的具体操作就盲目使用手术机器人进行手术。二是医生没有告知患者他是首位利用达芬奇手术机器人实施修复二尖瓣手术的患者，手术存在较高风险，采用传统手术方法存活率会更高。①此外，与传统医疗行为相比，人工智能医疗行为还增加了来自人工智能医疗机器人产品功能缺陷的风险。由于人工智能医疗机器人属于前沿性的高科技产品，其设计与研发者的产品经验较为有限，对人工智能技术的掌控能力也较为有限，因此在设计与研发过程中存在比传统医疗器械更大的产品功能缺陷风险。

2. 人工智能医疗机器人因非人为因素导致医疗事故的情形。人工智能医疗机器人作为人工智能机器人，具有深度学习的能力，能够在排除人类医生参与的情形下自主独立运作进行医疗诊断或者作出治疗决策。例如，根据 2019 年 4 月美国《科学·机器人学》杂志上发现的报告可知，目前已经研发出一种可以在

---

① 参见《英国首例机器人心瓣修复手术以失败告终》，http://www.elecfans.com/d/811794.html，2019 年 2 月 5 日访问。

跳动的心脏周围自主导航的微型医疗机器人，一个机器导管借助人工智能等技术无需人工导引就能精确地找到目标位置。[①]可见，人工智能医疗机器人在一定程度上排除了人类的干预，能够自主完成相应的医疗任务。随着人工智能技术在医疗领域应用的发展，具有独立性与自主性的人工智能医疗机器人将不断出现，并且自主性能力将不断增强，最终可能取代医生。虽然人工智能医疗技术在不断进步，人工智能医疗机器人的医疗水平在不断加强，并且在某些能力上已经超越了人类医生的技术水平，但人工智能医疗机器人并无法保障绝对的安全，同样可能因机器人操作失误而导致医疗损害的发生。例如，上述英国首例达芬奇医疗机器人心瓣修复手术，在手术过程中，虽然医生存在医疗过错行为，但医疗损害的发生并不完全源于医生的医疗过错行为，达芬奇手术机器人也同样存在"失误"，如在患者心瓣修复过程中机器人出现了病人心脏缝合位置和方式都不对的问题，并且手术中还出现了机器人控制台传输信号声音非常小且质量不佳、机器人手术过程中打到手术助理手臂等各种非人为操作导致的问题。[②]由此可知，人工智能医疗机器人因机器故障或算法失误也同样会导致医疗损害，存在一定的刑事风险。

第二节　医疗领域人工智能应用刑事风险的刑法应对

医疗活动是人类生存与发展的基本保障，保障现代医疗技术的顺利发展也是现代社会的重要使命。人工智能技术在医疗领域的应用，可以加速我国医疗技术水平的发展与进步。当人工智能医疗技术的医疗风险不可避免，甚至使现代医疗风险比传统医疗风险更不可控的情形下，人们不能因其风险而回避人工智能医疗技术的发展，而应当探寻风险控制的因应之策。人工智能技术的发展是一个不可避免的科技进程，无论是人工智能医疗技术滥用风险的刑事控制，刑事责任主体的缺失，还是医疗损害的刑事归责与责任分配都将是人工智能时代医疗刑法所必须面对和解决的问题。

一、人工智能医疗技术滥用风险的刑法应对

正如前文所述，人工智能医疗技术能够助力医疗技术的发展与进步，同样也能为犯罪行为"插上翅膀"，使得传统犯罪的危害发生"量变"，或者产生新的犯罪

① 参见《新型医疗机器人可在体内自主导航》，https://mp.weixin.qq.com/s/twJV_4JCL08IUGpDLa6b9Q，2019年5月5日访问。

② 参见《英国首例机器人心瓣修复手术以失败告终》，http://www.elecfans.com/d/811794.html，2019年2月5日访问。

形式。刑法作为人类安全与社会秩序的保障手段，为了顺应现代社会的发展，应当作出相应的调整。所谓调整即根据现代社会发展的需要及人们对社会秩序与安全的需求，将因利用人工智能医疗技术而使行为具有严重社会危害性的行为予以犯罪化或规定更为严重的刑事责任，同时也将因人工智能医疗技术而使得行为不再具有社会危害性的行为予以非罪化。

1. 对于利用人工智能医疗技术实施现行刑法已有犯罪行为的情形，应当根据行为的社会危害性程度对相关犯罪的刑事责任作出合理的调整。利用人工智能医疗技术实施现行刑法已有的犯罪，其实质在于利用了智能化的犯罪工具与手段，在犯罪认定方面往往不会有太多问题。但是，工具的智能化与否会导致同样的犯罪行为产生不同程度的社会危害性。相对于利用传统的医疗行为或医疗工具实施犯罪的情形，滥用人工智能医疗技术实施犯罪往往具有社会危害性大、犯罪成本低以及犯罪行为隐蔽性强的特征。因此，刑法应当提高利用人工智能医疗技术实施犯罪的刑事责任，理由在于以下两个方面。

首先，正如本书前文所述，人工智能技术在带来社会福利的同时也会给犯罪插上科技的“翅膀”，使得犯罪危害变得“更深”和“更广”，人工智能技术在医疗领域的不法应用亦是如此。一方面，人工智能医疗技术的应用能够帮助不法分子实现利用传统医疗行为与工具无法实现且现行医疗技术难以修复的犯罪目的。之所以大力发展人工智能医疗技术，原因在于人工智能医疗技术在诊疗精确性和效率上都能够超越人类医生，能够实现人类医生难以完成的医疗任务。同样，这种智能性如果被不法利用，便会提高犯罪效率并产生人类医生难以修复的危害后果。另一方面，人工智能医疗技术也能够帮助不法分子实现大面积的医疗伤害，人工智能技术离不开互联网的利用，而互联网易于被攻击的特征使得不法分子能够通过网络一次性轻易地攻击并控制多数的人工智能医疗机器人，并利用人工智能机器人对大量的患者实施伤害行为，进而造成大面积的医疗损害，或者制造医疗恐慌。虽然现行刑法对于这些不法行为有相应的罪名进行规制，但传统罪名所规定的刑事责任已经不足以规制滥用人工智能医疗技术所实施的犯罪行为。罪刑相当原则是刑法的基本原则，该原则要求刑罚的轻重应当与行为的社会危害性大小相当。滥用人工智能医疗技术实施犯罪行为的社会危害性往往比利用传统的医疗技术或工具实施犯罪行为的社会危害性更为严重，因此应当对具有更为严重的社会危害性的滥用人工智能医疗技术犯罪行为匹配适当的刑罚。虽然我国现行刑法根据不同犯罪行为或犯罪情节对社会危害的程度大小，配置了轻重不一的法定刑，但人工智能技术作为一种新兴的技术，传统刑法并未考虑到滥用人工智能行为的社会危害性可能远远超过传统的犯罪行为的社会危害性。因此，对于利用人工智能技术所实施的传统犯罪行为所带来的巨大社会危害性，传统刑法难免出现处罚不力的后果。利用人工智能医疗技术实施犯罪作为利用人工智能技术实施犯罪行为的方式之一，医事刑法亦是面临如此惩罚不力的尴尬处境。对此，刑法可以将利用人工智能医疗技术或工具实施犯罪作为加重处罚情节，根据其社会危害性程度处以比传统犯罪更为严重的刑罚处罚。

其次，对于人工智能医疗技术犯罪具有犯罪成本低、隐蔽性强等特征，只有以增加其刑罚作为行为代价，才能实现有效的犯罪预防目的。一方面，基于深度学习的人工智能，极大地降低了网络黑产犯罪成本，以往的黑客攻击针对网站漏洞入侵，相当于“开锁式进入”，而借助人工智能机器人，进攻方式变成了“硬闯”。[①]另一方面，人工智能医疗机器人对病患数据的依赖使得其在应用过程中必须形成病患医疗信息大量集中的情形，不法分子一旦攻击一次就能获得大量的数据信息。可见，在人工智能医疗机器人的应用中，其数据的集中性、网络的易攻击性使得不法行为人能够以更便捷化的方式实现犯罪目的，降低犯罪成本。同时，利用人工智能医疗机器人实施犯罪的不法行为人能够通过技术手段轻易销毁作案痕迹，可见利用人工智能医疗机器人实施犯罪行为还具有隐蔽性高、风险性小的特征。根据费尔巴哈的心理强制说，只有行为人确信实施犯罪的欲望会带来更大的恶害时，才能有效抑制犯罪的意念。[②]因此，在利用人工智能医疗技术实施的犯罪行为成本降低、隐蔽性增加的情形下，刑法应当规定比利用传统犯罪更为严重的刑罚才能有利于犯罪预防目的的实现。

2. 对于利用人工智能医疗机器人实施超出现行刑法规定的严重危害社会行为的情形，现行刑法应当根据行为的特征与社会危害性程度增设相应的罪名，以填补刑法对涉人工智能犯罪方面的空白。人工智能医疗机器人作为人工智能技术、互联网技术与海量病患信息的结合体，技术滥用、网络侵袭、患者隐私将是人工智能医疗机器人在应用过程中安全隐患的重灾区。因此，针对人工智能医疗机器人的新型犯罪问题应着重从以下这几个方面着手。例如，对于不法行为人滥用人工智能医疗机器人的深度学习能力，通过对人工智能医疗机器人进行训练，使之具备实施严重危害社会的行为能力的情形，根据本书前文所述，可以新增滥用人工智能产品罪予以规制。

3. 对于非医务人员利用人工智能医疗机器人实施医疗行为的情形应随着人工智能医疗技术的进步而体现出出罪化的趋势。我国《执业医师法》规定，只有通过医师资格考试，获得执业医师资格的医生经注册后方可在法定的执业范

① 《人工智能涉罪细节首次披露！你的个人信息就这样被破解了》，http://tech.ifeng.com/a/20171106/44747064_0.shtml，2018年12月3日访问。

② 马克昌主编：《近代西方刑法学说史》，中国人民公安大学出版社2016年版，第145页。

围内从事医师执业活动。同时我国《刑法》第336条规定，未取得医生资格的人非法行医，情节严重的以非法行医罪论处。可见，根据现行法律的规定，如果不具有医师资格的行为人利用人工智能医疗机器人实施诊疗护理行为的，可能构成非法行医罪。法律之所以如此规定，原因在于医疗行为是一种以人的身体或生命为行为对象，并且具有高度专业性的行为。为了确保医疗行为的安全性，必须要求从事医疗行为的人具备丰富的医疗知识和医疗技能，不符合该条件、不具有医生资质的人不宜随意从事医疗行为。当下，人工智能医疗机器人只能为医生提供辅助，而需由医生来作出最终的诊疗判断。①因此，对医生的专业性要求是必要的，如果不具有医生资质的人利用人工智能医疗机器人的辅助诊疗结果实施医疗行为会侵害到患者的人身权益，从而具有社会危害性。但是，随着人工智能医疗机器人智能化程度越来越高和技术风险越来越低，医生在人工智能诊疗行为中的参与度越来越少，人工智能医疗机器人最终将完全摆脱医生的参与和决策。例如，美国于2018年4月批准了世界上第一款人工智能医疗设备IDx-DR，该设备可以在没有医生帮助的情况下诊断疾病，其内置摄像头用于拍摄患者眼睛的照片，再通过算法评估该照片，确定患者是否有糖尿病视网膜病变的迹象。②随着人工智能医疗机器人技术的不断发展与进步，将有越来越多的人工智能医疗机器人能够独立进行诊疗与护理工作，这种情形下只要人工智能医疗机器人安全性足够，即便是未取得医生资格的人利用人工智能机器人实施医疗行为也不具有社会危害性，无需以犯罪论处。因此，随着人工智能医疗机器人智能化程度增加，未取得医生执业资格的人利用具有独立诊疗护理能力的人工智能医疗机器人实施诊疗护理的行为应作出罪化处理。

二、人工智能医疗机器人引发医疗事故风险的刑法应对

虽然人工智能医疗机器人在很多方面能够超越人类医生，但其依然不具有绝对的安全性，安全问题依然是人工智能医疗机器人所面对的最大问题。在人工智能医疗机器人导致重大医疗事故时，事故的发生可能来源于人工智能医疗机器人的使用者，也可能来源于人工智能医疗机器人的研发者，还可能是由人工智能医疗机器人相关操作主体以外的技术风险所导致的。相比于传统医疗过失责任的认定，这三种情形下医疗过失责任的认定因人工智能技术的参与而发生了一定的变化。

---

① 胡可慧、宋杨杨、刘莹、陈校云：《医疗人工智能伦理性研究》，载张旭东主编：《中国医疗人工智能发展报告(2019)》，社会科学文献出版社2019年版，第83页。

② 陈校云、杨吉江、赵地、宋博强：《我国医疗人工智能发展现状和趋势》，载张旭东主编：《中国医疗人工智能发展报告(2019)》，社会科学文献出版社2019年版，第25页。

（一）医疗事故中医务人员过失责任的变化与认定

医疗过失的本质在于医疗注意义务的违反。根据具体医疗注意义务性质的不同，通过把医疗注意义务划分为一般医疗注意义务、特殊医疗注意义务和其他医疗注意义务。人工智能医疗机器人的应用，使得医务人员在实施医疗行为过程中注意义务的内容与注意义务的违反认定发生了变化。具体体现为以下几个方面。

1. 一般医疗注意义务内容随着人工智能医疗机器人智能化程度的增加而呈逐渐缩减的趋势。一般的医疗注意义务即指医务人员在医疗行为中应当遵守的医学科学上的注意义务，通常源于医疗科学上必须遵守的行为规范或准则。例如，医务人员在诊疗过程中的亲自诊疗义务、合理选择治疗方法的义务、正确及谨慎地实施治疗行为的义务，以及手术中的谨慎操作义务等。我们不断探索与研发人工智能医疗机器人的目的即在于利用具有人类医生智能或者超越人类医生的人工智能医疗机器人代替医生实施医疗行为。因此，在人工智能医疗行为中，人类医生的参与度会越来越小，直至最后将医疗行为完全交给人工智能医疗机器人，在这个过程中，由于人类医生参与医疗行为的程度越来越小，其在医疗行为中所应承担的注意义务也不断地移交给实施医疗行为的人工智能医疗机器人，最终将可能完全从一般医疗注意义务中解脱出来。

2. 一些特殊医疗注意义务随着人工智能医疗机器人智能化程度的增加而趋于严格化。所谓特殊医疗注意义务一般是指医疗良知和医疗伦理对医务人员所要求的注意义务，主要包括对患者所负的说明义务和保密义务等。所谓说明义务是指医务人员应当为病人提供其病情、诊断、治疗方法及治疗所伴随的风险和治疗后可能出现的结果等各种相关医疗信息的义务。医患关系是一种信息严重不对称的关系，患者只能在医生充分说明的基础上才能正确地选择诊疗方法。利用人工智能医疗机器人实施医疗行为过程中，基于人工智能医疗机器人的专业性与复杂性，医患双方的信息不对称问题更加严重，因此，在传统说明义务的基础上，还应当特别强调医务人员及时、充分地对患者说明利用人工智能医疗机器人的医疗风险及替代医疗方案，让患者在充分认识到医疗风险的基础上选择是否冒险选择人工智能医疗机器人进行诊疗。在英国首例医疗机器人心瓣修复手术失败案中，执行医生奈尔（Nair）承认其向患者解释过风险，但并没有告诉患者，作为第一个机器人手术的二尖瓣病人的风险将会更大。[①]本案中执行医生奈尔在利用人工智能医疗机器人实施医疗行为时没有充分履行说明义务，使患者

---

① 《英国首例机器人心瓣修复手术以失败告终》，http://www.elecfans.com/d/811794.html，2019年3月5日访问。

无法在充分认识到医疗风险的基础上正确选择医疗方案。

同时，人工智能医疗机器人的使用，对医务人员的保密义务也提出了更高的要求。根据我国《执业医师法》和《护士管理办法》的规定，医师和护士在医疗执业活动中应当为病人保守秘密，不泄露病人的隐私和秘密，并规定在执业活动中因泄露患者隐私造成严重后果的，应当承担刑事责任。人工智能医疗机器人的应用以医疗大数据为基础，其所掌握的医疗数据包含了患者的所有个人信息，如患者的姓名、年龄、婚姻状况等基本个人信息，还包括过往病史、家庭病史、遗传病史等私密信息。人工智能医疗机器人对大数据的信赖使得医务人员在利用人工智能医疗机器人实施医疗行为时，能够轻易掌握大量的患者信息，一旦出现泄露问题，必然会造成严重的危害后果，因此在人工智能医疗机器人的应用中应当对医务人员规定更为严格的保密义务，规范医务人员对患者医疗数据的应用方式，保护患者的隐私权。

3. 某些其他医疗注意义务随着人工智能医疗机器人智能程度的增加而呈现先趋于严格化再逐渐缩减的发展趋势。其他医疗注意义务即指诸如及时更新医疗知识与提高医疗技能等不属于以上两类义务的内容。由于医疗行为通常关系着人的生命与健康，所以医务人员不仅应当具备传统的医疗知识与技能，还应不断更新自己的医疗知识与提高医疗技能。在人工智能时代，随着人工智能医疗机器人的不断应用，对医务人员的更新知识与提高技能之义务的要求将经历一个先是增加而后减少的过程。在人工智能医疗机器人应用的初期，人机合作是一个必经的过程，这就对医务人员的更新知识和提高技能之义务提出了更高的要求。要求医务人员在利用人工智能医疗机器人实施医疗行为时，要通过培训与进修的方式不断更新自己的医疗知识，掌握相应的人工智能医疗机器人的工作机理与操作程序等知识，充分把握人工智能医疗机器人的风险水平，正确使用人工智能医疗机器人，在通过与人工智能医疗机器人的合作实现医疗技术水平飞跃的同时也确保医疗安全。然而，当人工智能医疗机器人发展到可以独立完成相应的医疗行为时，医务人员在人工智能医疗机器人的医疗行为中的参与度逐渐趋于零，人工智能医疗机器人在没有医务人员的参与和监督下依然能准确实施医疗行为，确保医疗安全。正如前文所述，在这种情形下，即便是非医务人员利用人工智能医疗机器人实施医疗行为也不具有社会危害性，也无需对医务人员的更新知识和提高技能之义务再作要求。同样地，医务人员在使用人工智能医疗机器人实施医疗行为时，其还负有一定的监督管理义务，并且该义务也是随着人工智能医疗机器人智能程度的增加而呈现先增后减的发展趋势。也即在人工智能医疗机器人发展初期，医务人员在使用人工智能医疗机器人时应当根据其智能化程度的不同承担相应的监督管理义务，负责监督人工智能医疗机器人是在正确地实施医疗行为，并当人工智能医疗机器人行为发生偏差时及时履行接管的义务，避免医疗损害的发生。医务人员的监督管理义务也将随着人工智能医疗机器人安全性的增加而逐渐减弱，甚至最终趋于消灭。

（二）医疗事故中研发者、生产者过失责任的认定

人工智能医疗机器人的研发者与生产者是机器人医疗事故风险的源头，人工智能医疗机器人作为一种具有危险性的产品，明确研发者与生产者的注意义务是确保其产品安全的重要手段。首先，研发者和生产者在研发、设计与生产的过程中应当尽到合理的注意义务使得其所研发、设计和生产的人工智能医疗机器人没有产品缺陷。对于研发者而言，其注意义务在于通过合理的设计而消除所能预见的所有危险，确保所设计的人工智能医疗机器人的安全性。对于生产者而言，其注意义务在于保证人工智能医疗机器人所整合的所有零部件以及整合后的人工智能医疗机器人在功能上不存在瑕疵。其次，研发者与生产者在将人工智能医疗机器人投入市场时还应当承担产品的警示与说明义务，明确告知使用者人工智能医疗机器人的正确操作方法的义务，以及充分披露产品所存在的风险的义务。再次，人工智能医疗机器人的研发者与生产者在机器人投入市场后还应当承担不良数据采集的义务与不良产品召回的义务。由于人工智能医疗机器人在现阶段的使用经验较为缺乏，其深度学习能力使其随时可能产生研发者在研发阶段没有预料的风险，因此，研发者应当密切跟踪人工智能医疗机器人的使用效果与数据，一旦出现不良后果应及时停止使用并召回已投入使用的人工智能医疗机器人。根据本书前文所述，人工智能机器人的设计者或生产者在为人工智能机器人设计和编制程序时，未履行相应的注意义务，导致使用者在使用人工智能机器人的过程中发生严重危害社会的结果，可以增设人工智能产品事故罪予以规制。人工智能医疗机器人作为人工智能产品之一，在这种情形下，同样可以用这一罪名进行规制。

（三）单纯人工智能医疗机器人所致医疗事故刑事责任的承担

所谓单纯人工智能医疗机器人所致医疗事故刑事责任即指医疗损害的发生排除人为过失，完全归因于人工智能医疗机器人自主决策而产生研发者与使用者意料之外的损害后果的情形。虽然人工智能技术迅猛发展，并且在医疗领域不断实现技术革新，但总体来说人工智能医疗机器人的研发与使用还处于起步阶段。医疗数据模型的有限性和算法模型精确性不足等问题难免会使人工智能医疗机器人在实际应用中产生误诊、错诊或者漏诊等问题，例如，著名的 IBM Watson 人工智能医疗机器人就因为错诊，开不出安全药物而不断受到质疑。这种情形下若导致重大医疗损害，其刑事责任应由谁承担值得探讨。下文将根据人工智能医疗机器人的智能化程度的不同予以分别论述。

1. 单纯弱人工智能医疗机器人导致医疗事故的刑事责任。人工智能系统与人类决策系统存在一个本质上的区别,人工智能系统本质上不受提前预置的概念、经验法则、传统智慧等因素限制,从而使其能够选择人类完全没有考虑或者可能会实施的解决方案。①人工智能医疗机器人因具有深度学习的能力,能在使用的过程中以大数据作为支持,根据学习算法进行学习并创建区别于源程序的规则。也即人工智能医疗机器人不仅可以在无人为因素介入的情形下进行自主决策,且其自主决策还可能超出人类的可预测性。面对人工智能医疗机器人自主决策下造成的意料之外的医疗损害,在人工智能医疗机器人还只具有弱人工智能属性不能独立承担刑事责任时,其刑事责任应归责于谁成为疑问。

对于人工智能医疗机器人的使用者和研发者而言,如果人工智能医疗机器人的自主决策过失突破了研发者的编程范围,且是现有人工智能技术下所无法提前预见的,则无需对医疗损害结果承担刑事责任。对于这种在技术研究开发工作中,虽经开发者的主观努力,但确因在现有技术条件下遇到了无法预见、无法避免并无法克服的技术困难而存在的开发失败、造成损失的风险,我们通常称之为技术风险。技术风险具有不可避免性,在人工智能医疗机器人的使用中,对于因技术风险造成的医疗损害,在责任的认定上应当突破传统过失理论的规定,引入容许的危险理论。容许的危险即指随着科学技术的发展,社会生活中不可避免地存在的具有法益侵害危险的行为,基于其对社会的有用性,即使发生了法益侵害结果,也应当在一定范围内允许。②被允许的危险引发的危害结果不再由危险行为的行为人独自承担责任,而由同意接受与使用这一技术的人共同承担,进行公平、合理的分配。对于人工智能医疗机器人而言,当其经过临床实验被允许上市后,就说明人类对其风险的存在已经认可与接受。在使用的过程中,如果人工智能医疗机器人因自主学习程序而偏离了预期,那么由这种偏差所导致的危害则可以归属于"社会",被这些故障危害的人将因此被视为社会性接受风险的被害人,而不是任何特定个人的过失不法的被害人。③也即,如果患者选择了使用人工智能医疗机器人,对于不可避免的技术风险应当由自己承担。当然,患者的选择应以其对风险的充分认识为前提,由于普通人对人工智能医疗技术的风险认识较为有限,需要具有医学专业知识的医务人员和充分了解人工智能技

---

① 司晓、曹建峰:《论人工智能的民事责任:以自动驾驶汽车和智能机器人为切入点》,载《法律科学(西北政法大学学报)》2017年第5期。

② 张明楷:《论被允许的危险的法理》,载《中国社会科学》2012年第11期。

③ 参见[瑞士]萨宾娜·格莱斯、[德]艾米尔·西尔弗曼、[德]托马斯·魏根特:《若机器人致害,谁将担责——自动驾驶汽车与刑事责任》,陈世伟译,载陈兴良主编:《刑事法评论:教义学的犯罪论》,北京大学出版社2017年版。

术的研发者对人工智能医疗机器人的技术风险予以说明，使之能在衡量利弊后进行选择是否冒险使用人工智能医疗机器人。这也是上文所述对医务人员说明义务和研发者产品风险披露义务应当更加严格的原因所在。患者一旦作出选择接受人工智能医疗机器人的医疗行为，便认为其也接受了相应的技术风险，如果发生医疗损害，则由其自己承担后果，不再由研发者或医生承担刑事责任。

2. 单纯强人工智能医疗机器人导致医疗事故的刑事责任。虽然强人工智能时代还未到来，但“从人工智能到广义人工智能再到超级人工智能的进程不可避免，也无法‘叫停’”，[①]人工智能医疗机器人作为人工智能技术的重点运用与发展领域之一，智能化技术在医疗领域应用的不断探索，使得超出人类设计程序、自主作出医疗决策的强人工智能医疗机器人未来可期。强人工智能医疗机器人医疗事故刑事归责问题给传统刑法提出了极大的挑战，回避与观望的法制态度只会让刑法作为法律监管的这一重要内容更加跟不上技术的发展步伐，为了实现对智能医疗刑事风险的监管与控制，传统医疗刑法应当直面挑战，并探求对强人工智能医疗刑事风险的因应之道。

关于赋予强人工智能机器人刑事责任主体地位的问题，本书前文专章进行了论述。由于强人工智能医疗机器人具有辨认能力和控制能力，既可能在设计和编制的程序范围内作出自主决策，也可能超出设计和编制的程序范围，进行自主决策并实施相应的行为，实现其自身的意志。因此，需要突破传统刑事责任规则的局限性，赋予强人工智能机器人以法律主体地位，由强人工智能机器人作为法律主体为其行为所造成的危害后果承担刑事责任。相应地，具有强人工智能属性的人工智能医疗机器人如果被赋予法律主体地位，那么当其在自身意志支配下实施的医疗行为因诊疗失误导致医疗损害时，应当由机器人自身来承担医疗事故刑事责任。

需要说明的是，如果要使用现行刑法中的医疗事故罪来规制强人工智能医疗机器人的医疗事故行为，不仅需要赋予强人工智能医疗机器人的法律主体身份，还需要承认强人工智能医疗机器人具有医务人员的主体资格。医务人员是指依法取得“医疗机构执业许可证”的诊疗护理人员，包括医生、护士、药剂人员等。[②]为了确保医疗行为的安全性，我国《执业医师法》《护士条例》等医事法对医务人员执业资格的取得规定了相应的条件，主要是从医务人员所储备的医疗知识、具备的医疗技能以及积累的医疗经验出发判断相关医务人员是否具备执业资格。事实上，人工智能医疗机器人在深度学习、互联网技术及大数据技术的支

---

① ［英］卡鲁姆·蔡斯：《人工智能革命：超级智能时代的人类命运》，张尧然译，机械工业出版社2017年版，第174页。

② 刘宪权主编：《刑法学》，上海人民出版社2016年版，第722页。

持下，能够轻易实现医疗知识储备、医疗技能训练及医疗经验积累等任务。并且，相较于人工智能技术而言，医生的知识储备和对信息的掌握相对局限，人工智能医疗机器人有更大的脑容量和更强的学习能力。在对患者疾病的相关信息识别的准确度、效率上，人工智能机器人都优于医生。在治疗方面，它能突破人类自身的局限性，从海量的医疗资料中寻找医学证据，为病人提供最优化的诊断建议和个性化的临床治疗方案。[①]可见，强人工智能医疗机器人不仅能够具备人类医务人员可能具备的医疗知识与医疗技能，还可能超越人类医务人员的医疗技能。因此，在承认强人工智能医疗机器人法律主体地位的情形下，如果人工智能医疗机器人能够像人类医生一样通过相应的资格考试，具备相应的医疗技能，那么给其颁发行医执照，承认其医务人员主体身份也是理所应当的。事实上，人工智能医疗机器人通过临床考试在 2017 年就已经实现了，2017 年 11 月国家医学考试中心发布了“2017 年国家执业医师考试临床综合笔试”合格线，由科大讯飞和清华大学联合研发的“智医助理”机器人取得了 456 分的成绩，大幅超过了 360 分的合格线。[②]

---

① 胡可慧、宋杨杨、刘莹、陈校云:《医疗人工智能伦理性研究》，载张旭东主编:《中国医疗人工智能发展报告(2019)》，社会科学文献出版社 2019 年版，第 86 页。

② 《人工智能通过医师考试，AI 医疗离落地还有多远?》，http://wemedia.ifeng.com/42380354/wemedia.shtml，2019 年 3 月 5 日访问。

图书在版编目(CIP)数据

人工智能时代的刑法观/刘宪权著.—上海:上
海人民出版社,2019
ISBN 978-7-208-15981-5

Ⅰ.①人… Ⅱ.①刘… Ⅲ.①人工智能-刑法-研究
Ⅳ.①D914.04

中国版本图书馆 CIP 数据核字(2019)第 145570 号

责任编辑 夏红梅
封面设计 孙 康

人工智能时代的刑法观
刘宪权 著

出　　版 上海人民出版社
(200001 上海福建中路 193 号)
发　　行 上海人民出版社发行中心
印　　刷 常熟市新骅印刷有限公司
开　　本 720×1000 1/16
印　　张 14
插　　页 4
字　　数 252,000
版　　次 2019 年 7 月第 1 版
印　　次 2021 年 3 月第 2 次印刷
ISBN 978-7-208-15981-5/D·3454
定　　价 58.00 元

“独角兽法学精品”书目

《美国法律故事:辛普森何以逍遥法外?》
《费城抉择:美国制宪会议始末》
《改变美国——25 个最高法院案例》
《人工智能:刑法的时代挑战》
《链之以法:区块链值得信任吗?》
《上海法制史(第二版)》
《人工智能时代的刑法观》

人工智能

《机器人是人吗?》
《谁为机器人的行为负责?》
《人工智能与法律的对话》
《机器人的话语权》
《审判机器人》
《批判区块链》

海外法学译丛

《美国合同法案例精解(第 6 版)》
《美国法律体系(第 4 版)》
《正义的直觉》
《失义的刑法》
《死刑——起源、历史及其牺牲品》

德国当代经济法学名著

《德国劳动法(第 11 版)》
《德国资合公司法(第 6 版)》